TALENTO

COMO IDENTIFICAR MOBILIZADORES, CRIATIVOS E VENCEDORES AO REDOR DO MUNDO

TALENTO

TYLER COWEN

DANIEL GROSS

ALTA BOOKS
GRUPO EDITORIAL
Rio de Janeiro, 2023

Talento

Copyright © 2023 da Starlin Alta Editora e Consultoria Eireli.
ISBN: 978-85-5081-760-6

Translated from original Talent. Copyright © 2023 by Tyler Cowen and Daniel Gross. ISBN 978-1-250-27581-3. This translation is published and sold by permission of St. Martin's Publishing Group, the owner of all rights to publish and sell the same. PORTUGUESE language edition published by Starlin Alta Editora e Consultoria Eireli, Copyright © 2023 by Starlin Alta Editora e Consultoria Eireli.

Impresso no Brasil — 1ª Edição, 2023 — Edição revisada conforme o Acordo Ortográfico da Língua Portuguesa de 2009.

Todos os direitos estão reservados e protegidos por Lei. Nenhuma parte deste livro, sem autorização prévia por escrito da editora, poderá ser reproduzida ou transmitida. A violação dos Direitos Autorais é crime estabelecido na Lei nº 9.610/98 e com punição de acordo com o artigo 184 do Código Penal.

A editora não se responsabiliza pelo conteúdo da obra, formulada exclusivamente pelo(s) autor(es).

Marcas Registradas: Todos os termos mencionados e reconhecidos como Marca Registrada e/ou Comercial são de responsabilidade de seus proprietários. A editora informa não estar associada a nenhum produto e/ou fornecedor apresentado no livro.

Erratas e arquivos de apoio: No site da editora relatamos, com a devida correção, qualquer erro encontrado em nossos livros, bem como disponibilizamos arquivos de apoio se aplicáveis à obra em questão.

Acesse o site **www.altabooks.com.br** e procure pelo título do livro desejado para ter acesso às erratas, aos arquivos de apoio e/ou a outros conteúdos aplicáveis à obra.

Suporte Técnico: A obra é comercializada na forma em que está, sem direito a suporte técnico ou orientação pessoal/exclusiva ao leitor.

A editora não se responsabiliza pela manutenção, atualização e idioma dos sites referidos pelos autores nesta obra.

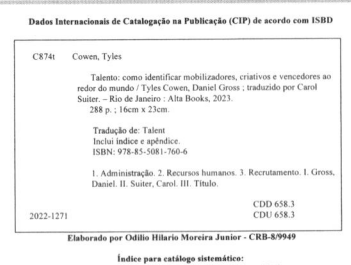

Dados Internacionais de Catalogação na Publicação (CIP) de acordo com ISBD

C874t Cowen, Tyles
   Talento: como identificar mobilizadores, criativos e vencedores ao redor do mundo / Tyles Cowen, Daniel Gross ; traduzido por Carol Suiter. – Rio de Janeiro : Alta Books, 2023.
   288 p. ; 16cm x 23cm.

   Tradução de: Talent
   Inclui índice e apêndice.
   ISBN: 978-85-5081-760-6

   1. Administração. 2. Recursos humanos. 3. Recrutamento. I. Gross, Daniel. II. Suiter, Carol. III. Título.

2022-1271
CDD 658.3
CDU 658.3

Elaborado por Odilio Hilario Moreira Junior - CRB-8/9949

Índice para catálogo sistemático:
1. Administração : recursos humanos 658.3
2. Administração : recursos humanos 658.3

Produção Editorial Editora Alta Books	**Coordenação Comercial** Thiago Biaggi	**Assistente Editorial** Gabriela Paiva	**Equipe Editorial** Beatriz de Assis Betânia Santos
Diretor Editorial Anderson Vieira anderson.vieira@altabooks.com.br	**Coordenação de Eventos** Viviane Paiva comercial@altabooks.com.br	**Produtores Editoriais** Illysabelle Trajano Maria de Lourdes Borges Paulo Gomes	Brenda Rodrigues Caroline David Henrique Waldez Kelry Oliveira
Editor José Ruggeri j.ruggeri@altabooks.com.br	**Coordenação ADM/Finc.** Solange Souza	Thales Silva Thiê Alves	Marcelli Ferreira Mariana Portugal Matheus Mello
Gerência Comercial Claudio Lima claudio@altabooks.com.br	**Direitos Autorais** Raquel Porto rights@altabooks.com.br	**Equipe Comercial** Adriana Baricelli Ana Carolina Marinho Daiana Costa Fillipe Amorim	**Marketing Editorial** Jessica Nogueira Livia Carvalho Marcelo Santos
Gerência Marketing Andrea Guatiello andrea@altabooks.com.br		Heber Garcia Kaique Luiz Maira Conceição	Pedro Guimarães Thiago Brito

Atuaram na edição desta obra:

Revisão Gramatical
Ana Mota
Eveline Machado

Diagramação
Daniel Vargas

Tradução
Caroline Suiter

Copidesque
Thais Cotts

Editora afiliada à:

ASSOCIADO

Rua Viúva Cláudio, 291 — Bairro Industrial do Jacaré
CEP: 20.970-031 — Rio de Janeiro (RJ)
Tels.: (21) 3278-8069 / 3278-8419
www.altabooks.com.br — altabooks@altabooks.com.br
Ouvidoria: ouvidoria@altabooks.com.br

OUTROS LIVROS DE TYLER COWEN

Big Business

The Complacent Class

Average Is Over

The Great Stagnation

An Economist Gets Lunch

The Age of the Infovore

Descubra o Seu Economista Interior

Stubborn Attachments

Markets and Cultural Voices

Creative Destruction

Good and Plenty

Risk and Business Cycles

In Praise of Commercial Culture

Para nos encontrarmos

SUMÁRIO

1. Por Que Talento Importa — 1
2. Como entrevistar e fazer perguntas — 23
3. Como Interagir com Pessoas Online — 59
4. Para Que Serve a Inteligência? — 83
5. Para que Serve a personalidade?
   Parte Um: Características Básicas — 103
6. Para Que Serve a Personalidade?
   Parte Dois: Alguns Conceitos Mais Exóticos — 129
7. Deficiência e Talento — 155
8. Por Que Mulheres Talentosas e
   Minorias Ainda São Subestimadas — 179
9. A Busca Por Talento Na Beleza, nos Esportes
   e nos Jogos, ou Como Fazer os Olheiros
   Trabalharem para Você — 215
10. Como Convencer Talentos A Se Juntarem
    À Sua Causa — 239

Agradecimentos — *255*

Apêndice: boas perguntas — *257*

Notas — *259*

Índice — *273*

POR QUE TALENTO IMPORTA

A ideia deste livro começou com uma conversa.

Os autores buscam talentos — obsessivamente — como parte de seus trabalhos. Depois que se conheceram, há alguns anos, começaram a conversar sobre suas abordagens de contratação e como, para os dois, a busca por talentos raros e transformadores é tão importante. Isso começou como um fascínio pelo local de trabalho, mas com o tempo se transformou em uma forma de ver o mundo — estavam constantemente em busca de talentos ocultos em pessoas que conheciam em todas as áreas de suas vidas.

Durante aquela primeira reunião, rapidamente começaram a trocar dicas e gerar novas hipóteses. Montaram um grupo no

WhatsApp para dar continuidade ao diálogo, que era pontuado por visitas periódicas e algumas viagens conjuntas, todas motivadas por um misto de diversão, travessura obsessiva e vontade de aprender algo de valor prático. O que acontece se você junta duas pessoas muito teimosas, ambas trabalhando na busca de talentos, e as deixa provocar uma à outra, se cutucar, se atacar, desafiar os preconceitos uma da outra e brigar por alguns anos, tudo para identificar talentos?

Este livro é o produto dessas trocas.

Tyler se lembra de uma de suas primeiras conversas com Daniel. Daniel enfatizou a importância dos entusiastas e dos "esquisitos", observando que muitas das principais revoluções da internet começaram com produtos que pareciam ser de nicho. São as pessoas que trabalham intensamente para agradar a uma pequena base de fãs, mas que os agrada tanto que acabam com as habilidades e as redes de contatos necessárias para expandir o produto para públicos mais amplos. Portanto, muitas vezes, se você está procurando uma startup que faça sucesso, faça algo contraintuitivo, procure pessoas com o objetivo, pelo menos no início, de agradar a públicos menores e mais excêntricos.

Daniel lembra que aprendeu primeiro com Tyler esta pergunta para contratações em potencial: "O que você faz para praticar que é análogo a um pianista praticando escalas?". Você aprende o que a pessoa está fazendo para alcançar a melhoria contínua e assim talvez possa julgar sua eficácia, ou mesmo aprender algo com ela. Você também aprende como a pessoa pensa sobre autodesenvolvimento contínuo, acima e além de seus hábitos particulares. Se uma pessoa não pratica muito, ela ainda pode ser uma boa contratação, mas então você está muito mais no mundo de "o que você vê é o que terá", que é uma informação valiosa por si só. Se a pessoa se envolve diariamente em um autoaperfeiçoamento intenso, talvez evitando atividades mais típicas e sociais, há uma chance maior de que seja o tipo de obsessivo criativo que pode fazer uma grande diferença.

Se esses dois relatos se concentram em forasteiros, é porque cada um de nós é um forasteiro à sua maneira. Daniel começou com jogos de computador e evitando o ensino superior, enquanto Tyler começou sua ascensão profissional no começo dos blogs. Ambos se consideram exemplos de talentos inicialmente ocultos, e essa é parte da razão pela qual desejam ajudá-lo a encontrar outras pessoas de fora para seus empreendimentos.

Daniel Gross certa vez escreveu uma autodescrição começando com "Passei a maior parte da minha juventude me sentindo um estranho olhando para dentro". Antes de sua incursão no mundo da tecnologia, Daniel era um jogador obsessivo, mas decidiu trazer sua experiência competitiva de jogos para resolver problemas maiores e mais relevantes socialmente. Ele começou sua carreira em tecnologia com uma empresa chamada Cue, que acabou vendendo para a Apple quando tinha 23 anos, tornando-se então diretor da Apple numa época em que ela experimentava um de seus crescimentos mais dinâmicos. Em seguida, Daniel foi sócio e fundador da Y Combinator, uma conceituada incubadora de startups do Vale do Silício com uma capitalização de mercado agregada de mais de US$ 100 milhões. Lá ele ajudou a construir e a institucionalizar o que talvez seja a abordagem sistemática mais influente do mundo para o capital de risco e a busca de talentos. Ele também se tornou um investidor-anjo, procurando empresas e criadores promissores em seus estágios bem iniciais, um exercício de busca de talentos, é claro.[1]

Em 2018, Daniel fundou a Pioneer, uma empresa emergente de capital de risco com sede em São Francisco. A Pioneer se dedica a encontrar novos talentos ao redor do mundo, usando métodos e jogos online, além das técnicas usuais de referências e entrevistas. Daniel e a Pioneer estão comprometidos com a visão de que existe *muito* mais talento a ser descoberto por aí, inclusive em lugares novos e incomuns. Eles querem encontrar os criadores que todo o mundo está deixando de ver de cara. Daniel, principalmente, está procurando encontrar e financiar empreendedores, mas é claro que ele também contrata para a Pioneer, para uma variedade de funções em todos os níveis da empresa. Mas não pense em Daniel como um praticante solitário: em seu tempo livre, ele navega no Google Acadêmico para pesquisar artigos sobre talento e os envia para Tyler.

Tyler é professor de economia na Universidade George Mason, onde esteve envolvido em contratações acadêmicas e admissões de pós-graduação por mais de trinta anos. Ele é chefe do Mercatus Center, um centro de pesquisas com quase duzentos funcionários. Dentro da Mercatus, dirige um fundo filantrópico dedicado a identificar e financiar talentos — geralmente jovens talentos — chamado Emergent Ventures. Ele escreveu um blog, o *Marginal Revolution*, diariamente por dezoito anos, administra um site de cursos de economia online, o Universidade Marginal Revolution, e apresenta um *podcast*, o *Conversations with Tyler*. Continua sendo um acadêmico, mas está envolvido na seleção de pessoal e no gerenciamento de projetos quase todos os dias.

Um dos comentaristas do seu blog, Alastair, o descreveu da seguinte maneira: "Tyler é contrário ao método. Sua leitura super-rápida, vários papéis profissionais, *podcasting* e *networking* constantes, aprendizado obsessivo, viagens eternas e trabalho incansável permitem que ele receba muitas e diferentes informações, o que possibilita que ele tenha muitos e diferentes resultados. Mas é nas entrelinhas que ele brilha. Vê o mundo como economista, filósofo, psicólogo, sociólogo, antropólogo, liberal e conservador, globalista e nacionalista, estrangeiro e nativo, crítico de arte e artista, empregador/administrador e empregado, doador e recebedor de bolsas, entrevistador e entrevistado, professor e aluno. Quase ninguém vê o mundo como Tyler, porque quase ninguém tem um número comparável ou uma variedade de dados ou modelos mentais. Mesmo que suas conclusões fossem convencionais, seu raciocínio e suas perspectivas não seriam."[2]

Os dois podem parecer muito diferentes com base em nossos empregos; além disso, Daniel está na casa dos 30 anos e Tyler está com quase 60 anos. Daniel nasceu em Israel (de pais norte-americanos) e mudou-se para São Francisco; Tyler nasceu em Nova Jersey e acabou no norte da Virgínia. Daniel pode parecer um pouco mal-humorado, enquanto Tyler parece distante. Daniel parece surpreso cada vez que Tyler realmente o provoca. Daniel mergulha e ouve música eletrônica, enquanto Tyler joga basquete, e ouve Beethoven e música clássica indiana. Daniel odiava o ensino médio e se rebelou contra ele, e Tyler basicamente o ignorou. Mesmo assim, compartilham uma curiosidade contínua, um amor por ideias e a disposição de persistir em resolver problemas difíceis. Assim, depois que começam a conversar, nunca param.

Essa dinâmica começou logo quando Daniel e Tyler se conheceram em 1º de fevereiro de 2018, em um jantar em grupo, uma espécie de salão informal em uma sala privativa de um restaurante de São Francisco. Tyler estava visitando amigos e foi convidado para um evento que era fascinante por sua própria visão sobre a política britânica. Mas Tyler também notou Daniel, a quem ele não havia conhecido antes. Daniel estava sentado em uma cadeira lateral em uma grande mesa e estava razoavelmente quieto, mas Tyler percebeu logo quão rápida e completamente Daniel estava absorvendo tudo. "Quem é esse jovem?", pensava. "O que devo achar desse sorriso irônico?", Tyler também percebeu imediatamente o quanto as outras pessoas no jantar, algumas delas eminentes fundadores do Vale do Silício e capitalistas de risco, ouviam com atenção sempre que Daniel falava.

Uma das primeiras coisas que Daniel notou em Tyler foi sua bolsa, agora icônica. Este simples acessório levando um iPad e alguns livros, fala com a estética do Sr. Cowen: caprichoso, realista e não tradicional. Pessoas com "dinheiro antigo" não carregam essas coisas. Depois que todos se sentaram, o jogo de discussão do jantar começou. Eventos como esse, em que as ideias são disparadas em um ritmo veloz, muitas vezes fornecem uma janela rápida para saber se os verdadeiros interesses de uma pessoa residem no status ou nas ideias. Eles permitem que você tenha um vislumbre dos talentos criativos de uma pessoa. Os que procuram status se concentram em maximizar a atenção da elite percebida. Já os buscadores de ideias querem avançar no conhecimento e estimular a curiosidade, falando para toda a sala e prendendo a atenção do grupo. A intriga é sua moeda de reserva e as conjecturas costumam ser formuladas como perguntas, não como declarações. Daniel sentiu que Tyler personificava o último tipo de centelha criativa. Em conversas em grupo, os dois geralmente conseguiam chamar a atenção um do outro e acompanhar pontos e temas um do outro, um bom sinal de que deveriam continuar conversando. No final da noite, cada um sentiu que o outro havia entendido o diálogo em andamento nos mesmos termos gerais.

Cada reunião levou à seguinte, e foi durante um almoço em um restaurante chinês de São Francisco, em 2019, que decidiram escrever este livro. O plano fluiu rapidamente e eles concordaram que a chave era começar e permitir que os ganhos do comércio intelectual fluíssem. Tyler lembra de ter se sentido muito culpado durante essa conversa, pois teve que relatar a Daniel que não poderia começar a trabalhar no projeto por vários meses, pois tinha obrigações de marketing para seu livro anterior (Tyler *odeia* quando as pessoas não podem começar o trabalho imediatamente). Ainda assim, Daniel percebeu que Tyler odiava esse fato, e isso o agradou apenas o suficiente para manter o ímpeto.

Em seguida, discutiram sobre como tal livro deveria oferecer (entre outros tópicos) um tratamento de alto nível de inteligência, traços de personalidade e como entrevistar, combinando o conhecimento oral da tradição do capital de risco com novas perspectivas sobre como pesquisar diversos talentos. O livro deveria aplicar esses *insights* tanto nas empresas iniciantes quanto na economia normal.

É evidente que muitas pessoas querem encontrar talentos, mas nem sempre conseguem. De acordo com a pesquisa anual do Conference Board*, a contratação de talentos é a principal preocupação dos CEOs e outros executivos seniores. Além disso, a indisponibilidade de habilidades e talentos necessários é considerada a ameaça número um para as empresas. Quando os autores falaram com CEOs, diretores de organizações sem fins lucrativos ou capitalistas de risco, a falta de talento adequado — e como fazer para encontrar mais dele — se mostrou uma preocupação obsessiva.[3]

Isso é ainda mais verdadeiro hoje, quando os indivíduos estão deixando seus empregos em números recordes e reavaliando seu futuro, em parte devido à pandemia da Covid-19. Estamos entrando em um admirável mundo novo em que o trabalho remoto é muito mais comum, o que significa que uma grande quantidade de talento precisa ser reavaliada para um mundo onde as conexões e as reuniões com frequência são feitas pelo Zoom.

Claro, a busca de talentos não envolve apenas empregos e negócios. Trata-se de distribuir bolsas de estudo, alocar audições, escolher o atleta certo na seleção, optar pelo coautor certo e até escolher seus amigos e parceiros. A busca de talentos é uma das atividades mais importantes em praticamente todas as vidas humanas. Elon Musk entrevistou pessoalmente os primeiros *três mil* funcionários da SpaceX, porque queria ter certeza de que a empresa estava contratando as pessoas certas.[4]

Não pense apenas na busca de talentos como um problema enfrentado pelo "chefe" ou pelo RH. Se você espera ser descoberto, uma das coisas mais valiosas que pode aprender é como as outras pessoas pensam sobre o talento (ou como deveriam pensar), caso você possa

---

* Conference Board (CB): um *think tank* econômico dirigido por membros. Fundada em 1916, essa organização de pesquisa sem fins lucrativos é uma fonte privada amplamente citada de inteligência de negócios. [Nota da Tradutora, doravante N. da T.]

mostrar características interessantes e valiosas que empregadores em potencial, de outra forma, poderiam deixar passar. Você precisa se preocupar com julgamentos de talentos pelo menos tanto quanto o chefe.

Quase todo mundo está em uma busca para encontrar talento nos outros ou mostrar o seu próprio. Certamente você se preocupa com o quão talentosos seu chefe e seus colegas de trabalho são, já que deseja trabalhar com as pessoas mais talentosas possíveis, *especialmente* se forem seus chefes. Essa é uma boa maneira de se tornar mais talentoso. A decisão de aceitar um emprego ou buscar uma oportunidade é quase sempre uma decisão sobre outras pessoas, ou seja, aqueles com quem você trabalhará e a quem responderá, não importa qual seja o seu lugar na hierarquia.

O valor prático é que identificar talentos subestimados é uma das maneiras mais potentes de dar a si mesmo uma vantagem pessoal ou organizacional. As grandes empresas podem se dar ao luxo de oferecer um "lance" maior pelo talento "óbvio," mas se você estiver em uma instituição menor, poderá não estar em uma posição comparável. Fazer a triagem correta da mulher esquecida no fim da carreira, o produtor não óbvio e desajustado ou o gênio oculto é sua melhor aposta para construir uma equipe única, motivada e leal. Se você trabalha para uma grande instituição estabelecida, talvez tenha visto uma queda no excesso de credencialismo* e procedimentos de contratação altamente burocráticos, em vez da busca por talentos inspirados que tornaram a empresa excelente logo de início. Você pode querer que sua instituição aceite mais chances de novo — boas chances, é claro.

Acima de tudo, eles se opõem e buscam revisar a abordagem burocrática da busca de talentos, que está servindo mal à economia norte-americana — e a muitos cidadãos norte-americanos e globais. A abordagem burocrática, como a definem, busca minimizar o erro e

---

* Excesso de credencialismo: fenômeno caracterizado pela supervalorização de títulos, diplomas e credenciais em detrimento do conhecimento. [N. da T.]

a perda, e valoriza o consenso acima de tudo. Exige que todos sigam um conjunto de regras excessivamente rígidas, que o individualismo seja ocultado ou talvez até eliminado, e que não haja pressa, para que outro conjunto de procedimentos possa ser aplicado, virtualmente sem fim. Ao final de tudo isso, você terá um processo de contratação cheio de "gambiarra" e "lodo" [no original, *kludge and sludge*], para citar dois termos que estão se tornando moda na ciência política, e atrairá candidatos de temperamento comparável. Praticamente todos estão familiarizados com a configuração burocrática padrão das entrevistas. Um grupo de pessoas aparece em uma sala, armadas com perguntas (e respostas) planejadas, muitas vezes entediadas com o processo e esperando pelo melhor; elas tentam encontrar alguém que pareça "bom o suficiente" e capaz de obter consenso por ser decente, mas, acima de tudo, suficientemente inquestionável.

Os dois são realistas e reconhecem que o mundo nunca vai eliminar essas abordagens, mesmo porque a burocracia está muito difundida. Ainda assim, são revolucionários quando se trata de contratação e pensam que muitos de vocês realmente podem fazer muito melhor do que a abordagem típica. Quando se trata de talento, eles *tentarão ensiná-lo a pensar além da burocracia*.

Eles se concentram em um tipo muito específico de talento neste livro — a saber, talento com uma centelha criativa — e é aí que a abordagem burocrática é mais mortal. Ao se referirem à centelha criativa, querem dizer pessoas que geram novas ideias, iniciam novas instituições, desenvolvem novos métodos de execução em produtos conhecidos, lideram movimentos intelectuais ou de caridade ou inspiram outros por sua própria presença, liderança e carisma, independentemente do contexto. Todas essas pessoas têm o dom de melhorar o mundo, reimaginando o futuro como um lugar diferente e melhor. E como costumam ser difíceis de detectar, essas pessoas podem aparecer em todos os níveis de uma organização. Pode ser o CEO ou um executivo de alto nível, mas também pode ser um novo diretor de marketing que reverte sua abordagem de longa data com relação à publicidade ou até mesmo um estagiário que se pergunta se deve iniciar um novo tipo de *podcast*. Se você está tentando contratar talentos "em alta" — como eles acham que deveria estar —, precisará aprimorar suas habilidades para encontrar aquela centelha criativa, em vez de apenas procurar pessoas com um longo histórico de realizações.

Fazer melhor na questão do talento é realmente crítico. Quando os dois — Daniel e Tyler — leem as propostas de projetos que cruzam suas respectivas mesas, muitas vezes veem que o talento, e não o dinheiro, é a variável verdadeiramente escassa. Tyler lê uma proposta para um *think tank** na Indonésia, mas quem exatamente será o diretor e arrecadador de fundos? Daniel vê uma empresa lançar a mineração de asteroides no espaço sideral, mas raramente se encontra um indivíduo com a mistura perfeita de atrevimento e seriedade para executar tal ideia interplanetária. "Quem será o condutor do projeto neste aqui?", é uma pergunta que se repete continuamente, e talvez você a veja também em seu trabalho. Muitas vezes não há uma resposta realmente boa, não porque o talento não exista em algum lugar, mas porque é algo difícil de encontrar e mobilizar. Há uma escassez de trabalhadores e líderes que possam fazer as coisas acontecerem. Isso é verdade, quer se trate de construir uma nova igreja, escrever uma música pop de sucesso ou começar uma empresa de sucesso, criando assim empregos sustentáveis para muitos outros trabalhadores talentosos.

A escassez e a importância do talento são questões tão importantes que aparecem no nível da macroeconomia. Em essência, há uma escassez de trabalho talentoso em relação ao capital, como evidenciado pela abundância relativa de capital de risco e o que os economistas

---

* *Think tank*: instituições que se dedicam a produzir conhecimento sobre temas políticos, econômicos ou científicos. Pautam debates sociais por meio da publicação de artigos, estudos e participação de seus integrantes na mídia. Além disso, os *think tanks* também projetam alternativas e efeitos de possíveis impasses da sociedade. [N. da T.]

chamam de "excesso de economia". O conglomerado japonês SoftBank, com seu estoque de bilhões, tornou-se a maior empresa de capital de risco do mundo, mas nem sempre consegue encontrar a oportunidade certa e cometeu muitos erros, como financiar a WeWork e seu CEO e fundador, Adam Neumann. Os fundos soberanos, em países tão diversos como Singapura, Noruega e Catar, estão em busca de maneiras novas e cada vez mais amplas de investir seus crescentes superávits. Eles têm dinheiro e procuram os sempre escassos talentos.[5]

Se olharmos para o crescimento da produção dos EUA desde 1960, pelas melhores estimativas disponíveis, pelo menos 20% a 40% desse crescimento resultaram de uma melhor alocação de talentos. Por volta de 1960, os Estados Unidos estavam fazendo um trabalho incrivelmente ruim na alocação de talentos, em parte devido a puro preconceito e a equívocos. Por exemplo, 94% dos médicos e dos advogados eram homens brancos. Em 1952, quando Sandra Day O'Connor* se formou em terceiro lugar em sua classe na Escola de Direito de Stanford, ela só conseguiu emprego como secretária jurídica. Antigamente, *e ainda hoje*, nem sempre colocamos as pessoas mais produtivas nas funções para as quais seriam mais adequadas; em outras palavras, estávamos e estamos subutilizando, na verdade desperdiçando, o talento humano. Isso é ruim para a nossa economia, mas também é uma tragédia humana para aqueles que não podem se levantar, e isso prejudica nosso espírito nacional e moral.[6]

Quando pensamos em discriminação, geralmente pensamos em termos de raça, gênero e sexualidade. Esses continuam sendo problemas muito reais, e a questão está tão profundamente enraizada que existem muitas outras áreas nas quais a sociedade norte-americana cometeu erros na alocação de talentos. Por volta de 1970, estávamos realmente usando *nerds* e introvertidos no maior e mais produtivo

---

* Sandra Day O'Connor: conhecida por ser a primeira juíza associada da Suprema Corte dos Estados Unidos. Nomeada em 1981 pelo presidente Ronald Reagan e conhecida por exercer sempre um voto decisivo. [N. da T.]

grau possível? E as pessoas com deficiência, imigrantes recém-chegados ou indivíduos de baixa estatura? Os preconceitos estavam — e ainda estão — distorcendo muitas de nossas decisões de alocação de talentos.

Os dados sobre a renda norte-americana refletem como o talento é cada vez mais a restrição. Se você olhar para os anos 1980-2000, o principal fator para o aumento das diferenças de renda — o que explica 75% da variação — é se a pessoa tem diploma universitário, não tem diploma ou tem pós-graduação. Mas de 2000 a 2017, quando olhamos para o aumento da desigualdade de renda, a quantidade de educação explica apenas 38% da variação. (Por enquanto, é suficiente saber que explicar 100% da variação é explicar tudo, enquanto números mais baixos indicam uma conexão mais fraca, com 0% sendo nenhuma conexão. O contraste entre 75% e 38% é uma grande queda em poder explicativo.) No último período, a maior parte dos aumentos na desigualdade de renda é observada em pessoas *dentro* dos mesmos grupos educacionais. Em outras palavras, simplesmente ter estudo só leva a pessoa até certo ponto; os retornos reais são para o talento acima e além do seu nível educacional.[7]

A globalização também aumentou a relevância da questão do talento, porque há mais talento a ser encontrado do que nunca. Veja a Nigéria. Trinta ou quarenta anos atrás, as taxas de desnutrição naquele país eram tão altas e os sistemas escolares tão ruins que a maior parte do talento e do talento potencial não tinham muitas chances. Hoje, as condições de vida da Nigéria são altamente desiguais, e muitas vezes miseráveis, mas, ainda assim, há uma classe média (e alta) considerável. Os empreendedores nigerianos estão abrindo negócios rapidamente, tanto na África quanto na comunidade global em geral, e há muito mais por vir. Na Inglaterra, muitas das crianças com as melhores notas em matemática têm origens nigerianas e nos Estados Unidos, os nigerianos americanos estão subindo na escada da renda. No entanto, de forma alguma todos os nigerianos encontraram seu lugar adequado no mundo — mais uma vez, um sinal de que a busca de talentos e a avaliação poderiam ser muito melhores, além disso, um sinal de que você, como um caça-talentos, tem algumas oportunidades bem reais.

O excesso de credencialismo, uma das piores instâncias da abordagem burocrática de contratação, também é um problema de busca de talentos. Muitos empregos que, décadas atrás, exigiam apenas o ensino médio, agora exigem um diploma de bacharel ou até mesmo de nível superior. O jornal *The New York Times* informou que o mestrado se tornou o novo bacharelado. O trabalhador da aplicação da lei ou da gestão da construção realmente precisa ter um título de mestre, como é a tendência atualmente? Outra forma de fazer a pergunta: ao exigir um título de mestre para esses cargos, estamos potencialmente negligenciando pessoas com habilidades e talentos mais relevantes que poderiam ser melhores para o trabalho? O credencialismo desempenha um papel importante em nos ajudar a definir quem é o melhor para o trabalho. Mas quando erra o alvo, prejudica o candidato e o empregador, limita a mobilidade econômica e social daqueles que não podem arcar com os custos de um diploma de nível superior, e incentiva o superinvestimento na educação formal. Se quisermos combater o excesso de credencialismo e restaurar os EUA como uma terra de verdadeiras oportunidades, temos que melhorar na busca de talentos.[8]

Lembre-se de que o capital de risco ou a abordagem do "Vale do Silício" para a busca de talentos se preocupa muito mais com os "pecados de omissão" do que com os "pecados de comissão". Ou seja, se você for um capitalista de risco e perder um dos grandes fundadores do ano, estará sem muito dinheiro e possivelmente também sem emprego. Milhares de pessoas estão tentando escalar o monte com suas startups, mas apenas sete ou oito vão realmente ter sucesso e, em determinado ano, talvez apenas um ou dois desses sucessos serão empresas transformadoras. Portanto, perder o próximo grande lance é uma maneira infalível de perder dinheiro. De forma alguma, o capital de risco ou a tecnologia dominam nossa economia, mas podemos extrair deles algumas maneiras úteis de olhar além das credenciais e encontrar fontes ocultas de talento transformador.

A busca de talentos é um empreendimento fundamentalmente otimista, baseado na premissa de que sempre há mais valor a ser encontrado em nosso mundo. Mas encontrar esse talento é, em si, uma habilidade criativa, semelhante à música ou à apreciação da arte. Não pode ser feito por entrevistas padronizadas, pensamento de grupo, algoritmos, estudo de PowerPoints ou fórmulas simples.

Todo o mundo fala sobre ficar impressionado com um candidato. Mas na empreitada, uma emoção estranha em que Daniel se concentra é o medo — especificamente naqueles momentos em que um fundador lança seu argumento de venda e Daniel começa a sentir um medo sutil, provocado pelas ambição e determinação descaradas da pessoa, que fará *qualquer coisa* para ter sucesso. Não é que o fundador esteja tentando assustá-lo; em vez disso, eles exalam ambição, e Daniel percebe isso. Se Daniel sentir sutilmente medo deles, ele prestará atenção. O fundador do século XXI é semelhante ao pirata do século XVI — um forasteiro cheio de energia e carisma descarado. Às vezes Daniel ancora sua convicção de investimento no mercado: era fácil ver como a Opendoor poderia se tornar um grande negócio. Mas às vezes ele a ancora no fundador: Instacart, Cruise e Embark vêm à mente como investimentos extremamente lucrativos com caminhos não óbvios para a lucratividade, mas fundadores apavorantes.

Apesar de toda a importância do talento, os autores acham impressionante que não haja um único livro de referência sobre busca de talentos, semelhante, digamos, ao livro de Dale Carnegie, *Como Fazer Amigos e Influenciar Pessoas*, para vendas; *Gestão de Alta Performance para CEOs*, de Andy Grove ou *Influência*, de Robert Cialdini, para marketing e relacionamentos pessoais. No entanto, existem extensas literaturas sobre talentos e busca de talentos em psicometria, gestão, economia, sociologia, educação, história da arte e da música, esportes, entre outras áreas. Será mostrado o melhor desses *insights*, conforme filtrado pelo julgamento dos autores e suas experiências práticas, de forma fácil de digerir e prontamente interpretável.

Qualquer livro sobre a descoberta desse tipo de talento deve fundamentalmente envolver-se com questões maiores sobre a humanidade e o comportamento humano — especificamente, quais características são correlacionadas com a criatividade e prever a capacidade de uma pessoa de usar sua criatividade para fazer a diferença em qualquer esfera em que operem. Quais características tornam as pessoas boas ou más no trabalho com outras, ou em ter novas ideias? Até que ponto podemos prever a criatividade humana com traços de personalidade e quocientes de inteligência correlacionados? Ou a criatividade humana é irredutível, talvez algo que possamos vislumbrar por meio da intuição, mas única a cada vez que aparece? Que tipo de pessoa pode realmente fazer as coisas? A arte e a ciência da busca de talentos respondem a essas perguntas e, assim, oferecem uma nova maneira de compreender o mundo que nos rodeia.

Em muitas conversas, Tyler e Daniel passaram a ver a incapacidade do mundo de encontrar e mobilizar talentos suficientes como uma das falhas mais significativas de nosso tempo e, portanto, este também é um livro sobre como lutar por justiça social. Um mundo de desigualdade galopante e oportunidade insuficiente é, entre outras coisas, um mundo que não reconhece e não mobiliza talentos. No final das contas, muitos indivíduos potencialmente muito produtivos são subutilizados, em seu detrimento e para perda da sociedade como um todo. A ideia de que "a busca de talentos é uma das principais coisas em que somos ruins" é uma reconceitualização radical da maneira como tantas partes do nosso mundo se desviaram. A abordagem burocrática tradicional para encontrar talentos não costuma ter a *pretensão* de ser discriminatória, mas o foco em credenciais, hierarquias e consenso está longe de ser ideal para dar melhores chances a desconhecidos. Portanto, vamos nos concentrar em como você, dentro das estruturas atuais, pode tornar o mundo melhor, dando a outras pessoas — as que de outra forma seriam negligenciadas — as oportunidades justamente merecidas. Agora é comum reconhecer que os esforços de diversidade e da inclusão são baseados em falhas estruturais em nossas instituições, portanto, melhorar sua capacidade de identificar talentos é outra forma de ter um impacto direto e positivo.

Antes de prosseguir, serão apresentadas quatro perspectivas principais que informam as abordagens dos autores. Você verá que estes temas são recorrentes ao longo do livro, são lições gerais que valem a pena realizar em qualquer problema de busca de talentos e, na verdade, também se aplicam a muitos outros dilemas da vida.

Buscar Talentos é uma Arte e uma Ciência

Realmente é possível ter um melhor desempenho na busca de talentos se você estuda e pratica o suficiente, assim como o espectador de basquete experiente compreende um jogo melhor do que um novato e, assim como a música, a arte e o cinema compensam um estudo cuidadoso, mesmo que você nem sempre encontre regras fixas de qualidade. Você investe em habilidades de reconhecimento de padrões que são úteis no campo, embora a maioria de suas decisões individuais não possa ser resumida a um princípio simples. "Pinturas vermelhas são sempre boas" é uma regra boba, mas se você estudar como Ticiano e Mondrian implantaram a cor vermelha, isso o ajudará a reconhecer outros talentos artísticos e outras formas eficazes de pintar com o vermelho. E o mesmo se aplica à localização de talentos de maneira mais geral. É preciso entender a ciência e a arte de detectar talentos, e o lado da arte significa procurar regularidades gerais, que não sejam regras, e ver como elas se manifestam em casos particulares de talento individual. Isso o ajudará a desenvolver suas intuições para que possa identificar outro indivíduo com potencial.

Os localizadores de talentos mais famosos e bem-sucedidos processam uma quantidade fenomenal de dados, mas também injetam sua intuição no processo. Peter Thiel encontrou e ajudou a mobilizar os talentos de Elon Musk, Reid Hoffman, Max Levchin, Mark Zuckerberg e outros, incluindo Steve Chen, Chad Hurley e Jawed Karim (todos por trás do YouTube), Jeremy Stoppelman e Russell Simmons (por trás do Yelp). Sua abordagem não é bem descrita por qualquer tipo de fórmula mecânica e a formação de Peter é em ciências humanas — filosofia e direito —, em vez de ciência ou tecnologia. Muitos de seus interesses atuais dizem respeito à religião, pois ele estudou a Bíblia com o antropólogo e filósofo francês René Girard, que foi seu professor em Stanford. Os autores entendem que Peter aplica um teste filosófico e até moral muito sério às pessoas. Não é uma questão de saber se você concorda com a abordagem de Peter para a política ou, nesse caso, com sua moralidade. Em um contexto de capital de risco, Peter percebe que nossos julgamentos morais são algumas de nossas fontes de percepção mais penetrantes e motivadas, e isso o ajuda a trazer faculdades extras para lidar com questões de julgamento de talentos. Em nossa opinião, Peter realmente pergunta se você merece ter sucesso, pois ele entende esse conceito, ele obtém informações adicionais dessa linha de investigação interior e, de fato, profundamente emocional. Frequentemente, são os julgamentos morais que suscitam nossas intuições mais profundas e enérgicas.

Michael Moritz é outro notável juiz de talento. Da Stripe ao Google e ao PayPal, Mike tem um olho notável para talentos e é considerado por muitos na indústria como o melhor. Antes de ingressar na Sequoia Capital, passou toda a sua carreira como jornalista, e isso o ajuda a descobrir quem tem talento e quem não tem, é o que os autores acreditam. Considerando que a mente de Thiel é mais filosófica, Moritz busca uma história de energia crua e autêntica no indivíduo, e sua arte está em identificar tais origens. Uma história de resistência excepcional, especialmente durante a infância, despertará o interesse de Moritz. Pessoas que tiveram de suportar dificuldades têm um peso no ombro e, portanto, uma necessidade de provar o seu valor, e ele descobriu que isso está relacionado ao sucesso. Não foi por acaso que Moritz trabalhou com o famoso técnico de futebol Alex Ferguson em sua recente autobiografia, e nesse livro Ferguson explica como os melhores jogadores do esporte, como Ronaldo e Lionel Messi, têm uma obsessão extra com o autoaperfeiçoamento que os coloca acima do resto. Moritz percebe que os clientes em potencial mais importantes nem sempre chegam com grandes sucessos, mas estão determinados a trabalhar mais do que qualquer outra pessoa para chegar ao topo.

O lado científico da busca de talentos é mais relevante quando você tem muitos dados sobre capacidades de desempenho preexistentes. Os esportes têm visto um grande progresso na identificação e no recrutamento de talentos, principalmente por meio de medição. Você está tentando avaliar um jovem arremessador de beisebol? Bem, pode começar com a velocidade da bola rápida da criança, mas, hoje, também deve medir sua taxa de giro e o tipo de rotação que ela dá à bola.

A revolução que Billy Beane trouxe para o beisebol, documentada no livro de Michael Lewis, *Moneyball: o Homem que Mudou o Jogo* e depois em um filme de sucesso estrelado por Brad Pitt, começou com o Oakland Athletics no início deste milênio e trouxe o time inicialmente medíocre às competições eliminatórias em 2002 e 2003. A filosofia Moneyball, em poucas palavras, usa estatísticas para identificar jogadores e estratégias que estão sendo subestimadas pela instituição do beisebol. Pelo menos por um tempo, o Oakland Athletics foi capaz de encontrar e desenvolver jogadores talentosos que outras equipes não conseguiram. Uma ênfase semelhante nos dados foi seguida na maioria dos outros esportes importantes — por exemplo, a NBA mudou para mais arremessos de três pontos e as equipes começaram a se preparar, então, e a atuar com melhores arremessadores de três pontos. Os números são ótimos quando você pode usá-los, mas também deve-se reconhecer que não são relevantes em muitos casos.[9]

Desenvolvendo a Mentalidade de Caça-Talentos

Os autores esperam despertar seu interesse e sua curiosidade pelo talento em todas as partes de sua vida, e que você pense e fale sobre talento tanto quanto possível, não apenas no trabalho. Tente entender as pessoas que encontra e analise as situações em que se encontra, mesmo quando não há nenhum valor prático evidente para essa obsessão. Preste atenção ao talento em áreas não relacionadas ao seu trabalho, como esportes, entretenimento, política ou mesmo fofoca de celebridades, e tente descobrir quem realmente o tem e quem não. Quando encontrar outros avaliadores de talento, tire vantagem disso para iniciar conversas sobre o assunto. Melhorar a avaliação de talentos realmente exige testar e aprimorar continuamente suas habilidades, observando o experimento natural que é a vida cotidiana. Faça da avaliação de talentos um de seus passatempos.

A Pesquisa Científica é Importante, mas Entenda suas Fontes

Tyler e Daniel aprenderam muito com a pesquisa acadêmica sobre a busca de talentos, mas também descobriram que alguns escritores fazem afirmações excessivamente fortes. Muitos resultados não podem ser replicados, ou, em primeiro lugar, não foram convincentes ou se aplicam somente a um contexto muito particular. Por exemplo, a qualidade chamada "determinação" importa, mas quando se olha para os números, a perseverança é uma característica da personalidade que importa muito mais do que a paixão tomada isoladamente. Os autores fizeram um pacto para não depender da mera possibilidade de uma nota de rodapé acadêmica para chegar a uma conclusão — examinaram cuidadosamente os métodos, a profundidade da literatura circundante, a qualidade e a especificidade dos dados, e se eles estão de acordo com o testemunho de praticantes, entre outros assuntos. Há momentos em que confiaram principalmente em sua intuição e experiência, em vez de resultados de pesquisas, e também deixam isso claro.

Da mesma forma, os autores o encorajam a ser cético em relação aos pronunciamentos hiperbólicos em muitos livros de administração e tecnologia, especialmente aqueles que afirmam ter identificado uma coisa (ou três) que o fará melhor. Perguntar sempre: em quais áreas isso pode funcionar? Pode não funcionar? Quando funciona ou não funciona? Eles chamam essa última pergunta de "procurando a variação transversal". Se você não entende quando e onde uma afirmação em particular está errada, provavelmente não entende a afirmação desde o começo e provavelmente não deveria confiar tanto nela. É a compreensão do contexto que gera atenção ao talento.

Ambos os autores são "falibilistas"*, para usar um termo que foi revivido pelo empresário irlandês de tecnologia e CEO da Stripe, Patrick Collison. Isso significa que também vão falar sobre coisas que você pode pensar que sabe, mas que não são verdadeiras. Por exemplo, para inúmeros empregos, inteligência e QI são muito menos importantes do que muitas pessoas inteligentes acreditam. Descartar conhecimento defeituoso e estar aberto à surpresa são duas das coisas mais importantes que você pode fazer para descobrir talentos até então desconhecidos.

Existe uma Ética de Julgamento

Por fim, reconhecem que identificar talentos pode ser uma tarefa moralmente incômoda. Para a maioria dos empregos ou dos cargos, há muito mais candidatos do que vencedores e, com frequência, você faz apenas uma pessoa se sentir bem com o resultado. Na maioria das vezes, você está dizendo não para a maioria delas. Além disso, na medida em que você é um bom avaliador de talentos, está essen-

---

* Falibilista: algo ou alguém que está sujeito a falhas. Em argumentação lógica: pessoa cujos argumentos são falhos ou falaciosos. [N. da T.]

cialmente dizendo às pessoas: "Não, não estamos rejeitando você por causa de seus sapatos ruins ou da escola que frequentou. O verdadeiro problema é *você*." É difícil se sentir totalmente confortável em emitir esse tipo de julgamento, mesmo que seja sua responsabilidade e seja melhor no longo prazo para aqueles que são rejeitados.

Se seu objetivo for fundar ou liderar uma empresa, você precisará superar todo o nervosismo em potencial e se dedicar a isso. Qual é a alternativa prática? Nem todos podem ser CEOs e, tanto prática quanto moralmente, é melhor julgar os indivíduos como indivíduos do que confiar em estereótipos de grupo, mesmo que isso signifique uma identificação brutal das fraquezas de uma pessoa. Você pode ajudar muito o mundo sendo um juiz melhor de talentos. Dito isso, os autores não vão fingir que este é apenas um livro que o deixará bem. Qualquer movimento para se tornar um melhor apreciador dos talentos e das virtudes dos outros provavelmente também melhorará sua habilidade de identificar implacavelmente as causas do fracasso humano. Esse é o fardo do conhecimento.

O uso adequado deste livro, portanto, requer implantar uma espécie de perspectiva dialética. Você deve tentar manter em sua mente, ao mesmo tempo, as maravilhas da realização humana e as causas do fracasso humano, sem medo da contradição. As maravilhas deveriam vir com mais força (o mundo em rede é uma coisa muito boa), mas com esse equilíbrio você será capaz de implantar múltiplas perspectivas sobre o talento para obter o máximo efeito positivo. Você será então capaz de encontrar simultaneamente pessoas que podem ajudá-lo a continuar sua missão, ajudar essas pessoas a dar o próximo passo para onde quer que estejam tentando ir e evitar o mal de levá-las para o caminho errado, apenas para terem que voltar e começar de novo.

COMO ENTREVISTAR E FAZER PERGUNTAS

Atualmente, a pergunta de entrevista favorita dos autores é:

- Quais são as guias abertas no seu navegador agora?

Em essência, você está perguntando sobre hábitos intelectuais, curiosidade e o que uma pessoa faz em seu tempo livre, tudo de uma vez. Está superando a conversa e sondando as preferências demonstradas por essa pessoa.

Especialmente para empregos de nível superior, a questão do tempo livre é crítica. Os melhores executivos não deixam de praticar por muito tempo e se você ouvir ou sentir que uma pessoa não pratica muito e aprimora suas habilidades em seu tempo livre, provavelmente ela não é adequada para assumir uma posição de destaque ou atender expectativas muito altas. A pergunta da guia do navegador chega a isso, mas não é tão estranha ou exagerada quanto "Você trabalha muito?" ou "Quanto você tenta melhorar suas habilidades em seu tempo livre?".

(Se estiver se perguntando, as janelas do navegador abertas de Tyler no momento da escrita são: seu software de blog, dois sistemas de e-mail, Twitter, Google Doc para escrever este livro, outro Google Doc para outro projeto de escrita, WhatsApp, calendário, o blog de um amigo, um artigo sobre computação quântica, seu *feed* RSS, um podcast sobre xadrez, um artigo sobre o progresso em ciências biológicas, um artigo sobre entrevistas online, uma estação de rádio francesa [Fip] que toca dub jamaicano e um artigo sobre imigração para a Polônia. As janelas abertas do navegador de Daniel incluem seu e-mail, calendário, WhatsApp, Slack, dois estudos de psicologia, Spotify [rock], a comunidade Advanced Running, um novo recurso da Pioneer e um artigo do Stack Overflow sobre como consertar um *bug* de programação indescritível. Contrate ou demita de acordo!)

Ambos descobriram durante as entrevistas que as "preferências reveladas pelo tempo de inatividade" são mais interessantes do que as "histórias sobre seus empregos anteriores". Então, por exemplo, "Quais comunidades ou blogs você acompanha?", geralmente é melhor do que "O que você fez em seu emprego anterior?". Os autores gostam muito do título do artigo de pesquisa de Mohammed Khwaja e Aleksandar Matic "Personality Is Revealed During Weekends [A Personalidade é Revelada Durante o Fim de Semana, em tradução livre]", e nesse artigo os pesquisadores tentam medir como as pessoas usam seus smartphones fora do horário de trabalho. Se alguém é realmente criativo e inspirador, isso se refletirá na maneira como aloca seu tempo livre.[1]

Apenas para repetir a maravilhosa frase do título mais uma vez: "A personalidade é revelada durante o fim de semana".

Há um estudo notável sobre violinistas e como eles se destacam — ou seja, por meio da prática. Mas você sabe que tipo de prática é mais preditiva de sucesso? Não, não é uma prática criada pelo professor; pelo contrário, é a prática solitária, conduzida e dirigida pela própria pessoa. Pense nos hábitos de prática como um caminho para a combinação contínua de aprendizado e desempenho. Tente aprender os hábitos de prática da pessoa que você está entrevistando, pois isso revelará um aspecto de sua abordagem para o trabalho. Você também deve tentar aprender o quão autoconsciente uma pessoa é sobre o que ela faz para se aperfeiçoar. E se elas lhe derem um relato desastrado ou desajeitado de seus hábitos de prática, como já ouvido inúmeras vezes, poderá ajudá-las facilmente, sugerindo que pensem na prática um pouco mais sistematicamente.[2]

Outra forma de medir a alocação de tempo e o comportamento real é observar o que Sam Altman, ex-chefe da empresa de capital de risco Y Combinator (YC), descreve como *velocidade de resposta*. Veja um trecho do diálogo de 2019 e *podcast* de Tyler com Sam:[3]

> COWEN: Por que ser rápido e decisivo é um traço de personalidade tão importante em um fundador?
>
> ALTMAN: É uma ótima pergunta. Tenho pensado muito sobre isso porque a correlação é clara, e uma das coisas mais divertidas sobre a YC é que, eu acho, temos mais pontos de dados sobre a aparência de fundadores bem-sucedidos e fundadores ruins do que qualquer outra organização teve na história do mundo. Temos tudo isso em nossas cabeças e isso é ótimo. Portanto, posso dizer, com alto grau de confiança, que essa correlação é verdadeira.
>
> Ser um empreendedor rápido e decisivo — é muito difícil ter sucesso e não ter essas características como fundador. *Por que* é assim, não estou perfeitamente seguro, mas acho que é alguma coisa... sobre a única ou a maior vantagem que as startups têm sobre as grandes empresas é a agilidade, a rapidez, a vontade de fazer apostas não consensuais e concentradas, um foco incrível. É assim que você consegue vencer uma grande empresa.

COWEN: Com que rapidez alguém deve responder ao seu e-mail para ser considerado rápido e decisivo?

ALTMAN: Sabe, anos atrás eu escrevi um pequeno programa para checar isso, como a rapidez com que nossos melhores fundadores — os fundadores que dirigem empresas de mais de US$ 1 bilhão — respondem aos meus e-mails em comparação com nossos fundadores ruins. Não me lembro dos dados exatos, mas eram incrivelmente diferentes. Era uma diferença de minutos versus dias nos tempos de resposta médios.

Em essência, essa qualidade de velocidade de resposta capta o quanto o indivíduo está focado em estar conectado ao mundo e em responder a perguntas plausivelmente importantes. Se *suas* consultas não são uma prioridade para a pessoa, então talvez aquele indivíduo não seja a combinação certa. E não importa o seu nível, pense melhor em responder mais rapidamente a pelo menos alguns de seus interlocutores, sobretudo se você deseja continuar seus diálogos com eles.

Por Que os Autores Estão Intrigados com as Perguntas da Entrevista?

A contratação de especialistas costuma fazer uma distinção entre entrevistas "estruturadas" e "não estruturadas". Por estruturada, refere-se a uma situação em que um conjunto de perguntas comuns é determinado com antecedência, muitas vezes no nível organizacional, e as respostas são agrupadas e julgadas por padrões comuns, aplicados a muitos candidatos em toda a organização. Esses são métodos importantes para grandes instituições e sustentam os métodos burocráticos de contratação, mas não são os métodos ensinados neste livro. De forma semelhante, em algumas áreas, testar e examinar credenciais e ler cartas de recomendação pode ser importante; por exemplo, testes de visão e reação para pilotos militares podem ser críticos. Mas, novamente, nosso potencial valor agregado e experiência são sobre o exercício do julgamento individual, então, neste capítulo e no próximo, os autores se concentram em falar com as pessoas e fazer-lhes perguntas individualmente (nos próximos capítulos será considerado como você pode modificar essas estratégias para pessoas com diferentes origens culturais, raciais ou deficiências).[4]

Entrevistas não estruturadas são mais naturais e se assemelham mais a uma conversa normal, embora com um propósito específico. Na prática, quase todas as entrevistas têm segmentos não estruturados, não importa como sejam classificadas, e é para onde se dirige a maior parte dos conselhos dos autores. Quanto mais alto o nível em que você está contratando ou quanto mais criativo o trabalho em consideração, maior a probabilidade de a entrevista ter um componente não estruturado significativo. Se está contratando um caixa, as habilidades necessárias são bastante padronizadas, mas se um CEO está contratando seu chefe de equipe, a malha de personalidade terá mais importância, pois esse indivíduo pode precisar ter talentos peculiares e compreender todo o escopo do negócio, exigindo um estilo de entrevista mais aprofundado e de fluxo mais livre.

Digamos que você esteja em uma sala com um candidato a emprego e meia hora para bater um papo. Como descobrir se o candidato é a contratação certa, o melhor parceiro de negócios, ou o merecedor de uma bolsa de estudos? A entrevista é fundamentalmente sobre como se envolver com as pessoas, e se não puder se envolver com elas, não poderá quebrar a combinação de bravata, nervosismo e talvez até mesmo engano que as pessoas trazem para as entrevistas. Durante uma entrevista, você pode perguntar qualquer coisa (legal) no universo conhecido e explorar qualquer ângulo que desejar. Que posição esplêndida, mas também desconcertante para se estar.

Antes de continuar, examinemos alguns dos argumentos contra as entrevistas para ter uma noção de seus pontos fortes e limites.

As Entrevistas São Importantes?

Sim, elas são muito importantes.

Você deve ter lido artigos como o que Sarah Laskow escreveu há alguns anos em *The Boston Globe*, "Want the Best Person for the Job? Don't Interview" [Quer a Melhor Pessoa para o Trabalho? Não Entreviste, em tradução livre] ou o que Jason Dana publicou no *The New York Times*, "The Utter Uselessness of Job Interviews" [A Absoluta Inutilidade das Entrevistas de Emprego, em tradução livre]. Essas e outras histórias fazem a afirmação muito conhecida de que as entrevistas não aumentam sua capacidade de identificar os melhores candidatos a vagas de emprego. Você pode então se perguntar se as entrevistas, ou tentar melhorar suas habilidades de entrevista, valem a pena.

Esse mito comum da impotência na entrevista perde o foco. No mínimo, as entrevistas podem ajudá-lo a descartar alguns candidatos rapidamente. Mas a principal razão pela qual quase todas as grandes empresas continuam fazendo entrevistas é que elas fornecem informações úteis.[5]

Mais importante ainda, muitos dos estudos pessimistas sobre entrevistas focam entrevistas não estruturadas realizadas por entrevistadores relativamente não qualificados para empregos relativamente desinteressantes de nível inicial. *Você pode fazer melhor*. Mesmo se *fosse* verdade que as entrevistas, em média, não melhoram a seleção de candidatos, ou seja, é uma afirmação sobre *médias*, não sobre o que é possível. Você ainda teria o poder, se adequadamente talentoso e intelectualmente equipado, para bater as médias do mercado. Na verdade, quanto pior o trabalho do mundo como um todo em entrevistas, mais razões para acreditar que há candidatos altamente talentosos apenas esperando para serem encontrados *por você*.

Na maioria dos estudos sobre esse assunto, as entrevistas foram mais eficazes para empregos de nível superior. Então, se você deseja contratar um economista, Tyler acredita que perguntar a uma pessoa questões econômicas concretas durante uma entrevista é uma boa maneira de começar a avaliar sua competência, embora isso nunca tenha sido provado ou refutado em forma de estudo. Daniel acredita que se você deseja financiar um candidato a capital de risco, vale a pena perguntar sobre o plano de negócios para ver se a ideia básica é bem apresentada e defendida. Se ele não conseguir defender isso para você, provavelmente terá problemas para atrair talentos para ajudá-lo. A multidão antientrevista, em grande parte centrada no mundo acadêmico, ignora essas verdades óbvias.

As entrevistas também desempenham um papel crucial no recrutamento de candidatos e ajudam a espalhar uma impressão positiva sobre você e sua empresa, mesmo nos casos em que você acaba não contratando a pessoa. Portanto, deixe de lado qualquer inclinação para pular ou desvalorizar essa parte do processo. Entrevistas são essenciais e, como tantas organizações dependem de abordagens burocráticas estúpidas, o nível de exigência é baixo e a recompensa é alta.

A Primeira e Mais Importante Regra: Confie e Seja Confiável

Não encare a entrevista como um processo em que você está tentando enganar ou enrolar a outra pessoa. Em primeiro lugar, é uma maneira intrinsecamente ruim de se comportar. Em segundo lugar, uma vez que a pessoa percebe o que você está fazendo, para de confiar em você e, na maioria dos casos, fica na defensiva. Isso tornará mais difícil determinar se ela é adequada para o trabalho ou a atribuição, sem mencionar que será mais difícil consegui-la se você decidir que é.

A abordagem que os autores fazem é começar tentando estabelecer um terreno comum. Como fazer isso, obviamente, depende do contexto, mas você pode falar sobre uma história regional, hobby ou interesse comum, ou começar com uma pergunta sobre o tipo de trabalho ou tarefa em questão. Outra abordagem é fazer uma pergunta concreta à pessoa, com base no seu conhecimento do histórico profissional anterior dela. Ainda mais importante, deve ser uma pergunta *que você realmente deseje saber a resposta*. Portanto, se a pessoa trabalhava em uma fábrica de rolamentos em Cleveland, descubra se você se preocupa mais com rolamentos de esferas ou mais com Cleveland. E suas perguntas adicionais devem também refletir seus interesses reais.

Preocupar-se com as respostas deixará a outra pessoa à vontade, mas, o que é mais importante, muitas vezes também o deixará à vontade. Isso levará o candidato — e você — ao modo de investigação, curiosidade, conversação e aprendizagem. Sinalizará que você sente que pode aprender com ela, incentivando-a a se sentir à vontade para responder na mesma moeda. Melhor ainda, isso o levará para fora do reino da entrevista de emprego enfadonha, óbvia e falsa.

A natureza equipou a maioria dos humanos com a habilidade de farejar falsidades e interesses superficiais. Existe apenas uma proteção real e confiável contra essas habilidades de detectar falsidades: ser realmente digno da confiança de alguém. Quando somos genuinamente curiosos, isso atrai as pessoas e à medida que mostramos interesse, elas começam a confiar em nós. Isso não significa que você não deva fazer perguntas difíceis e exigir respostas que não agregam — você simplesmente deve ser genuíno.

Entrando no Modo de Conversação

Conforme observado, o principal benefício de evitar falsidades desde o início é que isso ajuda a colocar o candidato no modo de conversação o mais rápido possível, e esse é um princípio crítico da entrevista. Com isso, a questão é dizer como as pessoas se relacionam diretamente, fora dos ambientes de entrevista, quando apenas dizem coisas. Parece espontâneo e, de fato, é espontâneo. No modo de conversação, você tem uma visão muito melhor de como essa pessoa irá interagir com outras diariamente no trabalho. Não estamos dizendo que mostra "a pessoa real", o que quer que você possa interpretar como tal. O modo de conversação ainda envolve muita apresentação consciente e subconsciente do eu para o mundo exterior. Reflete a sinalização, a atmosfera e as afetações, as simulações e os hábitos sociais condicionados dessa pessoa. Mesmo assim, pelo menos você obtém "a versão real da pessoa falsa", e isso ainda é mais valioso do que tentar processar respostas de entrevistas preparadas.

Como exatamente você pode colocar as pessoas no modo de conversação? Aqui estão as principais sugestões dos autores, começando com a favorita de Daniel.

Faça os Candidatos Contarem Histórias Sobre Si Mesmos, Em Vez de Recitar Fatos ou Respostas Ensaiadas

Uma pergunta simples para provocar uma história, como "O que você fez hoje de manhã?", é uma boa maneira de começar a conhecer uma pessoa sem ser ameaçador. As histórias que você ouve refletirão como o candidato organiza ideias, adiciona valência emocional, conduz um arco narrativo e seleciona o que é importante. Contar uma história também força o candidato a demonstrar um senso de público, ou seja, a percepção que ele tem de você e dos outros na sala, e que tipo de compreensão ou contexto você pode trazer para a interação. Ter noção de público é uma habilidade importante para praticamente qualquer tipo de trabalho que envolva interação humana, e, mesmo que haja alguma falsidade em contar histórias, para a maioria dos trabalhos uma certa dose de falsidade é necessária. Você também testa o quão bem o candidato compreende a natureza da entrevista em si.

É difícil falsificar uma história inteira na hora, então, quando você pede uma história, talvez alguns detalhes relevantes estejam sendo censurados, mas é provável que ouça alguma versão da verdade. Se você perguntar: "Conte-nos uma história detalhada sobre como um colega de trabalho expressou seu apreço por você", quase todos contarão uma versão do que realmente aconteceu. Precisamente porque o modo de contar histórias nos ocupa com tantos detalhes e características estruturais particulares da própria história que o contador de histórias não pode mentir tão facilmente, pois isso envolveria fazer malabarismos com muitas bolas de uma só vez. É muito mais fácil para o candidato mentir em resposta a uma pergunta meramente factual, como "Você foi amado em seu último emprego?". Se você ouvir em resposta "Oh, sim, com certeza, todo mundo me amava lá", como Daniel e Tyler já ouviram versões, o que exatamente deve fazer com isso?

Em alguns casos, você conversará com um "sobrevivente" que experimentou um trauma na área sobre a qual perguntou. Por exemplo, talvez a pessoa tenha sofrido assédio sexual no trabalho perguntado. Tyler uma vez perguntou a um candidato a emprego sobre sua experiência anterior e recebeu uma série de respostas tensas e nervosas que indicavam uma história de assédio. Ele nunca conhecerá a história real, mas pelo menos esteja ciente de que para esses indivíduos, as histórias proferidas não são, e talvez não possam ser, sobre toda a verdade. Portanto, procure inteligência e sensibilidade em suas reações, em vez de simples evasão, especialmente se você sentir que algo pode estar escondido sob a superfície ou se intuir certa estranheza na apresentação. E em vez de bater novamente no tópico da pergunta original, pense no que pode perguntar para acalmar a tensão. Tente descobrir sobre qual tópico essa pessoa realmente deseja falar e siga nessa direção — por exemplo, tente uma pergunta aberta sobre quais problemas o candidato gosta de resolver em sua cabeça.

O entorpecimento é contagioso. O principal problema com perguntas óbvias é que elas tendem a obter respostas óbvias. Tente não pedir histórias que provavelmente serão ensaiadas. Não peça uma história sobre algo que a pessoa fez de certo ou de errado no trabalho anterior. Não pergunte se uma pessoa é fácil ou difícil de trabalhar. Cada entrevistado tem uma resposta pronta para perguntas como essas. O teste de preparação é bom, e até certo ponto necessário, mas é uma das coisas mais fáceis de fazer e relativamente fáceis de julgar. O objetivo aqui, como dito, é ajudá-lo a testar outras qualidades.

Seguem algumas perguntas que não apenas suscitarão histórias, mas também podem produzir respostas relativamente interessantes:

- O que você fez hoje pela manhã?
- Qual foi a maior distância que já esteve de outro humano?
- O que você já fez de estranho ou incomum no início da vida?
- Qual será a história que uma de suas referências me contará quando eu ligar para elas?
- Se eu fosse a Netflix, que tipo de filme eu recomendaria para você e por quê?
- Como você sente que é diferente das pessoas em sua empresa atual?
- Quais opiniões você tem de forma arraigada e quase que irracionalmente?
- Como você se preparou para esta entrevista?
- De quais fóruns, blogs ou comunidades online você gosta?
- Tem algo que você faz que considera esotérico?

Mas cuidado: ao fazer essas perguntas incomuns, você frequentemente obterá um longo silêncio, seguido por uma resposta não relacionada. E isso é um bom sinal! Significa que o candidato não estava preparado e que precisa de tempo para pensar. Você deseja dar ao candidato, que pode estar nervoso, tempo para refletir antes de abrir o verbo. Uma estratégia é repetir a pergunta: — Isso é fantástico. Qual é a outra razão pela qual você deseja trabalhar aqui?". Outra é ser explícito sobre a situação: "Agora, você pode não ter uma resposta preparada. Sem problemas! Enquanto pensa, deixe-me contar sobre algo esotérico que *eu* faço…"

Uma vez que as palavras estão fluindo de suas bocas, sua verdadeira tarefa começa: avaliar a resposta e o que ela revela. E, para fazer isso, precisará recorrer a uma ampla variedade de conhecimentos sobre cognição e personalidade, bem como sua própria intuição treinada. Um bom lugar para começar é considerar sua qualidade geral de desenvoltura, que obviamente é útil em qualquer trabalho, sobretudo em crises ou tempos difíceis. E ao testar a desenvoltura, esteja você desapontado ou não com determinadas respostas, continue se perguntando se o candidato é sucessivamente capaz de recorrer a recursos intelectuais e também emocionais em suas respostas. Ele pode continuar mostrando respostas inovadoras, não importando o quão longe você vá ou quanto o pressione. Isso é um sinal das reservas mais amplas de intelecto e energia que o indivíduo será capaz de trazer para o trabalho.

A empresa de Daniel cria torneios para selecionar os destinatários de seus investimentos. Um grupo de fundadores em potencial é convidado a jogar uma série de jogos online, e seus progresso e comprometimento são monitorados ao longo de semanas. Isso testa habilidade técnica, dedicação e competitividade, qualidades importantes no mundo das startups de tecnologia. Daniel também gosta de pedir a candidatos para entrevistas que compartilhem suas críticas aos torneios Pioneer, que ele organiza para selecionar possíveis destinatários dos investimentos da empresa. Ele procura uma abordagem específica para a crítica deles, tanto quanto o conteúdo de sua resposta. Fica preocupado em especial quando eles divagam distraidamente, em vez de fornecer uma abordagem focada no feedback, ou quando escolhem descarregar suas queixas no mundo mais amplo da tecnologia (uma resposta comum que sugere falta de foco). Busca especificidade e franqueza, que se concentram em como os torneios da Pioneer podem ser melhorados.

Daniel também enquadra as respostas dos candidatos em uma estrutura muito específica. Enquanto o candidato conta sua história, Daniel continuamente se pergunta: "A quem esta pessoa está respondendo ou para quem costumava se apresentar?". Quem ela considera importante impressionar? Os pais? Um colega em particular? Amigos do colégio? Um ex-chefe? Isso é revelado nos momentos em que ela revela alguns ângulos de seus sucessos e fracassos passados, em vez de outros. Você pode se surpreender com a frequência com que essas informações chegam no contexto de uma entrevista. Por exemplo, uma pessoa pode se referir a professores universitários que a desprezaram ou não apreciaram suas inovações, ou uma pessoa pode ainda estar envolvida em como era vista como criança por seus pais. Pensar sobre essa questão pode dar a você o contexto a partir do qual as pessoas estão falando, e, de forma mais geral, um senso de suas ambições e sua visão de mundo. Se a pessoa ainda está tentando impressionar seus colegas do ensino médio, por exemplo, ela pode ter foco, mas é improvável que entenda o quadro mais amplo por trás de sua empresa ou compreenda suas ambições globais. Mais importante ainda, esteja alerta para a distinção entre aqueles que estão presos em seu passado e aqueles que aprenderam com ele, e estão avançando e buscando expandir a esfera de pessoas que podem impressionar. Daniel convenceu Tyler sobre a importância dessa abordagem no início de suas discussões e seus debates.

A maioria de nós tem uma tendência para contadores de histórias refinados e articulados. Mas tenha isso em mente, pois pode fazer com que você contrate pessoas desinibidas, mas não substanciais, e negligencie o raro talento criativo. *Não superestime a importância da articulação da pessoa.* Em vez disso, concentre-se no conteúdo e na qualidade das respostas às suas perguntas. Diversos candidatos muito qualificados não são tão rápidos nem falam de improviso com frases bem formuladas e que soam suaves, mas se eles tiverem um bom conteúdo, observe. Talvez você tenha visto como alguns norte-americanos ficam impressionados com o sotaque dos britânicos. Bem, nada contra contratar britânicos, mas no local de trabalho o sotaque provavelmente não vale muito, assim como o que os norte-americanos podem considerar um sotaque alemão "desajeitado" ou um sotaque francês "fraco" não deve ser usado como substituto para avaliações particulares de personalidade ou inteligência. Frequentemente, correlacionamos sotaque com a fluência linguística ou, às vezes, com a inteligência. Da mesma forma, é bom notar se a voz de alguém tem um tom incomum ou se sua fala tem uma prosódia incomum, mas não tire conclusões precipitadas sobre a pessoa ser "um esquisito", porque você provavelmente não pode fazer inferências confiáveis a partir desses dados; além disso, os "esquisitos" podem acabar sendo alguns de seus melhores funcionários.

Você pode encontrar candidatos que, às vezes, parecem não conseguir passar no teste de Turing ou, em outras palavras, não farão sentido o suficiente para provar que são humanos, não um programa de software imperfeito, como a assistente virtual Siri, quando é dada uma pergunta muito complexa para ela responder. Se um candidato é reprovado no teste de Turing, essa é uma informação relevante, pois muitos empregos exigem uma base de um tipo específico de fluência verbal. Ainda assim, tente desenvolver uma compreensão mais profunda do que está acontecendo, em vez de apenas dispensar a pessoa. O brilhante Alan Turing não parecia convencido de sua própria articulação ou agilidade mental e, ainda assim, foi um dos principais matemáticos, cientistas da computação, lógicos e criptógrafos de seu tempo. Ele era muito bom no processamento de informações em níveis que não correspondiam às habilidades que usamos para gerar conversas casuais encantadoras.[6]

Daniel também achou útil prestar atenção a quaisquer estratégias específicas que os candidatos parecem usar para manter o foco e gerar boas respostas (ele chama essas estratégias de "gatilhos", em analogia à maneira como os atletas, por exemplo, se preparam com gatilhos mentais para manter a boa forma durante uma apresentação — um levantador de peso, por exemplo, pode pensar "peito para cima" antes de realizar um levantamento). Às vezes, eles podem ser vistos em um pequeno gesto físico — digamos, a pessoa se senta um pouco mais ereta, respira um pouco mais fundo ou sua voz assume um tom mais autoritário. Como alternativa, você pode ver um gatilho negativo — ouvir uma mudança na voz ou uma excessiva repetição quando um candidato perde o foco. Pergunte a si mesmo que tipo de impressão essa pessoa está tentando causar na entrevista e como ela faz isso. Essa estratégia está funcionando bem? Isso o ajudará a construir uma imagem mais perspicaz da pessoa com quem está falando.

A fim de ter a melhor percepção de um candidato, é importante não apenas o que você pergunta, mas também como o faz. Encerre pelo menos algumas de suas perguntas com uma nota de surpresa. Não tenha medo de deixar uma pergunta pairar no ar depois de formulá-la; segure a tensão como uma forma de deixar claro que você espera uma resposta, e uma resposta direta. Não reduza essa tensão com uma risada nervosa, com um piscar de olhos muito perceptível ou se virando — qualquer coisa que reduza o foco no assunto em questão. Não tenha medo de continuar olhando para o candidato; contudo, não o faça de uma forma hostil ou excessivamente desafiadora. Mantenha-se descontraído, mas atento. Se o candidato evitar a pergunta, pergunte novamente.

Essa insistência por uma resposta é uma estratégia que faz com que muitos entrevistadores se sintam desconfortáveis ou até um pouco maldosos. Quando é óbvio que um candidato está evitando dar uma resposta, muitas pessoas ficam tentadas a aliviar a tensão permitindo que o tópico seja mudado. Ao manter ou mesmo aumentar o foco no conteúdo das respostas, você verá como o candidato responde à pressão, mas, acima de tudo, garantirá que cada pergunta gere uma resposta informativa ao máximo.

Ao apresentar suas perguntas e ouvir as histórias do candidato em resposta, observe se o entrevistado usa expressões incomuns, parece estar cunhando suas próprias frases, explica conceitos básicos de uma forma diferente do que você pode ouvir no *mainstream*, fala como se estivesse desenvolvendo memes úteis, tem padrões rítmicos incomuns em sua fala ou evoca uma visão de mundo única. Existem pessoas que, quando falam, não importa o assunto, parecem atrair você para a própria visão de mundo delas, quase como mágica, como se você estivesse entrando em um filme, um programa de TV, um jogo de computador ou uma história em quadrinhos criado por elas. Isso pode ser um sinal de suas energia e criatividade.

A primeira vez que cada um dos autores conheceu Peter Thiel, por exemplo, notou como ele estava absorto em suas explicações e, além disso, com que rapidez e eficácia ele puxava as pessoas para sua visão de mundo, introduzindo e aplicando conceitos como "estagnação tecnológica", "incapacidade de imaginar um futuro muito diferente do presente", " economia georgista"* e "vítima do sacrifício girardiano"**. Talvez você não saiba a que todos esses conceitos se referem, e talvez o público de Peter também não saiba, mas essa não é a questão. Há uma lógica em seu argumento, e Peter comunica essa lógica com a maior convicção; o público percebe corretamente uma visão de mundo subjacente coerente, envolvendo temas de dinamismo perdido, pessimismo e o demasiado desejo humano de copiar outras pessoas e seus hábitos. Quando Peter, em um diálogo público com Tyler, se referiu à "interpretação straussiana de Cristo"***, todos basicamente

---

* Sistema tributário preconizado por Henry George, economista norte-americano (1839-1896), e que se funda em um imposto único sobre a renda da terra. [N. da T.]

** René Girard: filósofo que constantemente alerta que a origem da cultura humana é violenta, pois, buscando um meio de controle dos conflitos que afetavam as comunidades, é instituído o sacrifício, que consiste no controle da violência com a violência. [N. da T.]

*** David Friedrich Strauss: filósofo e teólogo protestante alemão, pioneiro na interpretação bíblica do Novo Testamento do ponto de vista mitológico. A publicação de seu primeiro grande trabalho, *Das Leben Jesu kritisch bearbeitet* (1835-1836)[A Vida de Jesus Examinada Criticamente, em tradução livre], em que demonstrou que os milagres de Cristo seriam mitos, causou escândalo e rompimento com a igreja protestante. [N. da T.]

concordaram e continuaram a ouvir com extrema atenção, embora provavelmente poucos entendessem a referência.

Demonstrar uma linguagem própria nem sempre é um sinal positivo, especialmente se você estiver contratando para um trabalho que exija pouca criatividade e muita consciência. Mas se estiver procurando um fundador, um empresário, um rebelde ou um intelectual altamente produtivo para levar um empreendimento ao próximo nível, criar e dominar sua própria linguagem pode ser uma característica positiva importante. Pode sugerir que você encontrou um indivíduo verdadeiramente criativo, carismático e generoso, um entre 1% ou 2% das pessoas que são capazes de criar algo grandioso. Não significa que ter uma linguagem especial sempre se traduz em resultados bem-sucedidos; se alguém cria e abre seu próprio mundo com a linguagem, não há garantias de que esse mundo novo e original seja bom, ou uma boa combinação para o que você deseja alcançar como empregador ou patrocinador. Mas é um sinal de que uma investigação mais aprofundada sobre a pessoa é justificada, pois há uma chance de que ela possa ser um gênio revolucionário.

Como um aparte, esse ponto sobre a linguagem é uma das razões pelas quais o conhecimento das ciências humanas, a leitura de ficção e o fato de ser bilíngue ou trilíngue podem ajudá-lo a localizar talentos criativos. Se pretende reconhecer a aparência de novas linguagens pessoais, ajuda ter sido exposto a elas no passado. Ajuda conhecer a sonoridade de Shakespeare, cuja linguagem não é igual à de ninguém, de sua época ou de qualquer outra. Ajuda ser fluente em francês, espanhol, hindi, chinês ou qualquer outra língua que você possa ter aprendido. E não negligencie a cultura popular; programas como *Seinfeld*, *Os Simpsons*, *Game of Thrones* e *Rick and Morty* têm ritmos e linguagens próprios, assim como as obras-primas da alta cultura do passado. Tyler é um grande defensor da aprendizagem de tantas "línguas" diferentes quanto possível, não apenas para aumentar a sua compreensão do mundo, mas também para que você possa reconhecer e avaliar melhor as línguas e os códigos culturais de outras pessoas.

Altere o Cenário Físico da Entrevista

Vá a uma cafeteria ou a um restaurante. Caminhe ou sente-se em um banco de parque. Isso pode acontecer no meio da entrevista ou você pode realizar a entrevista inteira lá. De qualquer maneira, a configuração diferente permitirá que veja como o candidato responde a mudanças inesperadas e pode facilitar a alteração para uma troca mais coloquial. Também torna mais difícil para o candidato manter o modo de entrevista defensivo. O candidato não pode falar com o atendente ou o caixa no modo de entrevista, então você consegue ver um lado diferente da pessoa. Além disso, depois que o candidato fala com mais naturalidade com o atendente, é mais difícil voltar ao modo de entrevista defensivo com você.

A nova configuração também oferece a oportunidade de fazer ao candidato mais perguntas para as quais ele não terá uma resposta pronta: "O que você acha do serviço daqui?" ou "Você costuma achar os lugares muito barulhentos?" Você estará dando ao candidato a chance de expressar emoções, registrar rancores e avaliar ambientes novos e inesperados, tudo de forma relativamente não filtrada. Simplesmente não é possível para o candidato recorrer inteiramente à preparação para lidar com essas questões.

Novos ambientes físicos também introduzem a possibilidade de eventos aleatórios e surpreendentes, de uma forma que você provavelmente não conseguirá apenas sentado em uma sala de entrevista. Talvez não haja lugar na Starbucks, então como o candidato reagirá e o que ele sugerirá como próximo curso de ação? O candidato *sugere* a próxima ação ou confia em você? Se a fila do caixa estiver infinitamente lenta, quando ele começará a exibir frustração? Melhor ainda, como responde se um atendente derrama algo em sua camisa (embora não recomendamos combinar isso com antecedência — lembre-se: seja legal).

Se o tempo ou as circunstâncias não permitirem esse tipo de mudança, você poderá trocar de ambiente por um tempo. No mínimo, se possível, mude as posições dos assentos, ainda que as mesmas pessoas estejam envolvidas, isso também mudará a natureza do diálogo.

O principal aqui é que as melhores entrevistas não são formais. Temos certeza de que você pode pensar em outras maneiras criativas de tirar o candidato do modo de entrevista e colocá-lo em seu cotidiano. Isso é importante, porque o eu cotidiano é o que você obterá se o contratar. Além disso, as configurações não profissionais geralmente levam a conversas mais reveladoras. Tentem assistir a um jogo de basquete juntos — muito provavelmente vocês acabarão conversando sobre problemas de trabalho durante o intervalo e as interrupções. Ou vá correr com a pessoa. A abordagem tradicional aqui é sugerir uma partida de golfe. Em qualquer caso, esteja muito aberto para fazer algo que pode estar fora da rotina normal de contratação.

Seja Específico e Faça Perguntas Desafiadoras

Um bom princípio básico é: se encontrou sua pergunta em um livro de entrevistas de emprego ou um site, é provável que esteja simplesmente testando o nível de preparação do candidato. Novamente, é bom até certo ponto, mas não o confunda com uma visão adicional.

Aqui estão algumas perguntas um pouco mais incomuns que os autores recomendam, novamente dependendo do contexto, com mais perguntas chegando na seção sobre como alcançar a "meta":

- Quais são as dez palavras que seu cônjuge, parceiro ou amigo usaria para descrevê-lo?
- Qual foi a coisa mais corajosa que você já fez?
- Se você se juntasse a nós e depois de três a seis meses não estivesse mais aqui, por que seria? — ou faça a mesma per-

gunta usando cinco anos depois e veja como as duas respostas diferem.

- O que você gostava de fazer quando criança? — isso toca no que a pessoa realmente gosta de fazer, porque remonta a uma época antes de o mundo começar a mandar nela.[7]

- Você se sentiu valorizado em seu último trabalho? Qual foi o principal motivo pelo qual você não se sentiu valorizado?

Você perceberá que essas perguntas pedem algumas informações muito específicas. Elas também pedem histórias e que os candidatos revelem algo de sua verdadeira natureza.

Em relação à última pergunta, sobre não se sentir valorizado: muitas pessoas não conseguem conter suas emoções aqui. Em geral, tenha cuidado com os candidatos que usam muitas palavras negativas; é sinal de possíveis problemas futuros e falta de cooperação no local de trabalho. Mesmo que as experiências negativas no trabalho anterior da pessoa não tenham sido culpa dela, você deseja avaliar até que ponto ela pode superar as experiências ruins. Palavras negativas podem ser um sinal menos ruim se você está entrevistando um chefe ou um fundador em potencial, pois, nesse caso, você pode estar procurando um tipo de caráter desagradável e revolucionário; mesmo assim, os usuários de palavras negativas podem ser um problema. Desconfie de palavrões, do uso excessivo da palavra "ódio" e de muita conversa sobre sentimentos feridos e por quê, e se a reclamação é justificada ou não.

Outra maneira de manter o foco em detalhes é testar o quanto o candidato compreende a sua instituição. Qualquer pessoa que leva a sério o trabalho terá informações básicas sobre seus principais produtos ou serviços, portanto, é improvável que perguntas sobre eles revelem muita coisa. Os autores acreditam muito em fazer perguntas destinadas a ver o quão bem a pessoa pode se concentrar nos principais desafios conceituais que enfrentamos em nossos campos escolhidos. Então, você pode perguntar:

- Quem são os nossos concorrentes?

Reed Hastings, CEO da Netflix, disse certa vez que seu maior concorrente era o sono e, além disso, ele estava ganhando. No Mercatus Center, um centro de pesquisa com ênfase no estudo de mercados, Tyler argumenta com seus colegas de trabalho que o concorrente deles geralmente é o Google, não outro centro de pesquisa. Se as pessoas querem saber coisas, podem simplesmente acessar o Google, em vez de qualquer centro de pesquisa específico. Portanto, é bom você colocar bem o seu trabalho no Google — ou, melhor ainda, induza as pessoas a procurá-lo antes de irem ao Google. Para a Pioneer de Daniel, o maior concorrente não é outra empresa de capital de risco, mas sim o risco de que os principais clientes em potencial prefiram receber um salário estável em uma boa empresa e esquecer quaisquer planos maiores. (É tão ruim viver uma vida confortável, mas menos desafiadora?) Daniel entende que a mística e a emoção de construir uma nova empresa devem superar a inércia do *status quo* e seus padrões mais fáceis, e que ele é em parte responsável por articular essa visão de criar algo novo.

Quais Perguntas Clichês Você Deve Evitar?

O livro de Peggy McKee de 2017, *How to Answer Interview Questions* [Como Responder às Perguntas da Entrevista, em tradução livre] lista mais de uma centena de perguntas comuns. Eis alguns exemplos:

- Dê um exemplo de uma vez em que você sentiu que foi além do dever no trabalho.

- Como você pode aplicar suas habilidades específicas para ajudar a organização a alcançar um crescimento sustentável e gerar receita?

- Como você lida com o estresse e a pressão no trabalho?
- O que você gostou ou não gostou em seus empregos anteriores?[8]

Você pode intensificar sua busca de perguntas e procurar no Google "15 perguntas favoritas de entrevista para desarmar completamente os candidatos a emprego", nesse caso acabaria com um artigo de Jeff Haden e uma lista que inclui as seguintes perguntas maçantes:

- Quais são as falhas que você mais valoriza?
- Se pudesse voltar cinco anos, que conselho daria ao seu eu mais jovem?[9]

Há uma aula em Stanford, para engenheiros, sobre a melhor forma de se preparar para as entrevistas e responder às perguntas.[10] O exemplo paradigmático de uma questão para a qual se preparar é:

- Qual é a sua maior fraqueza?

Sim, a maioria das pessoas já está pronta para isso, especialmente quando você está entrevistando em níveis superiores, em que encontra candidatos mais bem preparados. Os autores ouviram (em sessões de entrevista conjuntas, em que eles não eram as pessoas que faziam as perguntas) respostas como "Às vezes, sinto que estou muito comprometido com meu trabalho." Os autores não têm certeza do que fazer com essas respostas, exceto, talvez, pensar que o entrevistado tenha lido o livro de outra pessoa sobre estratégia de entrevista.

Se você vai fazer perguntas voltadas para realizações, evite o comum, continuando a pedir exemplos consecutivos de sucesso do candidato até que o respondente não consiga pensar em mais nada. Portanto, não pergunte apenas uma vez "Dê-me um exemplo de uma ocasião em que você sentiu que foi além do dever no trabalho", porque aí estará apenas testando a preparação básica. Pergunte novamente. Mais uma vez. E de novo, até que o candidato não possa dar mais respostas. E não desvie o olhar, quebre a tensão com uma risada ou dê ao candidato a chance de desviar a atenção e interromper o processo de questionamento.

Na primeira vez em que você fizer a pergunta, a maioria dos candidatos se baseará em sua preparação. A repetição sustentada, entretanto, tirará a pessoa da preparação mais cedo ou mais tarde, geralmente mais cedo. As respostas previamente armazenadas em *cache* se esgotarão, deixando tempo para o que importa. Você verá então a profundidade dos recursos intelectuais e da resiliência emocional do candidato. Como a pessoa reage quando é desafiada continuamente? Quantas situações a pessoa pode inventar? Se o entrevistado se sente bloqueado e realmente não tem mais respostas, com que rapidez e quão pouco ele está disposto a recorrer à enrolação? Finalmente, se o candidato realmente tem dezessete êxitos diferentes e significativos de trabalho, talvez você queira saber como eles são.

Para um trabalho criativo, você pode pedir repetidamente aos candidatos sua melhor ideia. Assim como acontece com os êxitos de seu trabalho, muitas pessoas terão preparado uma ou duas respostas para esse tipo de pergunta, mas como uma pessoa responde quando questionada cinco vezes? Oito vezes? Como o candidato lida com a chegada do momento em que a resposta correta e honesta é: "Essas são todas as boas ideias que tive e nas quais posso pensar." Ou talvez o candidato deva dizer: "Posso contar-lhe outras ideias que tive, mas não tenho a certeza de quão boas eram." Então você provavelmente estará em território desconhecido, fora da preparação do candidato e aprenderá mais sobre como a pessoa realmente pensa e responde a situações incomuns, como essa pessoa pensa sobre a qualidade do que está fazendo e também sobre a autoavaliação dessa pessoa de maneira mais geral.

Com essa ideia de território desconhecido em mente, você também pode perguntar: "O que você conquistou de incomum para os seus colegas?". Mas, como já foi dito, não pergunte apenas uma vez.

Continue perguntando para obter o máximo de respostas possível. E se encontrar um candidato que alcançou 23 coisas diferentes e incomuns para seus colegas, bem, vale a pena saber. Mesmo uma resposta simples e única como: "Comecei uma empresa de sucesso aos dezessete anos" tem o poder de impressionar.

Quem quer ouvir sobre o livro enfadonho de gerenciamento ou de sucesso na carreira que a pessoa veio preparada para falar? Mas se livros aparecem naturalmente nas conversas, música, filmes ou a maioria das outras formas de arte, vá em frente com o assunto. Um dos laços iniciais mais fortes de Daniel com Tyler — o que aumentou as perspectivas de os dois de colaborarem neste livro — foi descobrir que ambos tinham amor pelo romance de ficção científica de Orson Scott Card, *Ender's Game: o Jogo do Exterminador*, que na verdade é sobre uma série de competições de talentos para crianças. Conforme discutido, foi descoberto que apreciamos as mesmas coisas: sua franqueza, seu envolvimento com questões de meritocracia e seu senso de como o talento precoce pode florescer ou ser revelado. O livro incorpora precisamente a mistura certa de competitividade, diversão, empatia, gamificação, e as apostas realmente importam, que é o que um grande livro sobre busca de talentos deve oferecer. Ao final da conversa, Tyler e Daniel tiveram uma noção muito melhor de seus interesses em comum nesses tópicos. Se uma pessoa parece ter uma boa compreensão de um livro ou outro objeto artístico ou estético, por favor, esteja disposto a deixar a conversa fluir nessa direção, porque você acabará olhando direto para a alma dessa pessoa.

O Ciclo de Perguntas da Entrevista

Muitas perguntas da entrevista têm um período limitado de utilidade e, portanto, precisam ser descartadas ou modificadas. Considere uma das perguntas da entrevista mais conhecidas de todos os tempos: "O que você acredita ser verdade que outras pessoas inteligentes que você conhece acham que é loucura?". Existem outras versões dessa pergunta, tipicamente de uma tendência contrária, como "Qual é a sua crença mais absurda?". Essa pergunta é frequentemente atribuída a Peter Thiel, embora pareça que veio de uma postagem no blog de Tyler em 2006 e faz parte de uma tradição filosófica mais ampla de autoexame crítico.[11]

No início, essa questão foi magnificamente eficaz. Pegou os entrevistados de surpresa e, no mínimo, você poderia observar como eles reagiam a uma situação inesperada, o que foi uma vantagem para a coleta de dados sobre suas habilidades de desempenho. Além disso, suas respostas revelaram muito sobre como eles entendiam o mundo. Você tinha a chance de descobrir "Que tipo de maluco é essa pessoa?" — e na verdade, o que você prefere saber? Esse tipo de informação geralmente não está em um currículo. Era possível ver com que rapidez eles conseguiam montar um argumento e o faziam parecer plausível (ou não).

Alternativamente, algumas pessoas responderão com confiança à pergunta com uma crença ortodoxa totalmente comum, convencidas de que declararam algo altamente incomum. Esses indivíduos podem ser boas contratações por sua segurança e conformidade, mas não espere que eles abalem um sistema interno que precisa de reforma. Se eles pensam que "globalização estendida além do necessário" é sua crença estranha, radical e absurda, concordando ou não, a conclusão adequada é que eles não estão expostos a muitas ideias verdadeiramente radicais e estranhas, e não reconheceriam uma mesmo que caísse em suas cabeças.

Quando Tyler colocou pela primeira vez a questão das crenças absurdas, sua resposta favorita (escrita) foi: "Acredito que se você for à praia, mas não der ao mar a chance de lhe provar, ele virá provar quando quiser". Mais tarde, ele conheceu a pessoa que escreveu isso, e ela se revelou extremamente inteligente e produtiva, e pouco destacada em seu trabalho na época.

Parte do que fez essa pergunta funcionar foi sua imprevisibilidade. A maioria dos entrevistados está trabalhando muito para agradar ao entrevistador, e isso inclui responder a todas as perguntas. Mas quando confrontado com essa questão — bem, se você nunca tinha pensado nisso antes, é difícil chegar a uma resposta decente... que não seja a verdade. Uma mentira é muito arriscada, seria muito difícil de defender com articulação e poderia fazer você parecer totalmente insípido: "Acho que a torta de maçã tem muito açúcar". Além disso, muitas das possíveis mentiras que você poderia contar o fariam parecer ainda mais louco do que realmente é. Portanto, a maioria das pessoas lutou para encontrar alguma versão da verdade, mesmo que fosse uma parcialmente aceitável.

Essa pergunta da entrevista, por um tempo, foi muito eficaz na identificação de verdadeiros oposicionistas. Tyler se lembra de ter visto alguns entrevistados totalmente perplexos porque não conseguiam pensar em nenhuma visão fora do padrão que tivessem. Ele marcou a caixa mental "Não é um oposicionista".

Mas a pergunta era muito boa e, portanto, tornou-se amplamente utilizada. Com o tempo, os entrevistados apareciam pelo menos preparados, talvez até esperassem por isso. Afinal, se você for entrevistado para vários empregos, pode acabar sendo questionado pelo menos uma vez e estará alerta na próxima vez. E uma resposta ensaiada a essa pergunta, embora revelasse habilidades de preparação, simplesmente não era mais reveladora. O entrevistado se prepararia para demonstrar exatamente o nível de contrarianismo* que ele pensava que o entrevistador estava procurando. E de repente a questão agora estava recompensando um tipo perverso de conformidade — com o nível adequado de contrarianismo —, em vez do verdadeiro contrarianismo que ela deveria descobrir.

---

* Contrarianismo: ocorre quando alguém adota uma postura compulsivamente do contra. [N. da T.]

Tyler também experimentou, com sucesso, uma versão invertida da questão. É útil apenas para fins limitados, mas aqui vai:

- Qual é a visão principal ou consensual com a qual você concorda plenamente?

Vamos refletir sobre o que essa pergunta faz e o que não faz. Em primeiro lugar, ela não seleciona com tanta força a inteligência ou a acuidade analítica, uma vez que elementos suficientes do *status quo* são defensáveis mesmo que não sejam inteiramente ideais. É difícil desprezar totalmente a questão, já que ela não exige uma resposta específica ou mesmo não piegas. Em segundo lugar, não faz com que a pessoa se sinta extremamente ameaçada ou desafiada.

O que a pergunta faz, então? Em primeiro lugar, contém um elemento surpresa. As reações a perguntas surpreendentes geralmente têm um valor informativo intrínseco, não importa o quão fácil seja a pergunta. Em segundo lugar, não é realmente uma pergunta que uma pessoa possa ignorar ou se recusar a responder sem parecer excessivamente mal-humorada. Terceiro, investiga como uma pessoa interage com a autoridade das instituições convencionais. Quarto, e mais importante, dá à pessoa a chance de sinalizar seus valores e sua orientação de uma forma não ameaçadora. Ninguém está preocupado que a resposta a essa pergunta possa ser usada contra ela no Twitter. Ao mesmo tempo, o entrevistado pode sinalizar suas reais prioridades. É uma inovação mais rápida? Combate a pobreza? Remenda os buracos da democracia? Com a pergunta, você criou uma maneira não ameaçadora de descobrir onde a pessoa realmente está no mundo — onde e como ela se encaixa — e a quais valores ela atribui grande peso. Para empregos e candidaturas baseados em valores (como você frequentemente encontra no mundo das organizações sem fins lucrativos, por exemplo), isso pode ser muito útil.

Outro conjunto de perguntas da entrevista que agora estão desatualizadas é o que, às vezes, chamamos de "perguntas do Google".

O Google é famoso pelas questões altamente analíticas outrora feitas a potenciais contratados, especialmente para trabalhos de software e engenharia. Estas são mais bem ilustradas com um exemplo:

- Quantas bolas de golfe você pode colocar em um avião?
- Quantos postos de gasolina existem em Manhattan?

Ou você prefere uma mais longa e complicada:

- Você recebeu dois ovos... Você tem acesso a um prédio de cem andares. Os ovos podem ser muito duros ou muito frágeis, o que significa que podem quebrar se caírem do primeiro andar ou podem não quebrar mesmo se caírem do centésimo andar. Ambos os ovos são idênticos. Você precisa descobrir o andar mais alto de um prédio de cem andares de onde um ovo pode ser jogado sem quebrar. A questão é quantas tentativas você precisa fazer. Você tem permissão para quebrar dois ovos no processo.[12]

Você pode pensar nessas questões como bons testes de um tipo muito particular de habilidade analítica, especialmente projetado para distinguir pessoas extremamente inteligentes daquelas que são apenas muito inteligentes. Inteligente em um sentido matemático específico, é claro.

Acontece que o próprio Google deixou de usar essas questões. Laszlo Bock, ex-vice-presidente sênior de operações de pessoal do Google, anunciou: "Descobrimos que quebra-cabeças são uma completa perda de tempo." Isso talvez seja um exagero, visto que ainda existem *hedge funds* quantitativos bem-sucedidos que parecem considerar essas questões úteis para testar habilidades analíticas. Ainda assim, para a maioria dos empregos, é melhor você fazer uma pergunta analítica direta sobre o emprego em questão. É possível investigar o conhecimento do candidato em economia, programação, matemática, e assim por diante. Na maior parte, essas perguntas vinculadas ao Google devem ser conduzidas a uma aposentadoria digna.[13]

Lembre-se de que a pessoa realmente precisa se tornar compreensível para você e as perguntas de quebra-cabeça não ajudam muito nesse aspecto, a menos que o trabalho em questão tenha um conjunto extremamente específico de requisitos técnicos.

Buscando Metas: as Melhores Maneiras

Em vez de tentar diminuir suas perguntas (por exemplo: Quantas bolas de pingue-pongue cabem em um Volkswagen?), geralmente é mais útil olhar para o quadro maior. Por exemplo, quão bem seus candidatos entendem a si mesmos e seu lugar no mundo? Com essa finalidade, que tal estas perguntas:

- Qual de suas crenças você acha que é menos racional?
- Quais opiniões você tem quase irracionalmente?

Essas perguntas pedem ao entrevistado que dê um relato de sua própria autoconsciência. Em essência, você está tentando descobrir quantos mundos culturais e intelectuais um indivíduo domina e quanta perspectiva ele tem de suas próprias perspectivas. Isso é o que os autores querem dizer com "meta" — que a pessoa está considerando seu próprio mundo de pensamento de um ponto de vista um nível mais alto, mais geral e mais distante. Você está testando sua facilidade com ideias e também quão prontamente a pessoa pode se identificar com pontos de vista alheios.

É difícil bloquear quando essas perguntas são feitas. Certamente *todo mundo* tem visões bastante irracionais, talvez muitas. Mas apresentar seus pontos de vista irracionais quase necessariamente requer um constrangimento ou uma revelação de fraqueza, já que você é forçado a explicar *por que* é tão irracional nessas questões. É difícil ser puramente mecânico na resposta aqui, pois as razões irracionais são tipicamente humanas. Ao fazer essa pergunta, você está puxando a pessoa para o modo humano, para o modo de autoconsciência, para o modo desajeitado e para um pouco de fraqueza. Quando puder fazer tudo isso de uma vez, provavelmente haverá informações úteis na entrevista.

Uma pergunta de entrevista relacionada e decente é:

- Sobre quais das suas crenças você provavelmente está mais errado?

A mais brutal de todas as questões meta é:

- Como você acha que está indo esta entrevista?

Uma versão ainda mais brutal é ter duas pessoas diferentes fazendo a mesma pergunta em momentos diferentes ao longo do dia e, posteriormente, comparar as anotações. Não são recomendadas para a maioria das configurações, mas faça uma pausa e pense no que essa pergunta faz. Em essência, você está perguntando ao candidato quanta fraqueza ele deseja revelar. O candidato deve dar um relato articulado de suas fraquezas até agora, impressionando você com sua perspicácia, mas também confirmando suas impressões negativas? Ou o candidato deve fazer uma barreira e, em vez disso, relatar tudo o que correu bem? No mínimo, você vai confrontar o candidato com uma situação surpresa e colocá-lo em uma posição difícil, mas que dá a chance de brilhar ao enfrentar um desafio.

Mas veja o motivo pelo qual os autores não estão totalmente apaixonados por ela. Digamos que o candidato opte pela escolha avessa ao risco e simplesmente bloqueie o negativo, fazendo um relato fortemente positivo do que deu certo. Quanto você deve usar essa aversão ao risco contra o candidato? É um sinal verdadeiro e confiável de que a pessoa realmente é muito avessa ao risco? As respostas aqui não são óbvias para nós. O candidato pode não confiar em você o suficiente para dar uma resposta completa e, portanto, não conseguirá distinguir a hipótese de "confiança insuficientemente forte" da hipótese de "o candidato é muito avesso ao risco". Se pedir ao candidato para executar uma tarefa muito arriscada, como pode ser o caso, poderá acabar com pouca informação sendo revelada. Portanto, embora possamos pensar em situações específicas em que essa questão possa funcionar muito bem, use-a com cuidado e não se deixe levar por sua astúcia.

Finalmente, aqui está outra pergunta útil usada por Peter Thiel:

- Quão bem-sucedido você deseja ser?

Ou a variante preferida por Tyler:

- Quão ambicioso você é?

À primeira vista, pode parecer um pouco boba, mas pode ser útil pedir a uma pessoa que coloque suas cartas na mesa. Se a essência da resposta for "Desejo me instalar como gerente de nível médio em uma empresa segura", bem, provavelmente essa é a verdade. Portanto, seria imprudente investir nessa pessoa como um ambicioso empresário ou fundador. Você pode querer investir nela como um gerente de nível médio, mas, mesmo assim, esteja ciente de que os incentivos de promoção podem não motivá-la. Quando Tyler fez essa pergunta a um candidato acadêmico, ele simplesmente respondeu: "Eu gostaria de publicar alguns artigos e ter estabilidade." ("É isso!?". Tyler queria gritar.) Alternativamente, um potencial candidato a bolsa de estudos pode ter a ambição de curar o câncer; uma pessoa que realmente tem essa ambição será capaz de articulá-la com bastante clareza e certo grau de convicção.

Após uma reflexão, essa pergunta é surpreendentemente difícil de fingir. Se você realmente não tem a ambição de curar o câncer, não é tão fácil afirmar em uma entrevista que tem e defender a realidade de sua visão. Vai soar como mera ostentação, não apoiada por análises ou detalhes sobre a execução planejada da visão. Por outro lado, pessoas com objetivos verdadeiramente ambiciosos muitas vezes ficam ansiosas para contar isso ao mundo e costumam já ter alguns planos elaborados. Claro, em alguns casos, você sentirá de cara que as ambições de uma pessoa são inacreditavelmente altas e isso é motivo para duvidar de seu julgamento e autoconhecimento, por mais sincera que seja sua resposta. A paz mundial seria uma coisa maravilhosa, mas nos autores não têm certeza se você deve contratar o candidato que se compromete a realizá-la.

É muito valioso saber o grau de ambição de uma pessoa e dá uma ideia clara de seu lado positivo em potencial. Também oferece uma noção do autoconhecimento e de como ela apresenta e defende esse autoconhecimento quando está em uma situação inesperada. Descobriu-se quase ninguém está esperando essa pergunta. De alguma forma, é muito direta, muito investigativa e afeta profundamente os pensamentos íntimos de alguém. A maioria das pessoas está acostumada a configurações em que o padrão é fingir uma mistura de ambição, falta de ambição ou ambas, e em que todos concordam com a apresentação falsa.

Duas advertências sobre o uso dessa pergunta. Primeiro, pode se tornar menos útil com o tempo, à medida que se torna conhecida e esperada. Se o entrevistado tiver uma resposta preparada e ajustada para a pergunta, poderá apresentar exatamente o nível de ambição que pensa que você está procurando. A pergunta se tornaria proporcionalmente menos valiosa. Em segundo lugar, pode haver diferenças de gênero, cultura ou raça nas respostas, um tópico que será visto em capítulos posteriores. Basta dizer, por exemplo, que por várias razões, as mulheres podem estar menos dispostas a expressar ambição extrema — ou talvez até mesmo visualizá-la para si mesmas. Portanto, se você fizer essa pergunta a uma mulher, a resposta que receberá pode muito bem ser afetada por alguma medida de inibição social, além de um senso de ambição, e isso pode tornar a resposta proporcionalmente mais ruidosa em termos de informação. Esteja ciente dessa distorção potencial. O mesmo problema pode existir com alguns grupos minoritários e de imigrantes, outro tópico que será visto. Mesmo que a pessoa seja extremamente ambiciosa, ela pode, por razões culturais, ver o entrevistador como um status superior e, portanto, não estar disposta a expressar ambição que é maior do que, digamos, o status atual do entrevistador, temendo que possa ser vista como uma espécie de engrandecimento impróprio ou insubordinação. Como sempre, esteja ciente de seu contexto cultural.

Outro conjunto de meta questões inverte o jogo. Tente esta: "Quais critérios *você* usaria para contratar?". Novamente, você está testando a compreensão de um indivíduo sobre o trabalho, sobre si mesmo e sobre o processo de entrevista em si.

Pode ser muito instrutivo perguntar: "Que perguntas você tem para mim?" ou "Que perguntas você tem sobre nós?", ou variantes semelhantes nesse tema. O objetivo é fazer com que o candidato expresse informações sobre com o que ele realmente se importa e também testar quanto o candidato conhece o trabalho ou o projeto em consideração. Além de tudo isso, é testar se o candidato tem uma visão penetrante de coisas que você sabe, e se ele algum dia poderá entrevistar, e talvez contratar, outras pessoas de maneira criteriosa.

Ainda assim, essa pergunta só funciona algumas vezes, em parte porque muitos se preparam para ela. Funciona melhor quando você já abordou o que ele pode ter perguntado sobre sua preparação ou quando você pode formular a consulta de uma maneira específica que ele não possa voltar à preparação. Algo como: "No meio dessa discussão, conversamos sobre [um projeto muito específico]. Que perguntas você tem sobre esse projeto?". Então você estará testando o envolvimento da pessoa na conversa e o quanto a compreensão dela pode evoluir rapidamente na hora. Se você simplesmente pedir a ela para lhe fazer perguntas e ela responder: "Como são os benefícios?", você fez o teste apenas para a preparação. Essa é uma resposta totalmente razoável da parte da pessoa, mas geralmente você está procurando por uma revelação maior de informação.

Entrevistando as Referências dos Candidatos

Finalmente, os autores são grandes fãs de entrevistar as referências de uma pessoa, especialmente para empregos de nível superior. Aqui estão algumas dicas básicas para fazer isso de maneira eficaz:

1. A pessoa para quem você está ligando provavelmente deseja desligar o telefone rápido, ajude ou, pelo menos, não prejudique o candidato, e também não minta. No entanto, o candidato provavelmente está disposto a distorcer a verdade.

2. Tal como acontece com a entrevista em si, o segredo é sair do reino da burocracia e entrar em um modo mais coloquial. O tempo limitado dela significa que você precisa criar rapidamente uma atmosfera em que a referência sinta que as críticas podem ser feitas com segurança, sem violação de confiança ou sem que um único comentário negativo seja transformado em um caso para acusação. Isso pode ser feito simplesmente mencionando a natureza desse problema, mostrando compreensão das complexidades dos candidatos a empregos e sinalizando (honestamente, espera-se!) que você, de fato, mantém a mente aberta em relação às pessoas com falhas.

3. Faça perguntas sobre comparações quantitativas específicas, porque nesses casos até mesmo uma referência que distorce a verdade provavelmente não mentirá. "Essa pessoa será um Diretor de Operações melhor do que Fulano de Tal?", pode não obter uma resposta totalmente honesta, mas se a referência não responder imediatamente "Sim, o candidato será um Diretor de Operações melhor", você deve interpretar isso como uma forma de informação negativa. No mercado de contratação acadêmica, geralmente funciona pedir ao recomendador para comparar a possível contratação com outro aluno que ele tentou colocar no mercado, ou talvez com outro professor titular de renome.

4. Se a lista de referência do candidato não contém líderes (ou pelo menos elos na cadeia de subordinados diretos) da organização anterior, isso é um mau sinal.

5. Mantenha a pessoa falando, em parte por ser interessante para você. E se você não sair dessas conversas sentindo as desvantagens do candidato, saiba que falhou em sua investigação até agora.

Por fim, os autores ficaram impressionados com estas três perguntas que o CEO da Stripe, Patrick Collison, apresentou a Reid Hoffman em sua entrevista pública de 2019.[14] Patrick não parece ter pretendido que fossem "apenas perguntas de referência", mas, mesmo assim, consideradas úteis nesse contexto. Aqui estão elas:

1. Essa pessoa é tão boa que você ficaria feliz em trabalhar para ela?

2. Essa pessoa pode levá-lo aonde você precisa muito mais rápido do que qualquer pessoa razoável?

3. Quando essa pessoa discorda de você, é provável que você esteja tão errado quanto ela?

Todas são perguntas muito boas para forçar, pergunte sobre as referências, mas também sobre os candidatos a emprego.

Resumindo, conversar bem com potenciais contratados ou vencedores de prêmios é uma das coisas mais importantes que você pode fazer. Lembre-se de que isso não apenas traz talento, mas o ajuda a retê-los e mobilizar essas pessoas para que usem melhor suas habilidades. Se você não consegue se relacionar com seu talento em um nível de conversação, aprenderá menos, construirá menos confiança e acabará dependendo demais de incentivos monetários diretos para motivar as pessoas. Se está procurando algo para praticar, pratique suas próprias habilidades de conversação.

COMO INTERAGIR COM PESSOAS ONLINE

Os autores observaram que os avaliadores costumam fazer avaliações incorretas quando modelos de conversação do mundo real são acidentalmente aplicados a interações online. Alguém com quem você está conversando online pode parecer "desagradável" porque é barulhento. Mas é claro que o volume pode ser apenas um artefato da incerteza das pessoas sobre como o som é reproduzido em reuniões virtuais. É preciso também ter cuidado para não permitir que a frustração com a *ferramenta* chegue ao julgamento do *participante*. Quando as chamadas são interrompidas ou as reuniões atrasam, a discussão subsequente pode sofrer um exame mais minucioso, da mesma forma que uma caligrafia ruim pode fazer com que os leitores não acreditem em seu conteúdo. Mantenha a calma e saiba que você está vendo filtros distorcidos, por assim dizer.

A propósito, esta pergunta é bastante complexa para fornecer uma pergunta de entrevista interessante:

- Por que as interações presenciais costumam ser mais informativas do que as chamadas via Zoom?

Isso testará rapidamente a compreensão de uma pessoa sobre as limitações e as vantagens de um produto ("Como o Zoom realmente funciona?", "O que torna um encontro pessoal agradável?"), assim como as habilidades introspectivas e sociais de uma pessoa. O candidato provavelmente tem feito várias entrevistas online e presenciais. Como elas foram? Como ele se sentiu e como as entrevistas foram diferentes? Como o candidato articula essas diferenças? Essas questões testam a autoconsciência e a articulação, e também a capacidade da pessoa de se concentrar em uma tarefa na qual ela precisa se destacar — nesse caso, o processo de entrevista.

Ou tente esta mais difícil:

- Como uma chamada via Zoom pode ser *mais* informativa do que uma interação presencial?

Os autores não estão apenas sugerindo essa pergunta, mas gostariam de passar o restante deste capítulo respondendo-a. O meio online é diferente das interações face a face. Mas como? E como você pode colocar essas diferenças a seu favor ou, pelo menos, minimizar suas desvantagens?

Mesmo antes da Covid-19, as pessoas usavam as reuniões virtuais com uma frequência cada vez maior, e é seguro dizer que isso continuará quando a pandemia passar. A empresa de Daniel, a Pioneer, entrevista e aconselha pessoas em todo o mundo, principalmente online, e o mesmo é verdade para a Emergent Ventures, empresa de

Tyler. Bem antes da pandemia, tínhamos ligações pelo Skype e, posteriormente, pelo Zoom praticamente todos os dias. Atualmente, há também "almoços virtuais" persistentes, *webinars* substituindo muitas palestras públicas, aulas universitárias total ou parcialmente online, namoro via Zoom, Clubhouse, BlueJeans, Houseparty e muito mais.

Além disso, a busca de talentos tornou-se mais global e, portanto, se você está falando sobre uma possível contratação em Mumbai ou Lagos, isso provavelmente será feito online, pelo menos nas primeiras rodadas do processo e, cada vez mais comum, talvez em todo o processo. Mesmo que a pessoa esteja apenas do outro lado da cidade, congestionamentos, reservas de escritórios ou restrições de horário podem favorecer o contato online.

Como fazer uma entrevista online é uma das perguntas mais recebidas e, infelizmente, ainda não existe um corpo sólido de pesquisas sobre os melhores métodos. Nem a maioria dos livros sobre busca e gestão de talentos reflete as novas realidades de como as pessoas se comunicam agora. Devido à falta de pesquisas e à falta de tempo de melhores práticas estabelecidas, este capítulo é necessariamente mais especulativo do que os outros, mas os autores têm a certeza de que as conclusões básicas serão úteis.

O Que é Semelhante e o Que é Diferente Online

Algumas verdades fundamentais permanecem as mesmas para a conexões online: você precisa ser confiável e, para estabelecer a confiança, precisa iniciar uma conversa natural. Como você sabe do capítulo anterior, isso requer encontrar uma maneira de se *envolver* com o sujeito da entrevista. Mas o que é diferente no formato online? Por que funciona de maneira diferente de uma reunião presencial?

Por um lado, com uma entrevista online é muito mais difícil usar a linguagem corporal e o contato visual para estabelecer laços e confiança. Com uma chamada de Zoom, por exemplo, você vê o rosto e o plano de fundo da pessoa em duas dimensões, mas geralmente não mais que isso.

Entre outras limitações, você não pode dizer exatamente para onde a pessoa está olhando, uma vez que seu quadro de referência e o dela não são os mesmos. Mesmo se sentir superficialmente que está "olhando diretamente para a outra pessoa", você não está, assim como não recebe contato visual verdadeiro ao assistir seu ídolo favorito na televisão. Nem o rastreamento ocular de dois interlocutores está sincronizado da mesma forma como pode ser feito presencialmente. (Ter vários participantes apenas aumenta os problemas.) Se você olha para a tela, é difícil para a outra parte dizer se você está olhando para os olhos dela (desde que o ângulo de sua cabeça indique algum tipo de atenção limitada), para dentro do espaço ou para além do semblante da outra pessoa. Nesse sentido, as chamadas via tela podem ser relativamente impessoais.

Portanto, se todas as outras coisas forem iguais, a confiança online será menor. Consequentemente, perguntas de entrevista complicadas são mais difíceis de fazer nesses ambientes. Como entrevistador, é mais provável que você pareça desagradável, excessivamente agressivo ou simplesmente "desligado" e, em qualquer caso, suas intenções serão mais difíceis de interpretar. Então você pode ser forçado a usar menos dessas perguntas ou a aparar as arestas. Esse é um dos motivos pelos quais as entrevistas online tendem a ser menos informativas e também é um fator que você deve respeitar ao escolher seu ângulo de abordagem.

Dito isso, é possível compensar essa dificuldade maior. Você pode tentar estabelecer mais confiança no início. Pode desenvolver mais vínculos em relação aos interesses comuns ou usar mais o humor autodepreciativo, nem que seja para aparar as arestas mais tarde. Também pode usar uma retórica mais segura ao longo da entrevista como um todo. Tudo isso leva tempo e pode limitar sua própria eficácia; ainda assim, essas abordagens podem dar maior margem de manobra para avançar mais em outras direções para obter informações mais específicas.

É provável que o entrevistado ache mais difícil correr riscos no ambiente online. Quando entrevistados, muitas vezes os candidatos começam um relato ou uma história, e contam com um feedback visual implícito para serem encorajados ou desencorajados a prosseguir. Mas quando a maior parte desse feedback está ausente ou atrasado, é menos provável que sigam esse caminho específico para começar. Portanto, os entrevistados costumam ser mais chatos, avessos ao risco e homogeneizados, e, como entrevistador, você precisará ajustar suas expectativas de acordo.

Para considerar o problema da falta de informações de maneira mais geral, quando você usa comunicações a distância, está perdendo pelo menos três fontes distintas de conhecimento: presença social, riqueza de informações e sincronicidade total de ida e volta. Por presença social, entende-se como a pessoa interage com os outros e projeta uma autoimagem. A riqueza de informações se refere à capacidade da interação pessoal de indicar mais sobre como uma pessoa anda, aperta sua mão, cumprimenta outras pessoas que entram na sala, e assim por diante. E a sincronicidade diz respeito ao ritmo e à cadência de suas interações, à natureza das pausas, à velocidade da convergência de compreensão, a quão bem você coordena quem é o próximo a falar etc.

Para uma entrevista particular, vale a pena pensar em quais delas você realmente precisa compensar e quais está disposto a dispensar. Não compare apenas mentalmente o Zoom com a "vida real"; em vez disso, desagregue e analise o problema exato que está enfrentando. Não ter a presença social, por exemplo, provavelmente é importante se está tentando contratar um vendedor ou um líder de equipe. Pode ser menos importante se está procurando alguém que trabalhe remotamente e sozinho, como um escritor ou um editor de texto.

Muitas vezes, as interações online são boas para discussões específicas e focadas, baseadas em um problema concreto, questão ou ponto de discórdia. Elas parecem funcionar muito menos como uma maneira de gerar interação espontânea, como um meio de obter informações não específicas de objetivos e, portanto, — em comparação com a entrevista presencial — você não tem noção de coisas sobre as quais nunca teria pensado em perguntar desde o começo. Se alguém visita seu escritório para uma conversa, pode notar um vínculo comum por causa de algo em uma foto, uma obra de arte ou um pôster na parede. Esse tipo de observação é muito menos provável de acontecer no Zoom, porque é menos provável que essa deixa seja vista em primeiro lugar e há menos "espaço" na conversa mais focada em levantá-la. Portanto, se esse tipo de informação básica é importante para o trabalho em questão — por exemplo, para ter uma noção do contexto social mais amplo de onde uma pessoa é —, compense por todos os meios ao perguntar sobre esses assuntos diretamente.

Ao eliminar as deficiências da comunicação online dessa maneira, você tem uma noção melhor de como precisará obter mais informações em outro lugar. Você pode compensar as deficiências da entrevista online fazendo perguntas mais diretas a uma pessoa sobre a área com deficiência de informação ou acrescentando perguntas ao falar com as referências.

As entrevistas online também trazem maiores problemas de coordenação quando se trata de discernir de quem é a vez de falar. Devido a várias falhas técnicas, ainda pode haver atrasos na transmissão de mensagens (talvez alguns desses problemas sejam corrigidos quando você estiver lendo isso; no momento, cerca de metade dos convidados do *podcast* de Tyler tem esse problema pelo menos uma vez durante o diálogo). Ou pode não estar claro de quem é a vez de falar. O acesso à internet verdadeiramente de alta velocidade e ininterrupto ainda não é a norma nos Estados Unidos. As conversas online ainda costumam ter pequenos atrasos ou, pior ainda, o sistema pode travar, mesmo que apenas temporariamente. Isso prejudica o fluxo geral da conversa, mesmo que um congelamento ou um atraso não esteja acontecendo em determinado momento, porque os interlocutores nunca têm a certeza de como suas informações estão sendo transmitidas e de quão bem e com que rapidez estão lendo os sinais da outra parte na conversa. Há uma desconexão muito maior – às vezes tanto literal quanto figurativamente – entre as partes nessas interações online. E isso tornará muitos sinais interpessoais mais difíceis de interpretar.

Relações de Status Online

Outra característica notável da interação online é que ela drena muitos dos marcadores tradicionais de status.

Pense em quantos aspectos das relações de status são confusos ou esquecidos pelo ambiente online. Por exemplo, em uma reunião de negócios ou entrevista, normalmente, há algum tipo de ordem de assentos, planejada com antecedência ou que surgiu espontaneamente. O chefe ou o tomador de decisão, geralmente, não é empurrado para o canto, para começar. Mas com chamadas online, além de ter um anfitrião designado que pode "controlar as discagens", esses marcadores de status praticamente não existem. Além disso, a pessoa no controle dos mostradores na chamada geralmente é um assistente técnico, não o chefe real.

Muitas mulheres comentaram no Twitter que se sentem mais em pé de igualdade em uma chamada no Zoom. O chefe (geralmente homem) não está dominando o centro da sala; ele não pode empregar tão facilmente a linguagem corporal "eu primeiro"; é mais difícil interromper as pessoas; e a rotação das voltas para falar é muitas vezes mais simétrica. Portanto, os entrevistadores precisam perceber que não estão projetando liderança ou carisma da maneira usual. Vestir-se como um marcador de status também desempenha um papel diferente nas conversas online. Camisas, cortes de cabelo e postura podem importar mais, mas sapatos, relógios, modo de andar, ternos e altura importam menos. A noção de uma presença física dominante não desempenha um grande papel. Os apertos de mão (cumprimentos) podem acontecer de qualquer maneira, mas você certamente não pode fazê-los por meio de uma chamada de Zoom, então ninguém sabe se o seu é firme ou fraco. Muitas pessoas acostumadas a parecer carismáticas e de alto status pessoalmente se sentirão um pouco perdidas na tela. A réplica espirituosa também pode ser difícil de conseguir em uma chamada pela Internet, e isso também pode diminuir a estatura dos indivíduos acostumados a usar brincadeiras inteligentes para comandar uma sala.

Isso tudo significa que você precisa repensar como as relações de status são projetadas no meio online. Normalmente, esse meio aumenta a influência e a estatura de pessoas que podem chegar ao ponto rapidamente. Você deve tentar fazer isso de qualquer maneira, mas online é ainda mais imperativo. Muitos professores online relatam que para suas sessões mais longas, eles acham necessário recorrer às salas de descanso do Zoom, para dar à classe algum senso de controle sobre a sua própria educação e assim manter o envolvimento e o interesse dos alunos. A longo prazo, esses métodos recompensarão os líderes não paranoicos que estão bem em abrir mão de algum controle no momento, e você precisará ajustar seu estilo mais nessa direção, se ainda não o fez.[1]

As pessoas que precisam sentir que estão dando o melhor de si se saem pior no ambiente de apresentação online, porque simplesmente não conseguem fazer isso bem e, assim, ficam nervosas, ansiosas e se sentem inadequadas. Aqueles que são alheios a suas próprias imperfeições são mais propensos a ter vantagem. Se você é descontraído e tem um senso de lugar relativamente seguro no mundo, pode acabar tendo um status mais alto do que a pessoa que costumava comandar a sala através de insistência e sinais de dominação.

É impressionante que, durante os *lockdowns*, as celebridades tradicionais do cinema e da televisão não tinham acesso às suas plataformas habituais. Muitos começaram a transmitir conteúdo pessoal online, mas como Spencer Kornhaber opinou em *The Atlantic*, "as celebridades nunca foram menos divertidas". Elas pareciam entediadas e ineptas, em vez de relaxadas e genuínas. A maioria dessas celebridades está acostumada à deferência criada pelo contexto ou até mesmo à adoração, mas na outra extremidade de um vídeo criado pelo iPhone, elas são apenas mais uma careta, exceto que são menos propensas a perceber isso. Então, quando Gal Gadot, Natalie Portman, Jamie Dornan, Sia, Pedro Pascal, Zoë Kravitz, Sarah Silverman, Leslie Odom Jr., Jimmy Fallon, Will Ferrell, Norah Jones e Cara Delevingne criaram clipes de si mesmos cantando "Imagine", de John Lennon, foi mais embaraçoso do que fascinante.[2]

Não seja como essas celebridades, por mais que você seja o chefe face a face. As interações online simplesmente eliminam muito do seu misticismo, e você precisa se ajustar de acordo.

Um dos ajustes mentais mais difíceis para as pessoas é perceber o quanto seu afeto positivo depende de sua projeção pessoal de alto status social. Para dar um exemplo simples, você pode não ser tão espirituoso quanto pensa! Você se sairá melhor na chamada online se perceber o quanto sua presença pessoal depende de um tipo de falsidade e permitir que seu carisma online seja reconstruído em diferentes bases — aquelas que são mais fáceis, casuais, diretas e simplesmente charmosas (mas no sentido modesto e não no sentido insistente dessa palavra). Então, em vez de tratar esse alto status como algo automaticamente transmitido pelo seu terno e seu lugar à mesa, talvez agora você, como entrevistador, tenha que trabalhar mais para isso. Trate isso como um adicional, como uma chance de aprender algo e brilhar de uma maneira muito pessoal e humana.

Outro problema é este: se você estiver no "centro do palco do Zoom", na tela maior como orador, as pessoas não têm escolha a não ser olhar para você de frente, a menos que elas simplesmente não estejam prestando atenção. Isso pode ser estressante para você, pois todos podem notar todas as suas imperfeições, seja uma espinha no rosto, seus padrões de fala incomuns ou movimentos de cabeça. Você também pode ver essas mesmas imperfeições e talvez também não tenha certeza para onde deveria estar olhando, então fica dividido entre desviar o olhar em um esforço para esquecê-lo e olhar periodicamente para sua própria estranheza para tentar corrigi-la. Infelizmente, a multidão que assiste sabe que algo um pouco estranho está acontecendo. Ao falar ao vivo, palestrantes experientes usam todos os tipos de desorientação, incluindo movimentos das mãos, movimentos do corpo e carisma para encobrir suas falhas, mas no Zoom isso é muito mais difícil de fazer.

Algumas pessoas tentam usar os planos de fundo personalizados do Zoom para transmitir sua importância, mas isso não é fácil. Colocar uma vista de um arranha-céu atrás de você não é bom para a mecânica visual da chamada — muita luz brilhante —, talvez com o tempo obras de arte caras venham a desempenhar esse papel.

No geral, descobriu-se que na recente migração para a savana da internet, devido à pandemia, os símbolos de status mudaram de ternos de grife para taxa de bits digital. Investidores e CEOs poderosos estão gastando milhares em câmeras e iluminação estilo estúdio. Daniel descobriu que muitos de seus funcionários na Pioneer, por outro lado, estão imitando esse estilo de marcação de status usando um software inteligente. Usando telas verdes, software de modificação de voz e filtros de vídeo, eles estão mudando sua aparência para parecerem alinhados com o fundador e o fazem com um orçamento limitado. Isso demonstra não apenas habilidades técnicas impressionantes, mas também uma maturidade interessante. O fato de eles se importarem tanto é uma notável consciência da percepção de si pelos outros, e nada disso poderia ter acontecido em um mundo de entrevistas pessoais apenas. É mais difícil enviar sinais de status online, mas isso, por sua vez, dá a algumas pessoas a chance de se destacar nessa mesma tarefa.

Tyler usa um esboço de David Burliuk com livros em uma mesa para seu plano de fundo do Zoom (Burliuk foi um artista de vanguarda ucraniano do início do século XX), e se a câmera se inclinar da maneira certa, você pode ver alguma arte haitiana clássica (*Night Market* de Wilson Bigaud). Tyler está sinalizando abertura, incluindo abertura para diferentes culturas, além de um senso de mistério, encorajando você a investigar mais profundamente o que ele está fazendo. Daniel é rodeado por um fundo amarelo brilhante, idêntico à cor de seu site, refletindo a marca Pioneer. Ele irradia "tecnologia" em vez de "cultura". Não há necessariamente nada de errado com um candidato que tem uma imagem de fundo medíocre, mas, ainda assim, é uma informação sobre a autoapresentação dessa pessoa para o mundo exterior, ou seja, é mais provável que você tenha sucesso com essa combinação se está contratando para um "trabalho substancial" do que para um "trabalho de habilidade".

As chamadas de Zoom também podem fornecer informações colaterais sobre a vida familiar e doméstica de uma pessoa. Talvez não seja justo, mas às vezes é impossível criar um ambiente verdadeiramente isolado para a discussão online. O telefone pode tocar ao fundo, as pessoas podem falar ou gritar, o cachorro pode latir e você pode ter uma vaga noção, ainda que limitada, dos ritmos básicos da vida familiar em casa. E é claro que você, como entrevistador, pode estar emitindo sinais parecidos. Sim, às vezes você precisa se levantar para assinar um pacote do entregador do correio. A conversa online quebra a distinção entre espaço de trabalho e espaço doméstico; é especialmente verdadeiro se as partes estiverem fazendo isso durante uma pandemia, com todos os outros em casa, mas também de maneira mais geral.

Os autores veem isso como características positivas do meio online. Mas não estão sugerindo que você tome qualquer postura dogmática sobre que tipo de vida doméstica é a correta a se buscar (o latido do cachorro deve ser estridente? Profundo e gutural? Quem sabe?). Ainda assim, essa indefinição das vidas doméstica e profissional introduz variações na estrutura básica da entrevista, e isso é uma coisa boa, um pouco como observar como o candidato interage com os funcionários da Starbucks. Dê as boas-vindas a qualquer possível alívio de tensões, ambiguidade ou estranheza oferecidos pelo ambiente da entrevista. Apoie-se nisso. Trate-o como um tópico surpresa para falar, para tirar o candidato do modo de entrevista e colocá-lo no modo de conversação. Mas não comece intrometendo-se na vida doméstica da pessoa. Lidere com algo sobre sua própria situação e depois veja como tudo se desenrola. Às vezes, o ambiente doméstico oferece mais chances de serendipidade do que uma sala de entrevistas no escritório, então aproveite.

Ao longo dessas linhas, Tyler descobriu que o ensino online, por meio do Zoom, deu a seus alunos a sensação de "ser convidado a entrar em sua casa". Sua esposa, Natasha, ia até a tela para acenar para eles; viam seu sofá; uma ou duas vezes ele se levantou para pegar uma garrafa de água na geladeira. São todos pequenos toques, mas, no geral, o sentimento é mais igualitário. Pelo menos para seus alunos de pós-graduação, isso os leva mais longe no caminho de pensar em si mesmos como seus pares — o que eles deveriam aspirar a ser —, em vez de alunos como *drones*, com o dever de casa apropriado. Daniel, em suas chamadas e seminários no Zoom, normalmente está vestindo camiseta. O Vale do Silício era casual em primeiro lugar, mas agora é mais fácil do que nunca trazer os padrões casuais do lar para o local de trabalho, pois esses dois locais são cada vez mais uma coisa só.[3]

Muitas celebridades, quando começaram a fazer entrevistas online em casa durante o *lockdown*, tinham estantes atrás delas, embora não haja certeza de o quanto disso é estilo e o quanto foi ao acaso. Cate

Blanchett, em seu plano de fundo, tinha *Pós-capitalismo*, de Paul Mason, e o *Dicionário de Inglês Oxford*, ambos fazendo-a parecer intelectual. Ao fundo do príncipe Charles havia um livro chamado *Stubbs*, de Basil Taylor, referindo-se ao pintor inglês do século XVIII conhecido por seus retratos de cavalos. Esse volume não serviria para Daniel ou Tyler, mas para o príncipe Charles parece estar certo. Um estudo jornalístico de membros do Parlamento britânico descobriu que eles provavelmente cobririam suas estantes e tornariam seus fundos de vídeo insípidos e indescritíveis, talvez por medo de que eleitores ofendidos por títulos de livros visíveis fossem um problema maior do que qualquer possível vantagem de exibir sua façanha de leitura. *Lolita*, de Nabokov, é um romance profundamente sutil, mas você realmente quer que seus eleitores o vejam em sua casa?[4]

Embora os autores gostem das características mais igualitárias das entrevistas e das interações online, percebem que novas formas de status de hierarquia estão ressurgindo em suas próprias entrevistas online, e não apenas por causa de como os funcionários da Pioneer programam seus fundos de vídeos. Quanto mais despojado o ambiente online, mais importante o desempenho individual em si, em particular as respostas às perguntas da entrevista. Essas entrevistas online são um pouco como xadrez online, em que tudo o que importa é a qualidade dos movimentos — nesse caso, a qualidade das respostas. A elegância de seus sapatos ou das suas abotoaduras importa menos, a fluidez de sua conversa importa mais. Isso pode ser um sinal melhor de mérito intelectual, mas, ainda assim, você, como entrevistador, precisa perceber que está recebendo um conjunto muito limitado de sinais, e não deve ficar muito fascinado pelos bons de lábia, precisa colocar sua consciência de humildade epistêmica no alto.

Por fim, o Zoom e outras chamadas online podem penalizar os indivíduos propensos a sofrer de "fadiga do Zoom". Como vimos, quando você participa de uma chamada do Zoom ou de outro encontro online, não tem acesso a todas as informações sociais com as quais está acostumado, como muitos gestos com as mãos e movimentos do corpo. Em vez disso, deve se concentrar nas palavras que estão sendo ditas e, de fato, não tem muitas outras opções (além de apenas estar distraído e desatento, é claro). Mas muitas pessoas prosperam interpretando os sinais sociais da linguagem corporal e do comportamento mais amplo, espelhando esses mesmos sinais de volta — se seu interlocutor sorri, você sorri também. A evidência científica sugere que muitos de nós — talvez a maioria — acham desorientador sermos isolados de tantos sinais sociais usuais e forçados a focar em apenas alguns marcadores da experiência comunicativa. Então, se a pessoa com quem você está falando parece um pouco "fora de si", não se apresse em deduzir que ela está desatenta em geral. As chamadas do Zoom podem penalizar os extrovertidos entre nós em um grau desproporcional e, no entanto, para alguns trabalhos, esses extrovertidos podem ser as pessoas que você deseja contratar. Se está tentando contratar um vendedor que trabalhe de porta em porta, coloque menos peso na chamada do Zoom do que se estivesse tentando contratar um programador.[5]

Uma das sugestões de Daniel para evitar o cansaço do Zoom é simplesmente desligar o vídeo e usar apenas o áudio, como uma ligação telefônica. Muitas vezes, o vídeo é enganoso de qualquer maneira, e as chamadas telefônicas podem ser mais íntimas do que as videochamadas. Além disso, essa decisão pode impedir que você fique cansado do Zoom e de outras videochamadas, supondo que haverá casos em que precisará usá-los, querendo ou não. Quando se trata de cabeças falantes, às vezes é melhor apenas dizer não.[6]

Quando Evitamos o Contato Face a Face

No confessionário de uma igreja católica, o padre e o confesso são separados por uma divisória. Não há contato visual, nem mesmo uma chance — diferentemente de uma chamada no Zoom. No entanto, essa configuração parece ter recursos úteis. No início da história, a confissão católica era realizada em público; o método da "caixa escura" não entrou em uso até meados do século XVI. Mas o método se provou útil e se espalhou pela igreja ao longo dos séculos. Parecia deixar as pessoas mais dispostas a se confessar.[7]

Indiscutivelmente, a confissão pública está voltando à nossa "cultura do cancelamento", especialmente nas redes sociais, mas parece que fazer da confissão uma prática pública induz muita performatividade e falsidade, em vez de ser exclusivamente adequado para produzir a verdade. Isso sugere algumas razões pelas quais menos contato direto e menos visibilidade às vezes podem ser melhores para se obter a verdade.

A abordagem clássica da psicoterapia também faz questão de evitar deliberadamente uma interação direta face a face: o paciente se deita em um divã e não olha o terapeuta diretamente nos olhos enquanto fala. Para ser claro, é apenas uma opção de terapia — as pessoas que vão a terapeutas costumam fazê-lo pessoalmente e há muita terapia por Skype e Zoom atualmente —, mas muitas pessoas ainda gastam tempo, se dão ao trabalho e têm despesas para ir ao consultório de um psicoterapeuta apenas para que possam se deitar e, decididamente, olhar para o outro lado. É mais um caso de prática consagrada pelo tempo em que os indivíduos não buscam o grau máximo de contato face a face, e podemos aprender com isso.

Um elemento comum nos ambientes confessionais e terapêuticos é que a falta de contato visual pode ser usada para estimular ou facilitar a confissão, ou pelo menos uma abertura. Se o padre estivesse olhando diretamente nos olhos do confessor, poderia ser mais difícil para ele admitir que não cumpriu com as responsabilidades familiares. Além disso, o anonimato seria quebrado. Da mesma forma, na psicoterapia, pode ser mais fácil para o paciente relatar um trauma de infância quando ninguém está oferecendo uma resposta direta e visualmente disponível ("Ele ergueu a sobrancelha? Zombou ou riu?"). O contato visual pode ser um vínculo, mas também pode ser uma ameaça, uma fonte de foco indevido ou distrativo, e torna mais difícil para muitas pessoas relaxarem ou se abrirem. No ambiente terapêutico, as opiniões divergem sobre a eficácia do divã, mas ele pode ajudar na livre associação e no ritmo da sessão, tornando o ambiente geral menos ameaçador.[8]

A falta de contato visual também significa que o modo de confiança mútua é provavelmente mais fraco em uma chamada online. Há menos pressão implícita para ser educado, sorrir ou buscar reconhecimento e aprovação da outra pessoa. Pelo menos às vezes, a remoção dessa informação indutora de conformidade pode nos dar a oportunidade de investigar um pouco mais profundamente. E você pode aprender algo sobre como o entrevistado se comporta quando a confiança social não está totalmente presente ou não é continuamente confirmada pelos sinais da presença social direta.

Alguns relatos de métodos de namoro online inspirados no *lockdown* apoiam essa possibilidade de que as pessoas possam se abrir mais em um ambiente mais despojado. Judy Kwon, de 27 anos, é moradora do Brooklyn. Ela expressou um sentimento importante sobre a potencial vantagem do namoro online: "Obviamente, há muitas desvantagens nisso, mas pelo menos para mim, esse [cenário] gerou conversas mais sérias... Eu tenho falado mais sobre como me sinto e pedi a ele [o namorado] para fazer o mesmo, porque não podemos ler um ao outro da mesma maneira como se faz quando se está conhecendo alguém pessoalmente. Isso nos deixou mais em contato com nossos sentimentos, com certeza."[9]

É uma vantagem e uma desvantagem do namoro online quando há menos maneiras de preencher pausas incômodas. Você não pode facilmente pegar o jarro de água na mesa do restaurante e servi-la para criar uma distração ou preencher o tempo. Então, o que as pessoas — pelo menos algumas — fazem? Elas falam diretamente e começam a desnudar suas almas. E isso pode levar duas pessoas a se conhecerem mais rápida e profundamente — pelo menos se o encontro não desmoronar imediatamente em um constrangimento tedioso.[10]

Quando se trata de entrevistas, pode parecer loucura preferir menos ao invés de mais contato com o entrevistado, mas se você gostou de uma "entrevista ambulante", em que o contato visual direto normalmente é mínimo, não deve achar essas alegações tão estranhas. Uma entrevista ambulante pode ser mais útil e mais reveladora do que uma entrevista face a face, com a mesa no meio. Há, de alguma forma, mais espaço para explorar ideias tangenciais e uma penumbra mais ampla para os tópicos e o sequenciamento de uma discussão. Estar lado a lado pode criar sentimentos de reciprocidade, segurança e até diversão. Talvez alguns mais experientes se sintam menos "responsáveis" pelo que estão dizendo, em comparação com uma conversa em uma mesa de escritório ou uma mesa menor.

A apresentadora Terry Gross, que trabalhou para a National Public Radio, usa deliberadamente uma técnica a distância que não é direta nem presencial: "Enquanto os convidados se sentam em um estúdio remoto, Gross se senta em sua 'caixinha' no WHYY na Filadélfia — uma configuração que fornece um tipo de intimidade sem rosto não muito diferente da confissão ou da psicanálise, em que o paciente e o profissional ficam de costas um para o outro, sob a teoria de que a obscuridade permitirá que pensamentos e fantasias fluam mais livremente. Talvez seja isso que atraia seus convidados para um modo tão revelador."[11]

Ainda em outros cenários, a distância pode fornecer um caminho para a abertura. Durante o *lockdown*, pesquisadores que realizam pesquisas por telefone descobriram que os entrevistados estão mais dispostos a atender o telefone e, de fato, conversar com o entrevistador. Muitos entrevistados não apenas responderam às perguntas da pesquisa, mas também confidenciaram ao entrevistador sobre seus medos, suas tristezas e como estavam se saindo durante a pandemia. Essas conversas podem ter servido como uma espécie de válvula de segurança, e parece que muitas pessoas acharam o entrevistador por telefone, sem rosto, uma espécie de confidente. Em um conjunto de dados, entrevistas que costumavam durar em média dez minutos levaram em média quatorze minutos durante a pandemia, porque os entrevistados estavam mais falantes do que o normal.[12]

Com tudo isso em mente, uma estratégia possível para entrevistas online é tentar fazer uma ou duas perguntas que despertem uma sensação de confissão. Não faça disso uma pergunta desafiadora ou brusca; diferentemente, apresente-a passiva e abertamente, como se você estivesse lá para ouvir, não para julgar. Que tal isto?

- Todos nós cometemos erros no local de trabalho, assim como eu. Qual é um exemplo de erro que você cometeu, mas não se arrependeu por muito tempo?

Ou tente esta:

- No contexto do local de trabalho, o que realmente significa o conceito de pecado deliberado? E como ele difere de um mero erro? Você pode ilustrar isso com a experiência de um de seus colegas de trabalho?

Observe que a invocação do colega de trabalho torna a pergunta menos ameaçadora e é mais provável que induza a uma resposta honesta. Se você desejar ser direto, pode tentar:

- Quando você experimentou um grande arrependimento no local de trabalho e por quê? Quanto de culpa você teve nessa interação?

Em uma entrevista presencial, o entrevistado pode se sentir inibido demais para dar uma resposta útil. Mas online, se você acha que tem chance de obter uma "verdadeira confissão", por assim dizer, vale a pena tentar. Dito isto, se você receber uma resposta verdadeiramente reveladora, tome-a como informação, não como um sinal de que a pessoa é disfuncional e descontrolada. Foi você quem se esforçou para extrair a informação e se a resposta for mais explícita do que o normal de alguma forma, lembre-se de que a procurou. Ajuste suas expectativas de acordo e tente ver o lado positivo. Tal resposta é, em parte, um reflexo do seu sucesso como entrevistador, não necessariamente um defeito do entrevistado.

Observe também que em alguns casos, especialmente aqueles envolvendo mulheres mais jovens e entrevistadores do sexo masculino, a falta de contato visual direto pode facilitar a confiança. O contato visual também pode ser uma ameaça ou um lembrete de situações desagradáveis anteriores, possivelmente envolvendo assédio. É mais uma ilustração de como o meio online simplesmente é diferente, em vez de deficiente ou inferior em todos os aspectos.

Claro, se você está sendo entrevistado, pode querer se proteger para não ser muito casual e aberto. Alguns casais do Zoom expressaram que sentem uma sensação de conforto no ritual de "um treino, um banho e algumas roupas dignas de um encontro" antes de ir a um encontro online. Outros fizeram questão de colocar sua melhor colônia ou perfume, e até de arrumar a cama (caso tenham sorte?). Na mesma linha, os autores pensam que muitos indivíduos, para manter níveis adequados de concentração, devem se vestir e se preparar como se fosse uma verdadeira entrevista cara a cara. Portanto, se você achar que não é suficientemente disciplinado, considere colocar seus sapatos sociais para essa chamada de Zoom. Mas observe: os autores *não* recomendam isso para o mundo mais casual de entrevistas de tecnologia e capital de risco. Você desejará combinar seu estilo de apresentação com a visão de mundo de seus entrevistadores e deve escolher seu modo de apresentação de acordo.[13]

O Futuro das Comunicações Online

Quanto mais cedo perceber que as entrevistas online operam em um meio intrinsecamente diferente das interações face a face, melhor. Você saberá que seus antigos padrões para reconhecer talentos na entrevista presencial precisam ser modificados. Os avanços tecnológicos não mudarão essa diferença básica.

Você deve evitar a armadilha de pensar que a tecnologia de entrevista a distância simplesmente tem que ser "boa o suficiente". Talvez algum dia tenhamos uma forma de realidade virtual holográfica que se aproxime de uma simulação perfeita da interação face a face, mas enquanto isso, as evoluções nas tecnologias online não são simplesmente aproximações melhores das interações presenciais. Em vez disso, elas desviam nossa atenção em certas direções. As tecnologias não melhoram em todas as dimensões de uma só vez (por exemplo, o Viagra veio antes da cura do Alzheimer, então a extensão da vida para partes do corpo de algumas pessoas funciona melhor do que para outras) e melhorias futuras que veremos nas comunicações online terão impactos tendenciosos em nossas percepções. Por exemplo, uma resolução mais fina nas telas pode aumentar a transmissão de informações sem fazer muito pela presença social. Sim, a nova tecnologia será "melhor" em um sentido objetivo. Mas se você não perceber que suas avaliações agora podem incluir mais impressões com base no maior número de pixels, *não* com base na presença social, poderá ser induzido ao erro. Ou seja, é um erro pensar que o propósito das comunicações a distância é aproximar-se de "estar lá."[14]

Alternativamente, imagine que as tecnologias como o Oculus [*headset* de realidade virtual do Grupo Meta, anteriormente Facebook] se desenvolvam tão rapidamente e que suas "férias em Paris" virtuais são quase tão boas quanto as reais, exceto mais baratas e mais convenientes. Sua entrevista de realidade virtual através do Oculus ainda não terá a mesma ressonância emocional como seria uma interação face a face.

Pelo menos, sua interação virtual não terá os potenciais inconvenientes do encontro presencial. Seu avatar provavelmente está programado para nunca tropeçar ou derramar o café, não há a questão de estar atrasado para o compromisso por causa do trânsito e é provável que a habilidade de ler uma sala tridimensional virtual não será exatamente igual a negociar o "mundo real". É possível que na realidade virtual avançada todos pareçam apenas um pouco insossos. É difícil dar conselhos para uma tecnologia que ainda não está madura, mas quando ela se tornar popular, você terá que descobrir como compensar essas diferenças, não importa em que lado da entrevista esteja. Só não confunda essa nova tecnologia com a realidade face a face.

Para ser futurista novamente por um momento, imagine um futuro em que as entrevistas online ofereçam muito *mais* riqueza informacional do que as entrevistas presenciais. Você pode imaginar, por exemplo, que pode utilizar a Inteligência Artificial (IA) para monitorar a entrevista online e fornecer comentários sobre como a pessoa está se saindo, que tipo de personalidade ela tem e quais perguntas deve fazer em seguida. Além disso, pode ser mais difícil e complicado usar essa tecnologia durante uma entrevista presencial, mesmo porque você não pode olhar para baixo o tempo todo para ver o que o dispositivo de IA está dizendo. Também é possível que, no futuro, uma interação online ofereça melhor informação de "presença pessoal" do que uma entrevista presencial. Isso pode parecer praticamente impossível por definição, mas tenha em mente a heterogeneidade humana. Você tem uma experiência particular de presença pessoal em uma entrevista, mas não sabe como os outros reagiriam às mesmas interações. Pode ser mais fácil para a inteligência da máquina decompor a entrevista online e relatar a você como o entrevistado "se saiu" em termos de presença pessoal para outras pessoas típicas, não apenas para você. Mais uma vez, poderíamos nos encontrar na situação incomum da entrevista face a face ser o modo de comunicação relativamente mais deficiente.

No entanto, mesmo nessa situação supostamente ideal, as entrevistas baseadas em IA introduzirão vieses em suas avaliações. Em particular, essas tecnologias desviariam sua atenção para o que a IA pode medir bem e o distrairiam das partes mais confusas da informação. E se muitas instituições têm acesso às mesmas tecnologias de IA, como é provável que seja o caso, podem ser precisamente as informações idiossincráticas e confusas que se tornam as mais importantes para você. Lembre-se de que todos estão procurando talentos e você precisa identificar o talento que seus concorrentes não conseguem. Não é óbvio o quanto a IA o ajudaria nessa busca se estivesse disponível em geral e, em alguns aspectos, poderia tornar sua tarefa mais difícil, porque facilitaria para outras pessoas identificarem os mesmos candidatos subvalorizados que você está procurando.

Por fim, lembre-se de que as interações face a face podem distraí-lo de tomar as decisões corretas na entrevista. Nem todas as dicas de entrevista são as corretas. No Zoom você tem menos noção de como a pessoa se veste (sapatos, alguém?), não há muita noção de como a pessoa reage à entrada de outras pessoas na sala e nenhuma noção de como é o cheiro da pessoa, entre outras informações que faltam. Não se sabe quais são valiosas para tomar boas decisões de contratação (é possível que nenhuma seja), e pode-se interpretar mal as dicas nessas áreas, mesmo que, em princípio, elas possam ser adequadamente informativas. Então, como dito, não entre em interações online com uma atitude derrotista — em alguns casos, essas entrevistas podem evitar que você seja seu pior inimigo. O diálogo online oferece pelo menos uma chance de maior foco nas informações que realmente importam.

Os indivíduos trabalharão muito para ocultar seu verdadeiro nível de consciência. Na verdade, eles podem enganar o entrevistador na maioria das vezes, pois quem quer parecer sem noção em uma entrevista? A maioria dos entrevistadores considera o modo de andar de uma pessoa, as microexpressões e as interações com terceiros ao julgar o quão confiável ela realmente é, sejam esses julgamentos justos ou não. E não se sabe quão precisos são esses sinais. Portanto, se a entrevista online equalizar um pouco esses sinais entre os candidatos, você poderá acabar tomando uma decisão melhor. Você pode ter que olhar mais de perto o que uma pessoa fez e, como verá mais tarde, os autores são grandes fãs da "preferência demonstrada" — atividades e realizações da vida real — como a fonte mais confiável de informações sobre um indivíduo.

A suposta falta de informação da entrevista online também pode ajudar alguns entrevistadores a superar potenciais preconceitos contra as mulheres e também alguns grupos minoritários. Já foi mencionado que o mundo online torna mais difícil para você captar os sinais tradicionais de carisma e presença social, mas para muitos empregos, esses podem ser indicadores enganosos. Em particular, a compreensão do carisma varia entre as culturas. Muitas vezes descobre-se que indivíduos de culturas não ocidentais são o que percebemos como "excessivamente" respeitosos ao serem entrevistados (online ou de outra forma), talvez recorrendo à polidez porque estão cientes de que não têm conhecimento profundo sobre o mundo cultural com o qual estão lidando de repente, e têm medo de cometer erros (veja o Capítulo 8, sobre gênero e raça). Não há nada de errado com a polidez, para dizer o mínimo, mas será difícil julgar o carisma de um indivíduo que adota essa abordagem. Como resultado, você, como entrevistador de uma cultura ocidental, pode ficar tentado a concluir que tais indivíduos não são muito carismáticos, mas é claro que isso é um erro — a pessoa simplesmente tem medo de mostrar seu carisma para você. A entrevista online, ao tornar *todos* menos carismáticos, pode ajudar a combater seu preconceito contra essas pessoas. Mais uma vez, trata-se de aprender a transformar o meio online a seu favor.

PARA QUE SERVE A INTELIGÊNCIA?

Falar de inteligência tende a induzir pensamento e classificação excessivamente hierárquicos? Depois de um longo vaivém, concluímos que a inteligência geralmente é superestimada, principalmente por pessoas que são inteligentes. Mas a pesquisa também sugere alguns casos muito importantes em que a inteligência realmente importa. Os autores gostariam de fazer uma visita guiada para ver quando a inteligência realmente importa, o que se sabe e o que não se sabe sobre essa questão. Como já observado antes, o contexto decide quando se trata de busca de talentos.

Comecemos com o lado positivo, porque a inteligência pode ajudar uma pessoa a encontrar novas ideias, juntar as peças quando os outros não podem e uma inteligência extrema pode ser necessária para ter credibilidade ao exibir os mais altos níveis de habilidades de liderança, especialmente quando você está liderando outras pessoas muito inteligentes. Vamos agora aprofundar nos detalhes.

Inventores, Líderes e Empreendedores

Vamos considerar os inventores em particular, pois existem alguns dados muito bons disponíveis e os resultados são impressionantes. Esses dados são da Finlândia e cobrem toda a força de trabalho masculina nascida entre 1961 e 1984, combinando suas profissões futuras com seus QIs (quocientes de inteligência) medidos retirados do período de recrutamento (apenas os homens foram recrutados durante esse período e, portanto, as mulheres não entram no estudo). Os pesquisadores também têm informações abrangentes sobre esses indivíduos ao longo de boa parte de suas vidas, incluindo renda e níveis de educação deles e de seus pais. Como costuma acontecer nos países nórdicos, os dados são bastante abrangentes e considerados confiáveis.[1]

Os resultados mais marcantes são para a categoria de trabalho dos inventores. Se estiver procurando por inventores, o QI é de longe a mais significativa de todas as variáveis mensuráveis que temos. Além disso, em níveis mais altos de QI medido, a probabilidade de se tornar um inventor aumenta ainda mais. A medida de QI relevante aqui, a propósito, é uma variante do teste de Raven, que se concentra em habilidades visuoespaciais*, em vez de facilidade verbal.

A relação entre o QI e a probabilidade de se tornar um inventor pode ser expressa de várias maneiras diferentes. Por exemplo, estar no percentil 91–95 do QI medido ou no percentil 96–100 aumenta a probabilidade de ser um inventor em cerca de 2–3 pontos percentuais.

---

* Habilidades visuoespaciais: capacidades que temos para representar, analisar e manipular mentalmente os objetos, como, por exemplo, relação espacial: representar e manipular mentalmente objetos em duas dimensões. [N. da T.]

Alternativamente, se mantivermos outros fatores constantes, ter todos os indivíduos no decil mais alto de QI envolveria, estatisticamente falando, um aumento de 183% no número de inventores em comparação com o *status quo*.

Os resultados mais impressionantes são quanto da variação descrita na profissão inventor é explicada pelo QI: chocantes 66% desse total (se você tem treinamento estatístico, isso *não* é o R-quadrado *parcial, já que a maior parte da escolha de profissões vem de variáveis não medidas; em vez disso, 66% são quanto da explicação disponível, condicionada às variáveis medidas, vem do QI). Esse número é impressionante em parte porque pode ser comparado com outras variáveis. Por exemplo, a próxima variável mais significativa — educação dos pais — responde por apenas 1% da variação em quem se torna um inventor.[2]

A maneira mais simples de colocar isso é que a maioria das pessoas não se torna inventor e quem se tornará um inventor é muito difícil de prever, seja como for. Mas, ainda assim, de todos os preditores que temos neste conjunto de dados, o QI tem o melhor desempenho de longe.

Você pode se perguntar como tudo isso se encaixa na visão geral dos autores de que o QI, ou mais geralmente a inteligência, é superestimado como fonte de realização profissional. Bem, o mesmo artigo mostra que o QI desempenha um papel muito menor na determinação de quem acaba em outras profissões notáveis. Se observarmos quem na Finlândia se torna médico, da variação explicada, o QI representa apenas 8% do total. Para um advogado, a variação explicada pelo QI é ainda menor, ou seja, cerca de 5%. Em outras palavras, o QI em geral não é muito importante, mas na medida em que as variáveis

---

*   O R-quadrado, ou R², é uma medida estatística de quão próximos os dados estão da linha de regressão ajustada. Também conhecido como o coeficiente de determinação ou o coeficiente de determinação múltipla para a regressão múltipla. [Nota da Revisora, doravante N. da R.]

mensuradas podem explicar a decisão de se tornar um inventor, o QI parece ser bastante importante, pelo menos em comparação com outras variáveis medidas.

Nesse mesmo conjunto de dados, se você estiver considerando o que explica quem se torna médico ou advogado, a educação dos pais (e não o QI) é a principal variável explicativa, respondendo por 39% e 52% dessas decisões de carreira, respectivamente. Além disso, a renda dos pais desempenha um papel maior em levá-lo a ser médico ou advogado em relação a ser um inventor.

Uma lição é que os inventores são, em geral, muito inteligentes, pelo menos na Finlândia, mas provavelmente em outros lugares também. Quanto a médicos e advogados, é muito importante "vir de uma boa família". Talvez esse seja o tipo de contexto socioeconômico que se realmente precisa para ter sucesso em direito e medicina, mas outra leitura possível dos dados é que a entrada no direito e na medicina finlandesa é, de certa forma, muito excludente, e muitos candidatos em potencial inteligentes estão sendo mantidos afastados simplesmente porque não têm a educação e a formação socioeconômica corretas.

O Melhor dos Melhores do Mercado

Os autores também acreditam que indivíduos supertalentosos, próximos do topo da distribuição de conquistas, são, em alguns aspectos fundamentais, como inventores. Esses indivíduos chegam ao topo de seu ofício porque foram pioneiros em novas maneiras de fazer as coisas, seja o cubismo de Picasso e Braque; Henry Ford percebendo que deveria pagar a seus trabalhadores 5 dólares por dia; ou Sergey Brin e Larry Page percebendo que o problema da busca poderia ser resolvido por uma matemática suficientemente inteligente. Esses indivíduos precisam ver o que é iminente, o que os outros não conseguem, e esse é o melhor palpite sobre como a inteligência continuará a ser importante.

Um estudo cuidadosamente conduzido considera a conexão entre QI e salários vitalícios no topo da distribuição de QI, nesse caso, no 0,5% do topo. Os dados vêm de crianças inicialmente escolhidas com base em uma pesquisa em escolas da Califórnia em 1921-1922, 856 homens e 672 mulheres, e o estudo traça quanto esses indivíduos ganharam ao longo de suas vidas. Nesse estudo, um ponto adicional de QI se correlaciona com ganhos cerca de 5% maiores ou, no conjunto de dados, cerca de US$ 184.100,00 a mais ao longo da vida. Em outras palavras, mesmo dentro da categoria de pessoas com notas muito boas nos testes, ser "mais inteligente ainda" se correlaciona com um aumento notável nos salários. E aqui está o ponto crítico: nesse grupo de alto QI, esse é um gradiente de salário/QI mais acentuado do que encontramos para a população como um todo. Esse gradiente mais acentuado no topo é consistente com a visão de que a inteligência provavelmente é mais importante para os grandes empreendedores.[3]

A afirmação de que a inteligência é mais importante em níveis mais altos de realização foi testada mais extensivamente com um conjunto de dados sueco cobrindo 12.570 trabalhadores e compreendendo os anos de 1968 a 2007. Os dados dessa população mostram que a personalidade e a conscienciosidade importam mais na parte inferior da distribuição. Por exemplo, no décimo inferior dos assalariados, as habilidades não cognitivas — que incluem, por exemplo, características da personalidade — importam duas vezes e meia a quatro vezes mais do que as habilidades cognitivas. No entanto, para a população em geral, um aumento de um desvio-padrão na capacidade cognitiva está associado a um ganho salarial maior do que um aumento de um desvio-padrão nas habilidades não cognitivas. (Desvio-padrão, a propósito, é um conceito estatístico referente à dispersão; se uma variável for "distribuída normalmente" em uma amostra, cerca de 68% dos indivíduos nessa amostra estarão contidos em um segmento de um desvio-padrão para cada lado da média ou do valor médio). Além disso, a relação entre a capacidade cognitiva e os salários é convexa, o que significa que quanto mais alto formos na distribuição salarial, mais potencialmente a capacidade cognitiva irá prever ganhos. Em outras palavras, mais uma vez, o topo da distribuição é o ponto em que a inteligência realmente importa para o desempenho.[4]

No entanto, mesmo assim, não devemos considerar a inteligência medida como qualquer tipo de garantia de sucesso, mesmo porque a maioria das pessoas com inteligência medida superior não acaba sendo extremamente bem-sucedida em suas carreiras.

Indiscutivelmente, muitos dos principais talentos são bem descritos pelo que é chamado de modelo multiplicativo de sucesso. No modelo multiplicativo, o sucesso final requer uma combinação perfeita de vários traços — variáveis que expressam a força de características particulares são, de alguma maneira, multiplicados para alcançar um efeito final poderoso. Por exemplo, para ser compositor de música clássica de primeira linha, você pode precisar de bons hábitos de trabalho, genialidade musical, habilidade para tocar piano, habilidade em orquestrar, persistência e ter vindo de um grande centro musical da Europa central ou arredores. Se todos esses traços se juntarem, o resultado poderá ser mágico, como foi o caso de Mozart ou Beethoven. Mas, se apenas uma dessas características faltar, talvez você falhe completamente. Genialidade musical sem grandes hábitos de trabalho, por exemplo, pode significar que você se tornará um brilhante improvisador local que nunca colocará a caneta no papel para compor uma grande sinfonia.

Considere as palavras de Vladimir Akopian, o brilhante jogador de xadrez armênio que nunca trabalhou muito no jogo, portanto, nunca chegou ao topo: "Acredito que há muitos enxadristas talentosos. Quando jogo, às vezes vejo jogadores muito talentosos. E pelo talento, muitos jogadores podem ser comparados facilmente; não é algo especial. Mas o trabalho duro é muito importante. E não apenas o trabalho duro, mas também a fraqueza de caráter de um jogador ou alguma instabilidade psicológica pode fazer a diferença. O xadrez é muito complicado e tudo isso conta. Puramente em termos de talento, acredito, não apenas eu, mas muitos outros, talvez, superem esses jogadores de ponta. É possível. Mas quando se considera o conjunto — não apenas o talento, mas a vontade de trabalhar duro, sacrificar todo o resto, ser psicologicamente forte —, muitos não conseguem chegar ao topo... há muitos fatores que precisam estar em vigor para que um jogador alcance a elite mundial." E fora do topo do jogo de xadrez, os campeões são, de fato, muito inteligentes, mas as evidências não suportam uma ligação muito forte entre conquistas no xadrez e inteligência.[5]

É fácil pensar em outros exemplos da importância não linear da inteligência nos níveis mais altos de realização. Ser CEO de primeira linha, arremessador de beisebol ou cientista vencedor do Prêmio Nobel pode exigir uma combinação de várias características, em que, como já dito, o total é maior que a soma das partes. Chamamos isso de *o pacote completo*.

Como resultado, se você tiver um conjunto de dados limitado, poderá fazer todos os tipos de escolhas com base em variáveis que considera importantes, como inteligência extrema, mas descobrir que não está chegando a lugar algum. As pessoas que você escolhe precisam ter o pacote completo, especialmente nos níveis mais altos de realização. Mesmo que alguns estudos estatísticos relativamente bem elaborados mostrem que a inteligência tem um valor marginal de zero, muitos profissionais de alto desempenho ainda podem precisar ser muito inteligentes no que fazem, caso contrário não terão chance real de oferecer o pacote completo. Nesse sentido, procurar inteligência extrema é uma parte necessária da busca de talentos nesses níveis.

Território Inexplorado

O valor de buscar a inteligência também é relativamente alto quando você é o primeiro a entrar em cena e não há competição geral para contratar esse mesmo talento. Isso significa que a inteligência é um melhor indicador de promessa para os muito jovens, para indivíduos de áreas remotas ou economicamente inexploradas, e para indivíduos que estão sendo trazidos para as redes pela primeira vez. Em contraste, inteligência será um indicador pior da qualidade da contratação se você estiver considerando um indivíduo de 60 anos com um histórico estabelecido.

Uma implicação é que, se você acha que é especialmente bom em identificar inteligência e outras qualidades desejáveis, deve passar mais tempo trabalhando com os jovens e tentando localizar e desenvolver jovens talentos. Indiscutivelmente, você também pode querer dedicar mais atenção aos mercados estrangeiros ou às culturas relativamente inexploradas dentro do seu país, que talvez não tenham sido examinadas tão extensivamente quanto, digamos, as cidades costeiras e os subúrbios. Como alternativa, se decidiu que tentar identificar inteligência é uma atividade sem esperança, pelo menos para você, talvez vá para um setor em que muitas pessoas mais velhas estão trabalhando, assim poderá julgá-las por suas experiências e vidas, como de fato é mais apropriado.

A importância do território inexplorado é outra razão pela qual a inteligência e outras características do talento podem ser relativamente importantes para se encontrar no topo do mercado. Se você considerar como os Marks Zuckerbergs, os Pauls McCartneys e os LeBrons Jameses — os melhores desempenhos absolutos — se desenvolveram, poderá se sair muito bem procurando estrelas no início de suas carreiras. Peter Thiel foi o primeiro capitalista de risco a apoiar Mark Zuckerberg, e o empresário Brian Epstein encontrou e cultivou o talento dos Beatles, em ambos os casos com bons retornos.

Por mais paradoxal que pareça, pode ser difícil identificar inteligência, motivação e outras qualidades positivas no topo. Por quê? Bem, o topo do mercado geralmente é um território pouco explorado, praticamente por definição. As pessoas mais talentosas geralmente estão fazendo algo extraordinário e relativamente novo, e muitas vezes são tão inacreditavelmente talentosas que a maioria de nós simplesmente não tem a capacidade de apreciar seus talentos, pelo menos não até que suas realizações finais estejam em plena exibição. Se um jovem Gustav Mahler se sentasse na sua frente e cantarolasse uma de suas melodias, você provavelmente não teria o talento necessário para ver o potencial dele para se tornar um dos maiores compositores românticos de todos os tempos.

Em outras palavras, os supertalentosos são os melhores em identificar outros indivíduos supertalentosos, e não há muitos desses caçadores de talentos por aí. Então, se você é um desses observadores, encontrará muitos exemplos de inteligência subvalorizada, hábitos de trabalho positivos subvalorizados, motivação subvalorizada e assim por diante. Essas qualidades parecerão (corretamente) subvalorizadas porque poucas pessoas as notarão. Por exemplo, por volta de 1961, quem entendeu que os Beatles iriam abalar o mundo? (De fato, eles foram recusados por várias gravadoras e ofereceram seus primeiros lançamentos norte-americanos no relativamente obscuro selo Vee-Jay).[6]

Você conhece a história de John H. Hammond na música? Ele foi o caçador de talentos, entusiasta e mentor que descobriu e promoveu Bob Dylan, Bruce Springsteen, Billie Holiday, Count Basie, Benny Goodman, Big Joe Turner, Pete Seeger, Aretha Franklin, George Benson, Leonard Cohen e Stevie Ray Vaughan, entre outros. Ele também desempenhou um papel fundamental em reviver o interesse em Robert Johnson, lenda do delta blues. Sim, esse é um registro bastante impressionante, mas se você ler sobre Hammond, não é óbvio qual era sua fórmula mágica ou como alguém poderia replicá-la. Ele passava muito tempo com música e músicos, era rico desde a infância e trabalhava de maneira não racista em uma época racista, o que significa que estava focado em identificar artistas negros que os outros ignoravam. Talvez George Benson tenha dado uma pista para o sucesso de Hammond quando disse: "John Hammond não se importava necessariamente com quantos discos eu poderia vender: sua abordagem era mais do tipo 'veja o que esse talento pode fazer, e espero que o aprecie tanto quanto eu." Ainda assim, no final das contas, a história de Hammond como olheiro mostra que a maioria dos principais talentos não é identificada imediatamente pelo estabelecimento, precisamente porque esses criadores estão fazendo algo novo e original.[7]

Quando o modelo multiplicativo vale para os potenciais de alto desempenho, a noção de talento subexplorado é especialmente relevante. Em geral, é muito mais difícil identificar o pacote completo do que procurar uma pessoa que seja inteligente, que toque bem violão ou que tenha uma bola rápida de 150 km/h. Esses traços particulares são *relativamente* fáceis de detectar ou medir. No entanto, ver o pacote completo requer uma habilidade sintética muito mais profunda, muita sorte e o que chamamos de alerta empreendedor, ou seja, a capacidade de identificar e perceber talentos que os outros não veem.

Quando Escolher um Time que Trabalhará Junto

Pessoas talentosas melhoram umas às outras, muitas vezes de forma dinâmica e não linear, e isso também vale para a inteligência como medida de talento. Garett Jones, um dos colegas de Tyler na George Mason, escreveu um livro inteiro sobre este tópico, chamado *Hive Mind: How Your Nation's IQ Matters So Much More than Your Own* [Mente de Colmeia: Como o QI da Sua Nação é Muito Mais Importante do que o Seu Próprio, em tradução livre], e nele ele enfatiza como a inteligência pode ter um efeito positivo não linear. Ou seja, pessoas inteligentes podem se alimentar e se tornar melhores, dentro de empresas e até mesmo dentro de nações. Se colocamos Bill

Gates na selva sozinho, ele pode não se sair melhor do que um gerente menos talentoso, mas Bill Gates com uma equipe de cem ajudantes escolhidos a dedo pode ter uma vantagem acentuada.[8]

Ou considere a intuição de outro ponto de vista. Digamos que se coloque uma pessoa superinteligente em uma empresa disfuncional. Essa pessoa provavelmente não pode melhorar muito as coisas por conta própria, porque as más culturas representam uma série de más práticas, normas e expectativas enraizadas, e tais situações são muito difíceis de consertar. No entanto, uma empresa cheia de pessoas eficazes e cooperativas pode fazer uma grande diferença. Da mesma forma, colocar um bom defensor em um time de basquete que não tem uma defesa sólida e atenta provavelmente não ajudará muito. Alguém vai estragar a sua missão e deixar um arremessador livre, e um único bom defensor não poderá cobrir todos os arremessadores do outro time. No entanto, um time de basquete cheio de defensores de primeira linha demonstrará o poder da defesa do time com grande efeito.

O Vale do Silício teve muito mais sucesso com softwares do que qualquer outra região comparável, e isso é por causa de seus recursos humanos (e não naturais) e de quão bem esses recursos humanos cooperam uns com os outros, o que nesse contexto é a coisa mais inteligente a se fazer. A diferença de produtividade entre o Vale do Silício em software e, digamos, Chicago, Illinois, é muito maior do que a diferença salarial (relativamente pequena) entre indivíduos de QI mais alto e QI mais baixo. O Vale do Silício tem muitas pessoas muito inteligentes trabalhando juntas tentando escrever software e ensinar uns aos outros como fazer startups. Chicago não tem o mesmo foco, então o Vale do Silício tem muitos unicórnios (startups que atingem o valor de US$ 1 bilhão) e Chicago não. Essa diferença é uma prova do poder de grupos bem organizados.

Além disso, há evidências diretas de que pessoas com inteligência superior são melhores em cooperar. Os pesquisadores Eugenio Proto, Aldo Rustichini e Andis Soanos pagaram indivíduos para jogar vários jogos de cooperação por recompensas em dinheiro real. Os pesquisadores tinham dados sobre as características de personalidade e QI dos indivíduos que jogavam, então foi possível medir as estratégias e os sucessos de diferentes tipos de pessoas. Os resultados são claros: os indivíduos com alto QI em geral cooperam mais nesses jogos e o QI foi o mais importante em jogos em que houve trocas entre metas de curto prazo e considerações de longo prazo. Os pesquisadores colocaram desta forma: nessa situação, "a inteligência importa substancialmente mais a longo prazo do que outros fatores e traços de personalidade."[9]

Você também precisa ter o tipo certo de cooperação, e isso significa procurar complementaridade em suas contratações inteligentes e meritórias. Há uma diferença entre inteligência individual e como um indivíduo contribui para a produtividade de um grupo mais amplo. Stephen Curry se encaixou perfeitamente em sua equipe Golden State Warriors, já que estava emparelhado com outros arremessadores fortes que dificultavam a defesa de Curry exclusivamente e para quem ele poderia passar a bola; Curry provavelmente teria sido muito menos eficaz em uma equipe de homens grandes e mais lentos.

Então, para você como empregador ou caça-talentos, o que tudo isso significa, na prática? Se está contratando uma pessoa em uma instituição relativamente madura, inteligência e outras características de talento importarão muito menos, enquanto a capacidade de se encaixar importará bem mais. Se estiver criando uma startup ou construindo uma instituição do zero e contratando uma equipe inteira, vários indicadores de talento — incluindo inteligência e cooperação — serão muito mais importantes. Contratar um grupo inteiro de pessoas muito inteligentes tem o potencial de criar benefícios não lineares fortemente positivos e dinâmicos. Procure mais marcadores de talento ao contratar grupos de pessoas em um período de tempo relativamente curto.

Então, se você tem um amigo no mundo das startups (o amigo de Tyler aqui é Daniel e Tyler escreveu este parágrafo em particular) e ele trabalha com pessoas extremamente inteligentes... bem, você não tem que sentir ciúmes. Em vez disso, pode ir para a cama à noite sabendo que algo deu certo no nosso mundo.

O Caso Contra a Inteligência

Dito isso, a inteligência tem limitações realmente significativas, e agora vamos analisá-las. Quanto mais você falar sobre a população em geral, menos a inteligência terá importância para a realização e o sucesso.

Vamos começar considerando as opiniões de uma das pessoas mais inteligentes que conhecemos: Marc Andreessen, que é sócio geral e cofundador da Andreessen Horowitz, e inventou o navegador da Web. Como capitalista de risco, Marc ajudou a financiar empresas como Facebook, Twitter, Groupon, Lyft, Airbnb e Stripe, entre muitas outras. Se você tem alguma dúvida sobre a inteligência de Marc, imagine inventar o navegador da Web quando tal coisa nunca havia sido feita antes! Mas não é só isso. Se você perguntar a Marc sobre filosofia política, história da Roma Antiga ou como um contrato de Hollywood pode funcionar — praticamente qualquer assunto — ele passará uma série de observações brilhantes que vão te surpreender.

No entanto, mesmo Marc percebe que, em termos gerais, a inteligência é superestimada. Em 2007, ele escreveu um ensaio chamado "How to Hire the Best People You've Ever Worked With" [Como Contratar as Melhores Pessoas com Quem Você Já Trabalhou, em tradução livre].[10] Ele argumentou que a inteligência é superestimada ao fazer contratações. A inteligência depende do contexto e é mais importante quando uma empresa já está em uma situação favorável em relação ao mercado, com Microsoft e Google sendo dois exemplos desse fenômeno. Nenhuma empresa foi bem-sucedida simplesmente abrindo escritórios para indivíduos inteligentes ou pedindo que os contratados resolvessem quebra-cabeças lógicos e difíceis. Embora a inteligência seja obviamente uma coisa boa, Marc argumenta que, todos os outros fatores sendo iguais, as qualidades mais importantes em uma contratação são dinamismo, automotivação, curiosidade e ética. Ele também sugere que o dinamismo e a curiosidade coincidem em um grau bastante alto, especialmente em uma época em que a internet permite que você, em seu tempo livre, acompanhe seu campo gratuitamente.

Os autores acreditam que os pontos de vista de Marc são bem aceitos. Vão também considerar algumas razões mais sistemáticas e baseadas em dados para explicar por que maximizar a inteligência não é, em geral, o caminho certo a seguir.

Medidas Formais de Inteligência Não Preveem os Ganhos Corretamente

Uma maneira de julgar o talento é observar quanto uma pessoa acaba ganhando. Não é que o mercado sempre acerte, mas se uma característica não prevê ganhos, ela provavelmente não é tão importante para a produtividade.

Um estudo clássico de QI e ganhos, feito pelos economistas Jeffrey S. Zax e Daniel I. Rees, e baseado em dados de Wisconsin, descobriu que, em média, um ponto de QI prevê um aumento de menos de 1% nos ganhos ao longo da vida. No geral, associar um ponto de QI a um aumento de cerca de 1% nos ganhos ao longo da vida é uma estimativa ligeiramente generosa da correlação, pois em alguns estudos, o ponto mais alto no QI se correlaciona apenas com um aumento de 0,5% nos ganhos ao longo da vida. Em suma, mais QI simplesmente não se converte em muito mais dinheiro.[11]

Ou para outro resultado, um estudo de James Heckman, coautor do Prêmio Nobel de Economia, descobriu que passar do 25º percentil para o 75º percentil de inteligência estava correlacionado com um aumento de 10% a 16% nos lucros. Essa diferença salarial de 10% a 16% é uma diferença bastante modesta nos padrões de vida (valor bruto, a propósito!) e você esperaria encontrar diferenças salariais muito maiores entre aqueles que vivem em um quarteirão americano típico ou entre um salário inicial e o que um indivíduo pode ganhar após um ano ou dois de aumentos em um trabalho típico.[12]

Alternativamente, você pode considerar um estudo recente sobre os ganhos canadenses. A matemática aqui é um pouco mais complexa, mas o resultado principal é que um aumento de um desvio-padrão na capacidade cognitiva corresponde a um aumento de 13% a 16% nos lucros. Sim, é uma diferença bastante grande em inteligência correspondente a apenas uma diferença modesta nos salários. Em outras palavras, estamos olhando para indivíduos que são bem diferentes, mas não extremamente diferentes em termos de inteligência, e descobrindo que ganham apenas um pouco mais ou menos.[13]

Ainda, outra abordagem é considerar os melhores empreendedores e ver o quão inteligentes eles são, pelo menos como normalmente é medido esse conceito por meio de testes de inteligência. Isso é complicado de fazer porque os dados são difíceis de encontrar, mas há um estudo de CEOs suecos, baseado em dados muito bons, que faz exatamente isso. Os principais resultados são que o CEO mediano ou "mais comum" de uma pequena empresa está acima de 66% da população sueca em capacidade cognitiva e o CEO mediano de uma grande empresa está acima de 83% da população sueca em capacidade cognitiva. Em ambos os casos, esses indivíduos são mais inteligentes do que a média, mas não estão entre os 5% superiores, muito menos o 1% superior. Então, pelo menos quando se trata de CEOs, mesmo de muito alto desempenho, ao menos conforme medido por suas pontuações de inteligência, eles não são tão inteligentes quanto você possa imaginar.[14]

Há também uma literatura acadêmica considerável sobre inteligência e desempenho no trabalho. O estudo mais considerado e cuidadoso é de Ken Richardson e Sarah H. Norgate, e intitula-se "Does IQ Really Predict Job Performance?" [O QI Realmente Prevê o Desempenho no Trabalho?, em tradução livre]. O QI não precisa ser a mesma coisa que inteligência geral, mas as conclusões dos pesquisadores são bastante preocupantes: "Em estudos primários, essas correlações [entre QI e desempenho no trabalho] geralmente deixaram mais de 95% da variação sem explicação."[15]

Em outras palavras, buscar contratações de alto QI com algumas outras considerações não é uma boa maneira de encontrar talentos. O perigo geral é que pessoas inteligentes – e talvez você seja uma delas – supervalorizam a importância da inteligência. Talvez isso não seja uma grande surpresa.

A Inteligência Tem um Preço no Mercado

Outra razão para não ficar obcecado com a inteligência em si é que muitas vezes ela tem um preço no mercado. A maioria das pessoas valoriza algum tipo de inteligência, então se você apenas correr atrás das pessoas que são obviamente inteligentes, poderá achar que está pagando o preço total por elas. As pessoas obviamente inteligentes nem sempre são as barganhas óbvias.

Considere uma analogia da área financeira. E se alguém lhe dissesse para "comprar ações de empresas cheias de pessoas realmente inteligentes"? Isso não é um bom conselho. Você pode acreditar na importância da inteligência o quanto quiser, mas as empresas de qualidade também tendem a ter preços altos de ações, e isso também vale para as empresas cheias de pessoas inteligentes, uma vez que essa inteligência realmente importa. Os economistas sabem há tempos que não existem ganhos extras em investir correndo atrás de qualidades positivas, mas negligenciando o preço. O segredo é encontrar empresas subvalorizadas, e isso significa empresas com virtudes ocultas. A importância das virtudes ocultas também vale para contratações de qualidade, com a dimensão em questão sendo a inteligência ou qualquer outra coisa.

Em alguns casos, um fenômeno conhecido como "maldição do vencedor" pode significar que você acaba pagando demais quando entra em disputas de lances. Se várias empresas estão concorrendo pelo mesmo profissional, a empresa com maior probabilidade de ganhar é aquela que supervaloriza aquele trabalhador e acaba pagando demais. Mesmo quando o vencedor não supera o lance em relação à qualidade, os ganhos resultantes de vencer essa disputa de lances também podem não ser o que se espera.

O quanto você deve ir atrás de um marcador de talento específico depende da natureza do seu negócio e da sua fonte de lucro. Digamos que você tenha um nome de marca poderoso ou um local especial que seus concorrentes não podem copiar facilmente e, portanto, tem altos retornos. Nesse caso, não precisa lucrar com suas decisões particulares de contratação; você só precisa de trabalhadores que possam manter a franquia funcionando. Funciona perfeitamente bem pagar a taxa de mercado atual para indivíduos talentosos — e isso pode incluir inteligência — e você não precisa trabalhar duro para superar a avaliação do mercado. Seu negócio tem outras virtudes a seu favor, e você precisa manter essas virtudes intactas; optar por contratações seguras e pagar o preço total por esse talento é uma boa estratégia.

Alternativamente, seu modelo de negócios pode ser baseado na seleção superior de talentos, como no caso de empresas de capital de risco ou equipes esportivas. Então não é muito bom pagar o preço de mercado vigente por medidas comuns de talento, e você precisa pensar em ir além das informações prontamente disponíveis para encontrar as joias não descobertas. Por exemplo, Stephen Curry, tricampeão da NBA, foi apenas o sétimo selecionado na convocação de 2009, logo atrás do agora desconhecido Jonny Flynn, mas Curry está a caminho do Hall da Fama. Na época da convocação, Curry parecia muito baixo e quando chegou aos profissionais, não era uma estrela óbvia e estava propenso a lesões no início. Portanto, não se pode simplesmente olhar para as estatísticas subjacentes de uma pessoa e esperar uma revelação; tem que se pensar cuidadosamente sobre como selecionar os tipos específicos de inteligência com os quais realmente se importa. Não era óbvio em 2009, mas Stephen Curry tinha não apenas um atletismo incrível, mas também uma inteligência fora do comum no basquete para praticar e dominar o arremesso longo de três pontos como ninguém mais.

Se você precisa ser convencido a não ficar obcecado com a inteligência e voltar a falar sobre a importância de entender o contexto, veja muitos outros trabalhos. E o presidente dos EUA? Para chegar perto de ser presidente, a pessoa, provavelmente, tem que ser muito inteligente, pelo menos em algumas dimensões, por exemplo, saber como atrair público suficiente para ser eleito. Mas dentro dessa gama de indivíduos, o quanto a inteligência realmente importa para o trabalho? Bem, os dados obviamente não apoiam a visão de que presidentes mais inteligentes foram os melhores. Os historiadores, por exemplo, geralmente consideram Woodrow Wilson, Richard M. Nixon e Jimmy Carter como três dos presidentes intelectualmente mais inteligentes do século XX. Os autores não pretendem iniciar discussões políticas aqui, mas os registros desses indivíduos são, na melhor das hipóteses, misturados pelos padrões mais razoáveis. Wilson trouxe práticas mais racistas e segregacionistas para o governo, cartelizou partes da economia (temporariamente) e seu legado da Primeira Guerra Mundial abriu caminho para a Segunda Guerra Mundial. Nixon teve algumas conquistas significativas em política externa e com a Lei do Ar Limpo*, mas era um mentiroso inveterado e foi forçado a renunciar,

---

* Lei do Ar Limpo: principal lei federal de qualidade do ar dos Estados Unidos, destinada a reduzir e a controlar a poluição do ar em todo o país. [N. da T.]

atolado em escândalo e desgraça; no entanto, o nível de intelecto e alfabetização exibido em seus livros era notável. Jimmy Carter é um dos casos mais difíceis de debater, mas muitos o veem como o presidente fracassado de um mandato, fraco em relações exteriores, que deixou os Estados Unidos com um legado de alta inflação, altas taxas de juros e uma economia problemática; talvez não tenha sido sua culpa, mas ele não é um exemplo óbvio de presidente norte-americano de sucesso.

Os partidários discordarão sobre quais presidentes norte-americanos foram bem-sucedidos, mas Franklin Delano Roosevelt e Ronald Reagan são duas escolhas comuns (obviamente, a escolha depende do partido e da ideologia da pessoa questionada). Nenhum deles era intelectual no sentido tradicional e, embora cada um certamente tivesse muita astúcia, também não são considerados os mais inteligentes dos presidentes dos EUA, pelo menos não como pode ser medido por testes padronizados.

Os autores não estão dizendo que se deve eleger presidentes sem levar em consideração seus níveis de inteligência. Diferentemente, estão apontando que, uma vez que seja restringida atenção às pessoas que têm alguma chance de ganhar a presidência, outros fatores além da inteligência muitas vezes são mais importantes.

Você pode consultar a pesquisa de perspectivas de emprego para 2020 da Associação Nacional de Faculdades e Empregadores* [NACE, no original], na qual encontrará mais ênfase na inteligência, o que não é surpreendente, pois o foco está nos graduados da faculdade (uma minoria dos norte-americanos). A qualidade número um desejada nas contratações é "habilidade de resolução de problemas", que parece muito claramente ligada diretamente à inteligência. Ainda assim, vêm a seguir "capacidade de trabalhar em equipe" e "forte

---

* NACE: associação profissional sem fins lucrativos, criada em 1956 na Pensilvânia, EUA, para serviços de carreira universitária, profissionais de recrutamento e outros. [N. da T.]

ética de trabalho", e no geral sete das dez principais entradas não se referem à inteligência. Nessa pesquisa, a inteligência claramente importa; simplesmente não domina em relevância.[16]

Certo, então essa é a opinião dos autores sobre a inteligência. E quanto à personalidade?

PARA QUE SERVE A PERSONALIDADE? PARTE UM: CARACTERÍSTICAS BÁSICAS

Elon Musk não é um cara comum. Ele construiu e fundou, ou cofundou, várias empresas de bilhões de dólares, incluindo Pay-Pal, SpaceX e Tesla. Ele tem planos para dar acesso à internet para todo o mundo com a Starlink e forneceu o capital inicial para a SolarCity, um empreendimento solar de sucesso. Fundou a The Boring Company para construir túneis. Foi ao espaço e voltou. Também é cofundador da Neuralink e da OpenAI. Às vezes é o homem mais rico do mundo. Ele também fumou maconha no programa de Joe Rogan (colocando em risco sua habilitação de segurança)*, tuitou o que pareciam ser obscenidades na Comissão de Valores Mobiliários dos Estados Unidos, e com movimentos de publicidade astutos e tuítes, levou a Dogecoin de uma piada (por um tempo) para um altamente valorizado ativo criptográfico. Não se pode dizer "ele faz o que quer", mas ele provavelmente se aproxima mais dessa designação do que qualquer outro jogador importante no mundo dos negócios hoje. Ele também parece ter uma tolerância extrema ao risco.

Claro, na maioria das vezes você não está procurando o próximo Elon Musk, o que é uma sorte, pois muito provavelmente não há um próximo Elon Musk. No entanto, ele demonstra a importância da personalidade ao estender o alcance e a influência de alguém além do que até mesmo um intelecto formidável como o dele teria gerado.

Quais características da personalidade realmente importam em determinado contexto e quais dentre elas as pessoas muitas vezes ignoram ou não valorizam? Que falsas suposições as pessoas têm sobre a personalidade? Este capítulo dará a perspectiva dos autores sobre a psicologia padrão da personalidade e alguns dos traços mais comumente discutidos, enquanto o capítulo seguinte, mais especulativo, considerará alguns conceitos de personalidade mais exóticos e menos testados.

Começaremos dissecando o chamado modelo dos Cinco Fatores de personalidade, frequentemente usado pelo capital de risco do Vale do Silício na avaliação de talentos. Observaremos então alguns dos chavões citados excessivamente na mídia para descrever as características necessárias para os trabalhadores do futuro, que, segundo dizem, têm que ser abertos, ousados e audaciosos, seja lá qual for a palavra de ordem do dia. Muitas vezes, essas afirmações estão corretas até certo ponto, mas *apenas dentro de um contexto específico*. Assim, uma das

---

* Habilitação de segurança: status garantido a indivíduos que permite que eles tenham acesso à informação confidencial, isto é, segredos de estado ou áreas restritas após uma completa e minuciosa verificação de antecedentes. [N. da T.]

habilidades essenciais para pensar sobre a personalidade é ser capaz de assumir uma afirmação sobre personalidade e trabalho, e perceber como essa afirmação depende do contexto, não sendo universal.

Os autores colocam sua visão do modelo dos Cinco Fatores da seguinte forma: se você nunca ouviu falar ou sequer trabalhou com ele, pode aprender alguma coisa, mas, ao mesmo tempo, a maioria dos praticantes que o usam ou o citam tende a superestimar sua eficácia e a ignorar suas limitações. Para escrever este capítulo, Daniel e Tyler tiveram que conversar sobre uma ênfase extrema no modelo dos Cinco Fatores. Na verdade, os dois acabaram por não enfatizar a teoria. Daniel se beneficiou de ter uma irmã que é psicóloga e entende os limites da pesquisa de personalidade preditiva. Tyler se beneficiou de ser um economista e saber que a economia é muitas vezes mais arte do que ciência, e normalmente falha em encontrar leis preditivas universais, inclusive na área da personalidade. Depois de dois anos debatendo o modelo dos Cinco Fatores, chegaram a isto.

A Teoria dos Cinco Fatores de Personalidade

A Teoria dos Cinco Fatores visa resumir as personalidades humanas aos seus componentes explicativos mais simples e intuitivamente compreensíveis. A forma dominante dessa teoria, que às vezes é usada para categorizar possíveis contratações, apresenta cinco categorias principais para entender a personalidade: neuroticismo, extroversão, abertura, amabilidade e conscienciosidade. Esses fatores são complexos e sujeitos a muito debate, mas aqui estão algumas definições abreviadas:

Neuroticismo
   Uma tendência geral a sentir emoções e afetos negativos, incluindo medo, tristeza, vergonha, raiva, culpa e nojo.

Extroversão
A alta extroversão se manifestará em termos de uma personalidade extrovertida, amizade e sociabilidade, conversação e um desejo proativo de se envolver com outros indivíduos.

Abertura à experiência
Essa característica envolve mente aberta, vontade de explorar ideias novas e variadas, inclinação experimental, curiosidade e imaginação ativa procurando conceber possibilidades adicionais.

Amabilidade
Alta amabilidade significa um desejo de se dar bem com os outros, ajudá-los, ser solidário e cooperar. Um indivíduo com baixa amabilidade é mais propenso a ser competitivo e contrário.

Conscienciosidade
Indivíduos de alta conscienciosidade têm um grande autocontrole, são muito responsáveis, têm um forte senso de dever e geralmente são bons em planejar e organizar, devido à sua confiabilidade.

Comumente, os capitalistas de risco de ponta, buscando um fundador até então desconhecido, procurarão por alta desagradabilidade e alta abertura. A desagradabilidade motivará o indivíduo a avançar a todo vapor com uma nova ideia, mesmo quando os outros não estão convencidos. A abertura fará com que essa pessoa mais inovadora e mais disposta aceite feedback quando necessário.

Para ser claro, deve-se deixar de lado os julgamentos instintivos sobre quais dessas características de personalidade podem ser "boas" ou "ruins". O neuroticismo pode parecer ruim para você e, em algumas circunstâncias, é — mas não incondicionalmente. Se estiver procurando contratar um ativista em nome da justiça social, alguém que notará as injustiças e depois reclamará delas, neuroticismo pode ser uma característica desejável. Muitos dos movimentos sociais mais importantes da história foram liderados por pessoas que podem ser consideradas altamente neuróticas em termos da Teoria dos Cinco Fatores. Não temos informações formais sobre como classificar, digamos, Joana d'Arc, João Calvino ou Gandhi em termos de suas personalidades, mas parece que eles eram comumente considerados chatos ou indivíduos difíceis. Mais uma vez, o contexto importa. Da mesma forma, muita abertura pode sugerir falta de habilidade para distinguir entre esforços úteis e aqueles que não são úteis, amabilidade pode sugerir falta de profundidade e extroversão ao extremo pode rapidamente se tornar irritante… ou não. Pode-se precisar *terminar* com um julgamento sobre se determinado conjunto de qualidades é desejável para certo trabalho, mas você se prejudicará intelectualmente se *começar* com uma visão predeterminada sobre essas qualidades de personalidade serem boas ou ruins.

Além disso, observe que a Teoria dos Cinco Fatores não enfatiza as questões de motivação. Talvez você conheça pessoas que são muito conscientes ao fazer o que fazem, mas de forma bastante negligente e não confiável. Na verdade, talvez seja você. (Ou os autores? Tyler está muito motivado a procurar concertos de música clássica indiana, mas não a limpar seu escritório. Daniel gosta de participar de maratonas, mas está menos interessado em esperar na fila para comprar ingressos para shows.) Então, sim, a Teoria dos Cinco Fatores é apenas um ponto de partida, e você precisará recorrer ao contexto. Uma das questões mais importantes sobre um indivíduo é como o comportamento dessa pessoa varia em diferentes contextos e, no máximo, a Teoria dos Cinco Fatores o desencoraja a olhar muito de perto esse assunto.

Para que Serve a Teoria dos Cinco Fatores?

Em relação a quão bem a Teoria dos Cinco Fatores de personalidade prevê ganhos, uma resposta comumente aceita é que se você fizer leituras bastante precisas dos Cinco Fatores de personalidade de um indivíduo, poderá prever cerca de 30% da variação nos ganhos entre as pessoas. Em um dos artigos de maior qualidade e mais conhecidos dessa literatura, os cinco grandes traços de personalidade, em conjunto, previram cerca de 32% da variação no sucesso na carreira medida em termos de renda.[1]

Para tornar esse conceito estatístico claro, se uma variável explica totalmente outra (por exemplo, a altura medida em polegadas prevê a altura medida em centímetros *muito* bem), essa variável teria 100% de poder de previsão. Da mesma forma, se uma variável não tem nada a ver com outra, ela teria poder de previsão zero e, portanto, não explicaria nenhuma variação na segunda variável (um exemplo é que o lançamento de uma moeda não viciada não prevê o próximo lançamento). Portanto, prever 32% da variação nos lucros está entre esses dois desempenhos, mas não chega perto de 100%.

Outros trabalhos mais completos nessa área consideram dados da Holanda e usam uma combinação diferente dos cinco fatores da personalidade: extroversão, amabilidade, conscienciosidade, estabilidade emocional e autonomia. Esse trabalho é capaz de explicar cerca de 15% da variação nos lucros, então a estimativa de 32% é provavelmente um limite máximo, pelo menos por enquanto.[2]

Uma maneira de testar essas correlações entre personalidade e ganhos é ver se a personalidade tem um impacto comparável em outras medidas de realização — por exemplo, eminência na ciência. Em um estudo com cientistas, as variáveis de personalidade explicaram até 20% da variação no desempenho, após o ajuste para o potencial científico e a inteligência. Isso não é prova dos resultados de quão bem as variáveis de personalidade predizem os salários, mas mostra uma imagem amplamente consistente sobre o quanto a personalidade se correlaciona com o sucesso humano em dominar e escalar hierarquias externas, sendo essas hierarquias relacionadas à remuneração ou ao reconhecimento científico.[3]

Considerando a Teoria dos Cinco Fatores como um todo, o quanto ela explica os 15% a 32% da variação nos ganhos observados? Isso torna a Teoria dos Cinco Fatores forte ou fraca? Além disso, lembre-se de que você está procurando preencher um trabalho específico, não apenas contratar uma pessoa genérica para um trabalho genérico. Para um trabalho específico, a personalidade pode explicar os ganhos em mais ou menos. Em geral, não se deve ficar obcecado com a Teoria dos Cinco Fatores, mesmo que ela seja um pouco útil.

Para alguns resultados relevantes adicionais, pode-se considerar um artigo de pesquisa recente baseado em dados salariais canadenses. Dos cinco fatores, apenas a conscienciosidade e o neuroticismo são estatisticamente significativos para a previsão de salários. Um aumento de um desvio-padrão em conscienciosidade está associado a um aumento salarial de 7,2% e um aumento de um desvio-padrão no neuroticismo está associado a salários 3,6% mais baixos (novamente, o desvio-padrão é uma medida de variação estatística; consulte o Capítulo 4 ou veja no Google para ter uma explicação). Na visão dos autores, esses resultados dificilmente mostram um desempenho avassalador para as variáveis de personalidade. Estamos de volta à seleção de talentos sendo uma arte tanto quanto uma ciência, no mínimo.[4]

Quanto à confiabilidade desse trabalho: os estudos sobre traços de personalidade e resultados de vida se replicam em um grau razoável (ou seja, refazer os estudos produz aproximadamente as mesmas respostas — algo que infelizmente nem sempre é o caso da pesquisa acadêmica). Um estudo do psicólogo Christopher J. Soto, do Colby College, descobriu que "87% das tentativas de replicação foram estatisticamente significativas na direção esperada". Além disso, os resultados sobre personalidade e ganhos discutidos ao longo deste capítulo foram replicados em experimentos de laboratório em que as pessoas jogam por prêmios em dinheiro. Nesse cenário, o neuroticismo está associado a rendimentos mais baixos e a conscienciosidade, com rendimentos mais altos — ambos resultados consistentes com os resultados dos dados do mercado de trabalho. A principal diferença nos resultados é que, em um cenário experimental, a abertura não está mais correlacionada com os ganhos.[5]

Uma característica interessante desse tópico é que você não precisa ficar muito obcecado se a correlação implica em causalidade. Digamos que todo mundo que apareceu para uma entrevista usando sapatos de bico fino era um candidato altamente produtivo. Você pode contratá-los! Não precisa se preocupar se os sapatos pontudos causam produtividade, a produtividade induz as pessoas a usar sapatos pontudos ou outras variáveis afetam o relacionamento (talvez pais inteligentes mandem seus filhos para boas escolas *e* comprem os sapatos de bico fino). Para os propósitos do livro, a história causal, ou a falta dela, muitas vezes não é de primeira ordem. A principal tarefa é a *previsão* do talento e, nesse sentido, pode-se aprender algo com as correlações sem sempre entender os processos causais subjacentes.

Outro problema é que os traços de personalidade são difíceis de avaliar. Uma triste verdade sobre a psicologia da personalidade é o quanto as variáveis-chave geralmente são medidas simplesmente perguntando às pessoas sobre si mesmas. Uma variável como conscienciosidade, por exemplo, na verdade está se referindo a quão conscienciosa uma pessoa afirma ser quando perguntada em um questionário. Nesse sentido, grande parte da psicologia da personalidade é construída sobre bases relativamente tênues. Muitas vezes, não há uma melhor maneira de proceder, como os pesquisadores lhe dirão, mas isso fornece uma razão adicional para não levar os resultados da psicologia da personalidade tão a sério.

Além disso, mesmo entrevistadores bem treinados nem sempre conseguem adivinhar traços de personalidade nas entrevistas. Portanto, por mais que seja cético em relação aos métodos usados na psicologia da personalidade, você mesmo pode não superar esses exatos métodos. Em um estudo, houve uma correlação modesta entre as avaliações dos entrevistadores e as autoavaliações dos candidatos (0,28), embora os entrevistadores não pudessem avaliar os candidatos tão bem quanto seus amigos íntimos — novamente medindo ambos em relação à autoavaliação da pessoa. Curiosamente, as duas características mais difíceis para os entrevistadores avaliarem foram a conscienciosidade e a estabilidade emocional, provavelmente porque os candidatos gerenciam ativamente essas impressões durante o próprio processo de entrevista. O comportamento fingido em entrevistas é frequente e geralmente não é detectado.[6]

Em particular, quase todo o mundo sabe que deveria tentar fingir conscienciosidade, então essa é uma razão para desconfiar de suas impressões de entrevista. A menos que dedique muito tempo entrevistando as referências, muitas vezes não se tem um bom senso de conscienciosidade antecipadamente; é algo que se descobre depois que a contratação é feita. Por esse motivo, consideramos a "procura de conscienciosidade" superestimada no processo de contratação, mesmo quando ela é importante para o trabalho. Ou, quando a conscienciosidade realmente importa, entreviste também as referências da pessoa, um tópico que será abordado com mais detalhes posteriormente.

A propósito, você deve estar se perguntando por que deve se preocupar com todas essas categorias de personalidade e como elas são medidas. Não se pode ir direto ao genoma humano e determinar cientificamente a partir dele como uma pessoa "é realmente"? Bem, alguns pesquisadores têm tentado fazer exatamente isso, e até hoje não obtiveram sucesso. Um estudo recente concluiu: "As tentativas de identificar variantes genéticas específicas subjacentes à variação hereditária no empreendedorismo até agora não tiveram sucesso." Um dia isso pode mudar, mas, em um futuro próximo, os atalhos genéticos não estão disponíveis e isso torna a arte da seleção de talentos ainda mais importante.[7]

Traços Particulares de Personalidade e Sua Importância

Personalidade, como os traços especificados pela Teoria dos Cinco Fatores, provavelmente importa mais quando se considera fundadores e empreendedores, indivíduos encarregados de criar uma empresa e levá-la até um nível de maturidade. Em primeiro lugar, os riscos são maiores e as altas taxas de fracasso de startups sugerem que nem todo o mundo é bom nesses trabalhos. Esses indivíduos devem mostrar iniciativa e ousadia, e devem querer impor sua vontade ao mundo de alguma forma. Ao mesmo tempo, eles serão chamados a desempenhar e assumir muitas funções diferentes, muitas vezes sem prévio aviso. Eles devem ser flexíveis e engenhosos em um nível muito profundo, abertos de formas críticas, mas também teimosos e inflexíveis, com altos níveis de disciplina quando necessário.

Talvez o desafio mais subestimado de ser fundador venha de ter "pendurado seu nome na porta". Diferentemente de um funcionário, o fundador geralmente extrai seu senso de autoestima pessoal do sucesso de seu empreendimento. Falhas e contratempos são particularmente difíceis quando não há mais ninguém para culpar. Grandes fundadores ganham conhecimento e impulso de forma produtiva com suas experiências, até mesmo com os fracassos, e isso requer muita energia, curiosidade e poder. São características de personalidade bastante complexas — nem sempre são fáceis de identificar e podem ser muito difíceis de encontrar de imediato. Sam Altman, ex-diretor da empresa de capital de risco Y Combinator, tem sua própria opinião sobre as idiossincrasias dos fundadores:[8]

> Procuro fundadores que sejam desconexos e formidáveis ao mesmo tempo (uma combinação mais rara do que parece); orientados para a missão, obcecados por suas empresas, implacáveis e determinados; extremamente inteligentes (necessário, mas certamente não o suficiente); decisivos, rápidos e voluntariosos; corajosos, de alta convicção e dispostos a serem mal compreendidos; comunicadores fortes e oradores contagiantes; e capazes de serem duros e ambiciosos.
>
> Algumas dessas características parecem ser mais fáceis de mudar do que outras; por exemplo, notei que as pessoas podem se tornar muito mais duras e ambiciosas rapidamente, mas as pessoas tendem a ser naturalmente lentas ou rápidas, e isso parece mais difícil de mudar. Ser rápido é uma grande coisa; um exemplo um tanto trivial é que quase nunca ganhei dinheiro investindo em fundadores que não respondem rapidamente a e-mails importantes.
>
> Além disso, parece óbvio, mas os fundadores bem-sucedidos que financiei acreditam que, no fim, terão sucesso.

Claro, devemos olhar além dos fundadores, então podemos ver que uma única dimensão da personalidade é muito mais importante do que as outras em certos contextos. Se você está contratando um caixa, a conscienciosidade dessa pessoa provavelmente é mais importante do que sua curiosidade ou abertura a novas ideias. (Na verdade, a pessoa que é muito aberta a novas ideias pode ficar entediada mais rapidamente com aquele emprego e, portanto, ser um candidato pior.) Você não precisa de um perfil de personalidade completo se está contratando um caixa, mas precisa saber se a pessoa vai aparecer e fazer o trabalho corretamente com uma boa atitude. Por outro lado, os pilotos de caça de elite podem precisar de certa dose de ousadia e bravura. Tom Wolfe, em sua pesquisa sobre tais pilotos, em *Os Eleitos*, citou esta visão: "Caramba, nós não daríamos um centavo por um piloto que não tenha feito algumas corridas loucas [corridas de pega] como essa. É tudo parte das qualidades necessárias." Você quer que esses indivíduos apareçam para a batalha em perfeita forma, mas em alguns aspectos eles se desviarão muito da compreensão clássica da conscienciosidade.[9]

Talvez o melhor e mais preciso estudo que temos para psicologia da personalidade e ganhos se concentre no topo da distribuição de QI, mas os dados e os métodos são bons, então vamos dar outra olhada em um estudo que já mencionamos no capítulo da inteligência. Miriam Gensowski, da Universidade de Copenhague, revisou um conjunto de dados escolhidos entre estudantes da Califórnia do 1º ao 8º ano de 1921 e 1922, abrangendo alunos a partir de 0,5% da distribuição de QI (pontuações de 140 ou mais, cobrindo 856 homens e 672 mulheres). Os alunos também foram avaliados em seus traços de personalidade, em linhas semelhantes às da Teoria dos Cinco Fatores, como abertura à experiência, à conscienciosidade, à extroversão, à amabilidade e ao neuroticismo. Sim, 1921-1922 foi há muito tempo, mas significa que temos dados muito bons sobre os resultados finais da carreira, até 1991 (isso também significa que os autores se concentraram nos homens, porque os mercados de trabalho para as mulheres mudaram muito em termos de oportunidades e discriminação).[10]

Um resultado importante nesse conjunto de dados foi que a conscienciosidade realmente importava para os ganhos. Os homens que mediram um desvio-padrão maior em conscienciosidade ganharam em média US$ 567 mil a mais ao longo de suas carreiras, o que equivale a 16,7% de ganhos médios mais altos ao longo da vida (embora não tenhamos certeza de que seja uma relação causal).

A extroversão também está correlacionada com ganhos mais altos. Os homens que eram mais extrovertidos em um desvio-padrão ganharam, ao longo de suas carreiras, US$ 491.100,00 a mais. Além disso, o prêmio de ganhos com a extroversão foi o mais alto para os homens com maior instrução.

Quanto à amabilidade, verifica-se que os homens mais agradáveis nesse conjunto de dados ganhavam significativamente menos.

Ser um desvio-padrão maior na amabilidade está correlacionado com uma redução nos ganhos ao longo da vida de cerca de 8% ou US$ 267.600,00. Embora esse resultado seja confirmado apenas para indivíduos de alto QI na Califórnia em um período específico do século XX, é amplamente consistente com os resultados de outros estudos, alguns dos quais já citados aqui. Essas pessoas podem não ser agressivas o suficiente para lutar contra as adversidades e progredir, preferindo seguir o fluxo.

Além disso, um estudo sistemático de propostas de capital de risco produziu resultados semelhantes em geral sobre amabilidade. O estudo analisou 1.139 propostas de capital de risco de 2010 a 2019, usando técnicas de aprendizagem automática para categorizar os estilos das propostas. O principal resultado foi que os capitalistas de risco gostam de ouvir argumentos muito positivos e otimistas, mas as pessoas que fazem esses discursos têm um desempenho inferior quando se trata de resultados reais. Portanto, não se deixe influenciar pela amabilidade, porque muitas vezes ela não cumpre suas promessas. Os fundadores desagradáveis, que dirão que você entendeu tudo errado, que o mundo está muito ferrado e no caminho errado, podem acabar se saindo melhor.[11]

Esses dados mostram outra característica interessante: quando a personalidade importa (em termos correlatos) e quando não. Os traços de personalidade se correlacionam mais fortemente com a renda a partir dos trinta anos e as correlações atingem o pico com força entre 40 e 60 anos, após as correlações diminuírem consideravelmente. Não temos certeza de como interpretar esses resultados, mas uma especulação é que leva um tempo para que seus traços de personalidade mais marcantes floresçam (ou apodreçam?) completamente, e também que há uma eventual perda de personalidade com extrema maturidade.

Como o estudo de Gensowski se concentra apenas em indivíduos com alto QI, vale a pena considerar outros resultados para ver se eles são amplamente consistentes. Por exemplo, um estudo bem conhecido com gêmeos idênticos finlandeses descobriu que o mais extrovertido ou o mais consciencioso deles tende a ganhar mais — cerca de 8% mais para um aumento de um desvio-padrão nesses traços de personalidade. Além disso, o mais neurótico dos dois tende a ganhar menos. O neuroticismo prejudica os ganhos em parte porque os indivíduos mais neuróticos parecem ter mais dificuldade em permanecer no mesmo emprego por tempo suficiente para adquirir experiência e subir na carreira. Uma diferença de um desvio-padrão na pontuação de neuroticismo tende a reduzir os ganhos esperados em cerca de 8%.[12]

Esses resultados são amplamente consistentes com a literatura como um todo. É um resultado comum, por exemplo, que a alta conscienciosidade prediz o sucesso na carreira, assim como o baixo neuroticismo, a baixa amabilidade e a alta extroversão. Mas tenha em mente que esse contexto é importante quando se trata da maioria das decisões de contratação. É improvável, por exemplo, que a baixa amabilidade seja positiva para todos os trabalhos, e talvez não seja positiva para a maioria deles.[13]

A pesquisa sobre personalidade produziu alguns resultados incompletos sobre quais fatores de personalidade são mais úteis para cada tipo de trabalho. Essas correlações em geral não foram confirmadas por meio de uma replicação confiável, mas são interessantes como resultados parciais ou especulações. Em um estudo, por exemplo, os pesquisadores analisaram os cadetes da Academia Militar dos Estados Unidos e descobriram que a média de notas prediz a promoção precoce melhor do que a capacidade cognitiva. Isso vale para um período de 16 anos.[14]

Os pesquisadores resumem alguns resultados adicionais como segue:[15]

> Para os profissionais, apenas as escalas de Conscienciosidade parecem ser preditivas do desempenho geral no trabalho. Da mesma forma, para trabalhos de vendas, apenas a Conscienciosidade e suas facetas de realização, a confiabilidade e a ordem predizem bem o desempenho geral. Para empregos qualificados e semiqualificados, além da Conscienciosidade, a Estabilidade Emocional parece prever o desempenho. Para policiais e outros agentes da lei, Conscienciosidade, Estabilidade Emocional e Amabilidade são características pessoais úteis. Em trabalhos de atendimento ao cliente, todas as dimensões dos Cinco Fatores preveem o desempenho geral do trabalho. Por fim, para os gerentes, as facetas da Extroversão, dominância e energia, e as da Conscienciosidade, realização e confiabilidade são preditivas. Assim, diferentes conjuntos de variáveis de personalidade são úteis para prever o desempenho no trabalho para diferentes grupos ocupacionais.

Há ainda outro resultado específico que é fácil de acreditar: o carisma é importante para os CEOs, mas não para os Diretores Financeiros, com os Diretores de Operações ficando como um caso intermediário. Ainda outro artigo comparou os colaboradores do GitHub com jogadores de tênis, usando uma análise linguística. (GitHub é uma instituição, agora parte da Microsoft, que permite que indivíduos publiquem uma espécie de currículo de suas realizações de programação). Acontece que os colaboradores do GitHub têm alta abertura e pouca conscienciosidade, amabilidade e extroversão, enquanto os tenistas bem-sucedidos eram exatamente o oposto para cada característica. Uma olhada na literatura sobre o pessoal de emergência e ocupações de alta confiabilidade (por exemplo, piloto de avião, militares) recomenda alta extroversão, alta conscienciosidade e baixo neuroticismo para esses trabalhos.[16]

Quanto ao que prevê o sucesso na ciência, medido por publicações e citações (diferente dos ganhos), os cientistas como um todo são conscienciosos, orientados para a realização, emocionalmente estáveis e com baixo nível de neuroticismo em comparação com a população em geral. Nada disso é uma grande surpresa. Curiosamente, cientistas ilustres são mais propensos a serem dominantes, arrogantes, hostis e autoconfiantes em comparação com os cientistas no geral. Eles também são mais flexíveis em pensamento e comportamento do que os cientistas de menor reconhecimento. Isso é consistente com a visão mais geral dos autores (apresentada com mais detalhes em breve) de que a conscienciosidade pode ser mais importante para tarefas de menor importância e menos importante para cargos de liderança.[17]

Por sua conta e risco, é claro, ainda assim esses são pontos de partida para sua própria reflexão e busca de talentos. Finalmente, gostaríamos de enfatizar um aspecto muito básico sobre a importância da boa ética e da honestidade. Podemos voltar a Marc Andreessen, que oferece um dos melhores e menos incertos conselhos de contratação que você pode encontrar:

> Ética é difícil de *testar*.
>
> Mas preste atenção em *qualquer* sinal de ética questionável no histórico ou nas referências de qualquer candidato.
> E evite a qualquer custo.
>
> Pessoas antiéticas são antiéticas por natureza, e as chances de uma conversão metafórica na prisão são muito baixas.

Esse conselho é tão universal porque a má ética no local de trabalho pode se espalhar como um câncer. O pessoal ético sentirá repulsa pelo comportamento do contratado antiético. E as pessoas antiéticas que você tem por perto — provavelmente contratou algumas — encontrarão razão para se comportar cada vez pior. Há pouca vantagem em contratar uma pessoa antiética e quanto mais talentosa essa pessoa for, mais problemas ela acabará trazendo (com uma pessoa antiética incompetente, talvez o descontentamento se espalhe menos).

Um estudo sobre o assunto considerou 58.542 trabalhadores e descobriu que cerca de um em cada 20 acaba sendo demitido por ser um "trabalhador tóxico". A toxicidade é definida em termos de comportamentos como assédio sexual, violência no local de trabalho, falsificação de documentos, fraude e outros casos "notórios" de mau comportamento no trabalho. Infelizmente, trabalhadores tóxicos encorajam outros a serem tóxicos também. Em parte por causa do efeito de contágio, parece que os custos de ter um único trabalhador tóxico são maiores do que os benefícios de substituir um trabalhador médio por um superstar. Claro, a busca de talentos não é apenas encontrar as estrelas; trata-se também de evitar os limões.[18]

O principal cenário em que a contratação de uma pessoa antiética faz sentido é quando você mesmo tem um modelo de negócios fundamentalmente antiético. Mas nesse caso ou autores não querem dar conselhos a você.

Em Quais Contextos a Conscienciosidade é Superestimada?

A conscienciosidade é, dos cinco fatores, a melhor estimativa do desempenho geral do trabalho.[19] No entanto, existem algumas razões pelas quais você deve suspeitar da conscienciosidade como um objetivo final e razão de ser para a procura de emprego.

Primeiro, como foi discutido no capítulo sobre a inteligência, as habilidades não cognitivas tendem a ser mais importantes para os que ganham menos. Em essência, parece que a conscienciosidade está correlacionada com as pessoas estarem empregadas, o que é bom, mas não ajuda muito nas perspectivas de subir para os escalões de maiores ganhos. Como observado, no décimo inferior dos assalariados, as habilidades não cognitivas importam duas vezes e meia a quatro vezes mais do que as habilidades cognitivas, mas para a população em geral (com base em dados da Suécia), um aumento de um desvio-padrão na capacidade cognitiva está associado a um ganho salarial maior do que um aumento de um desvio-padrão nas habilidades não cognitivas. Em níveis mais elevados de rendimentos, a relação entre a capacidade cognitiva e os salários torna-se cada vez mais significativa.[20]

Em segundo lugar, a conscienciosidade pode acabar distribuída em lugares errados ou, pelo menos, em lugares onde você, como empregador, pode não querer, assim como mencionamos anteriormente com a questão da motivação. Um novo contratado pode ser muito consciencioso no que diz respeito a montar sua coleção de mangás, assistir a todos os concertos de música eletrônica locais ou nadar por duas horas todos os dias. O escritor Vikram Seth disse que acabou escrevendo sua obra-prima, *Um Rapaz Adequado*, porque não teve conscienciosidade suficiente para terminar seu Ph.D. em economia em Stanford. Mas isso aponta a necessidade de fazer a pergunta "Conscienciosidade *para quê*?", ele terminou um romance muito longo (e obras subsequentes), trabalhou muito em sua qualidade e o livro passou a ser um best-seller, assim como um clássico literário. Como disse Seth: "A obsessão me faz continuar." Ele acabou desenvolvendo a obsessão *correta* e acrescentou trabalho duro a disso.[21]

É uma triste verdade que as responsabilidades do trabalho e as responsabilidades familiares podem entrar em conflito. Indiscutivelmente, muitos artistas no topo negligenciam suas famílias ou estão um pouco distantes delas. Como chefe ou selecionador de talentos, o que exatamente você está procurando? Não presumimos oferecer o julgamento ético correto aqui, mas a conscienciosidade nem sempre opera em seu favor comercial, nem sempre estimula o talento extremo nos níveis mais altos de desempenho.

Outra possível desvantagem é que algumas pessoas conscienciosas mantêm o trabalho porque gostam do processo de trabalho familiar por si só. Isso as mantém no caminho certo e tem algumas vantagens, mas outras acabam acumulando trabalho em prol de si mesmas e deleitando-se com a satisfação do processo em si. As tarefas acabam levando mais tempo, mesmo que você observe a pessoa trabalhando diligentemente o tempo todo. A longo prazo, sua organização pode se tornar menos dinâmica e mais burocrática, em parte porque as pessoas estão fazendo exatamente o que lhes foi dito que fizessem.

O conceito de "comportamento externalizante", isto é, direcionar emoções e motivações para fora, está ligado à agressividade e à hiperatividade, e muitas vezes isso é uma coisa ruim. No entanto, para muitos indivíduos, especialmente para muitos homens, tal comportamento externalizante prevê ganhos mais elevados e você pode considerar esses pontos como relacionados às virtudes da desagradabilidade. Para esses homens, o comportamento externalizante prevê tanto menor nível educacional quanto maiores rendimentos; em outras palavras, nem sempre buscam um desempenho superior na escola. John Lennon era um escritor talentoso, além de músico brilhante, e eficaz como comerciante e celebridade da mídia, mas também em sua juventude foi um bêbado e um valentão agressivo. Não é por acaso que depois que os Beatles se separaram, ele escreveu a música "How Do You Sleep?", eviscerando seu ex-colega de banda e colaborador Paul McCartney. No entanto, Lennon foi uma das estrelas musicais de maior sucesso do século XX.[22]

A busca por um estranho rebelde e desagradável também é comum em empresas de risco. Marc Andreessen, da Andreessen Horowitz, procura traços semelhantes, embora com um ar próprio de forasteiro. O utensílio de Andreessen é um pouco mais dopaminérgico. Um famoso notívago, ele é alguém que fala rápido, come rápido e tenta mudar a realidade mais rápido do que o universo permite. Ele é igualmente alegre e zangado ao mesmo tempo, incorporando contradições de uma maneira que parece comum entre os maiores talentos do capital de risco. Observe que Marc está junto com Ben Horowitz na empresa Andreessen Horowitz. Enquanto Marc é animado e exuberante, Ben parece mais quieto, mais estabelecido e corporativo em sua orientação. A mistura funciona, em parte porque eles confiam muito um no outro e podem ler os sinais um do outro em um milissegundo. A pessoa normal e conscienciosa não é exatamente sua escolha típica para o sucesso; em vez disso, eles estão procurando pessoas que são verdadeiras discrepâncias.[23]

Observe também que a conexão entre conscienciosidade e cooperação parece ser baixa ou talvez zero em alguns conjuntos de dados, como discutimos no Capítulo 4. Se em um esforço de equipe a conscienciosidade não alimenta a cooperação, e pode ser menos valiosa do que se pensava. O trabalhador consciencioso ainda pode chegar na hora e realizar algumas tarefas básicas, mas a vantagem do trabalho em equipe resultante será limitada. Uma razão pela qual a conscienciosidade pode ter um desempenho tão ruim na previsão de cooperação é que ela tem inúmeras facetas e uma delas é uma espécie de *cautela*. Em alguns cenários, a cautela pode induzir os indivíduos a cooperar menos, por medo de que outros não cooperem também ou talvez porque o ato cooperativo seja um desvio de um programa definido e conhecido. Muitos exemplos de cooperação do mundo real exigem um comportamento proativo e, de fato, ousadia, e a pessoa consciencinosa nem sempre é a ousada.

Veja uma comparação útil para desafiar seu pensamento sobre a conscienciosidade. Você conhece a nação trabalhadora da Coreia do Sul, que passou da pobreza à riqueza em menos de duas gerações? No entanto, se formos classificar os trabalhadores, nação por nação, de acordo com sua conscienciosidade relatada, a Coreia do Sul — surpreendentemente, para muitas pessoas — virá em penúltimo lugar. No entanto, se classificar as nações por horas de trabalho, a Coreia do Sul virá em primeiro lugar. "O que isso quer dizer?", as métricas são inúteis? Ou talvez os sul-coreanos trabalhem duro por causa de dinheiro e pressões sociais, e não por causa de características inatas? De maneira mais geral, se observarmos a tabela de classificação de todas as nações medidas, não há correlação positiva entre conscienciosidade e horas trabalhadas; de fato, há uma (estatisticamente insignificante) correlação negativa. Ou seja, isso pode significar que a conscienciosidade não é tão útil quanto se poderia ter pensado. Talvez você queira alguns trabalhadores que não sejam tão conscienciosos, mas que respondam prontamente aos incentivos e acabem fazendo o que você manda. Caso o não consciencioso possa imitar o comportamento do consciencioso, pelo menos nas circunstâncias certas, talvez a conscienciosidade nem sempre seja a melhor variável a ser procurada. Pode até incorporar certa falta de flexibilidade.[24]

Para aumentar ainda mais o seu ceticismo, outro estudo recente não encontrou conexão entre a conscienciosidade e a prática do uso de máscaras durante a pandemia de coronavírus na Espanha. Talvez haja algo de errado com esses estudos, mas uma possibilidade alternativa é que o conceito da pesquisa de conscienciosidade tenha sido tão refinado que seja replicável ao longo do tempo e em diferentes métodos de avaliação, mas no processo tornou-se um tanto desconectado da compreensão do senso comum desse termo.[25]

Às vezes, os líderes das organizações podem ter conscienciosidade demais. Não estamos dizendo que todos esses líderes precisam ser vigaristas, mas as habilidades de liderança geralmente envolvem uma combinação de criatividade, ousadia e capacidade de reimaginar o futuro arriscado, e essas não são necessariamente as características encontradas nas pessoas que marcam o relógio prontamente todos os dias. Elon Musk teria tido menos problemas se não tivesse fumado um baseado na transmissão de vídeo ao vivo do *podcast* de Joe Rogan, mas um Elon Musk mais tranquilo provavelmente não teria construído a SpaceX e a Tesla com o mesmo fervor. Às vezes, são os líderes que precisam decidir quando as regras podem ser quebradas ou, pelo menos, dobradas. Consistentes com essa visão, metaestudos sugerem que a conscienciosidade é menos importante como previsão de sucesso no trabalho para tarefas mais complexas e cargos de nível superior.

Os autores se perguntam se a conscienciosidade é um pouco superestimada para líderes e criadores, e talvez um grau de neuroticismo seja um pouco subestimado como uma correlação com o desempenho no trabalho. É um tema recorrente deste livro o fato de que o que prediz bem para o trabalhador mediano nem sempre é o que prediz bem para os melhores e as estrelas.[26]

Finalmente, e talvez o mais importante, como empregador em potencial, você não está necessariamente querendo prever o salário de um indivíduo em si, pelas razões explicadas no capítulo anterior. Digamos, por exemplo, que ser consciencioso explique boa parte do salário em seu setor específico e que você saiba disso com certeza. Mas ainda é o caso de você, como empregador, não querer necessariamente contratar indivíduos com altos salários por si só; em vez disso, deseja contratar indivíduos *subvalorizados*. E não há muita pesquisa séria na Teoria dos Cinco Fatores para ajudá-lo a identificar esses indivíduos, em parte porque é difícil medir a verdadeira contribuição líquida de um indivíduo para os lucros, que é relativa ao salário que você deve pagar. Acima de tudo, a ideia de contratar indivíduos conscienciosos ou trabalhadores dificilmente é nova; portanto, se houvesse alguma qualidade que se refletisse no salário de mercado de um indivíduo, seria esperado que conscienciosidade e ser um trabalhador esforçado estivessem entre elas. A conscienciosidade, em essência, é muito fácil e uniformemente valorizada no mercado.

A Importância da Disposição

Achamos útil contrastar os conceitos de conscienciosidade, determinação e o que chamamos de *disposição*. Vemos a disposição como um dos grandes conceitos subestimados para a busca de talentos, especialmente quando se procura profissionais de alto desempenho, líderes e grandes realizadores.

Sobre disposição, o economista Robin Hanson escreveu: "Foi só aos meus trinta e poucos anos que finalmente pude ver de perto algumas pessoas muito bem-sucedidas por tempo suficiente para perceber um padrão forte: os mais bem-sucedidos têm muito mais energia e disposição do que outros... Acho que isso ajuda a explicar muitos casos de 'por que esse jovem prodígio brilhante não teve sucesso?' Muitas vezes ele não tinha disposição ou a vontade de aplicá-la. Conheço muitas pessoas assim."[27]

Robin também aponta que muitas profissões de alto status, como medicina, direito e setor acadêmico, colocam os mais jovens talentos em testes de disposição bastante brutais nos primeiros anos de suas carreiras. Em essência, eles estão testando para ver quem tem a disposição necessária para a conquista subsequente. (Você pode achar que esses testes são de certa forma um desperdício, mas, ainda assim, tais testes parecem sobreviver em alguns ambientes muito competitivos.) Políticos bem-sucedidos são outro grupo que parece exibir níveis de disposição muito altos — muitos deles parecem nunca se cansar de apertar mãos, conhecer novas pessoas e promover suas candidaturas. Portanto, se encontramos um indivíduo que exibe disposição, aumenta imediatamente a chance de essa pessoa ter um grande impacto e de que ela será capaz de investir em retornos compostos em aprendizado e aprimoramento ao longo do tempo.

Bob Dylan é um bom exemplo de indivíduo famoso que tem uma disposição incrível. Ele estudou música folk e blues obsessivamente desde a adolescência, e lançou dezenas de álbuns ao longo de um período de quase 60 anos, dominando tanto guitarra folk quanto letras, experimentando vários estilos que vão do folk ao rock, pop, gospel, blues e padrões populares norte-americanos. Ele estrelou ou atuou em vários filmes, trabalhou como DJ para rádio via satélite (escolhendo excelente material), escreveu um livro de memórias interessante, ganhou um Prêmio Nobel de literatura, publicou 8 livros de desenhos e pinturas, teve exposições em grandes galerias de arte e parece estar em turnê constantemente há décadas (a "Never Ending Tour"), nas décadas de 1990 e 2000, muitas vezes fazendo 100 ou mais shows por ano. Ele continua com os shows (pelo menos pré-Covid), mesmo tendo feito 80 anos em 2021. Você pode ou não amar o trabalho dele, mas ele é um cara que tem disposição, e causou um grande impacto tanto na música quanto no mundo em geral.

Ou considere John le Carré, autor de thrillers de espionagem. O repórter John Leen do *Washington Post* passou duas semanas com ele em Miami, investigando a cena do crime local com a ajuda de le Carré. No final dessa parceria temporária, escreveu: Fiquei atônito com sua energia, sua garra, sua capacidade de ir lá todos os dias e passar horas em entrevistas, almoços, jantares. Tenho pouco mais da metade da idade dele e estava exausto. Ele nunca parecia cansado, nunca deixou de ser perspicaz e intenso. E já tinha meia dúzia de best-sellers número 1 e mais dinheiro do que poderia gastar. Por que ele queria ou precisava de outro? O que o mantinha lá fora, qual era o motor que impulsionava tudo isso?"[28]

Às vezes a literatura fala de "determinação", mas achamos que "disposição" seja um termo mais preciso. A determinação, às vezes, é definida como "paixão e perseverança por objetivos de longo prazo de significado pessoal", mas isso envolve duas dimensões, a paixão e a perseverança. Além disso, acaba que a determinação está fortemente correlacionada com a conscienciosidade. A única característica da coragem que ainda parece importar estatisticamente, depois de ajustada pela conscienciosidade, é a perseverança do esforço, não a paixão. Esse resultado está próximo do que estamos chamando de disposição, e assim esse conceito parece transcender a conscienciosidade e ser a porção mais relevante da determinação. De preferência, o que você quer é uma conscienciosidade direcionada ao tipo de prática focada e, portanto, um aprendizado composto que aumentará a inteligência no trabalho.[29]

Mesmo para o que são empregos supostamente "não qualificados" (é um termo que em geral os autores não endossam), a disposição realmente pode importar. Considere Dworsky, um vendedor de outra empresa no escritório pré-pandemia de Daniel em São Francisco. Durante o *lockdown*, um colega pediu a Dworsky que cuidasse de uma planta; ele respondeu regando todas as sessenta plantas do escritório todas as manhãs. Em segredo. Era exatamente o tipo de coisa que ele se sentia compelido a fazer, por razões que tinham a ver com sua motivação intrínseca. As pessoas da Pioneer chamam isso de "força de Dworsky", porque a musculatura padrão é tão forte que se faz muito sem perceber que é muito. Nesse caso, todas essas plantas acabaram sendo regadas. Não importa qual seja o nível da contratação, procure a força de Dworsky.

Como a disposição pode ser muito importante e porque ela pode ser tão difícil de perceber em uma interação curta, esse é mais um motivo para entrevistar as referências de uma pessoa. Lembra-se do ditado "A personalidade é revelada nos fins de semana"? Bem, as referências de uma pessoa geralmente têm uma boa ideia do que ela faz nos fins de semana ou dias da semana. Um julgamento de disposição em particular pode exigir observação por longos períodos de tempo e, portanto, suas habilidades como entrevistador precisam ser multifacetadas e direcionadas às referências também.

PARA QUE SERVE A PERSONALIDADE? PARTE DOIS: ALGUNS CONCEITOS MAIS EXÓTICOS

A Teoria dos Cinco Fatores da personalidade oferece um guia geral para começar a pensar sobre a personalidade — e também é um conjunto de pesos e contrapesos, caso sua intuição se empolgue demais com sua própria teoria favorita do que realmente importa. Mas há ainda outro uso da psicologia da personalidade: a saber, uma forma de desenvolver uma linguagem comum para que você e sua equipe possam discutir e avaliar afirmações sobre personalidade. Os autores sugerem usar a Teoria dos Cinco Fatores dessa maneira. Ao contratar ou procurar talentos, fazer entrevistas ou conhecer possíveis parceiros, pergunte à sua equipe como os candidatos individuais se saem nessas categorias. Isso dará uma visão muito rápida dos pontos fortes e fracos da pessoa e uma estrutura para comparar um candidato com outro e combinar candidatos com as qualidades exigidas para trabalhos específicos. A Teoria dos Cinco Fatores é, portanto, um *ponto de entrada* para falar e pensar sobre as pessoas, não uma teoria abrangente de quanto as pessoas ganharão ou uma fórmula clara para avaliar seu valor criativo.

Acima de tudo, a Teoria dos Cinco Fatores é útil porque é uma linguagem "complexa", que seus colegas de trabalho podem adotar, compartilhar, enfim, inovar. As cinco categorias fazem sentido intuitivo para a maioria das pessoas e são capturadas em palavras e frases fáceis de lembrar. O simples fato de ter uma linguagem tão comum no processo de contratação ou busca de talentos é a maior parte do valor do conceito.

Muitos pesquisadores criticaram ou tentaram revisar o modelo dos Cinco Fatores. Por exemplo, foi argumentado que existe um sexto fator culturalmente específico que é relevante para o Leste Asiático e especialmente para a China: o fator tradição. Além disso, existem inúmeras variantes da teoria, algumas incluindo até dezesseis fatores básicos de personalidade; é claro, quanto mais fatores você adicionar à sua teoria básica, mais casos diferentes poderá cobrir e mais poder explicativo poderá gerar.[1]

Mas o objetivo aqui é mais simples, ou seja, criar a estrutura adequada para o discurso na sua equipe, apresentar os fatores que podem ser importantes *para você*. Mesmo que um modelo de dezesseis fatores "preveja melhor" ou seja mais útil em alguns cenários de pesquisa, provavelmente não é possível para a sua equipe se lembrar de todos eles (repita depois de mim, como uma espécie de trava-línguas, de preferência sem pausa ou consultando suas anotações: abstração, apreensão, domínio, estabilidade emocional, vivacidade, abertura à mudança, perfeccionismo, privacidade, raciocínio, consciência das regras, autoconfiança, sensibilidade, ousadia social, tensão, vigilância e receptividade). Eles não se tornarão um modo comum de discurso e tal teoria da personalidade, para aqueles que trabalham com você, parecerá mais um fardo cognitivo do que qualquer outra coisa. E além disso: por que dezesseis? Por que não dezessete, dezoito ou mais? Por que não uma lista separada para cada cultura e região?

Dito isso, ter a linguagem comum da Teoria dos Cinco Fatores para discussões de personalidade ajudará sua equipe a criar conceitos que talvez não sejam de uso geral, mas sejam relevantes para o setor ou a instituição em que trabalha. Se você está envolvido no trabalho de programação, por exemplo, pode procurar formas mais específicas de introversão que prevejam a capacidade de um indivíduo de se trancar em uma caverna por alguns dias para cumprir um prazo de programação — os autores chamarão isso de "morlockismo"* em homenagem aos personagens do romance de H. G. Wells, A *Máquina do Tempo*. Você pode ter uma noção do morlockismo de um candidato a partir de um tempo de tela bom e entrevista, mas os autores duvidam que terá poder explicativo em uma regressão de ganhos de forma ampla, e isso não forçará a criação de um sexto fator importante para a teoria. No entanto, para alguns empregadores o conceito é importante.

Para voltar ao ponto geral, a teoria da personalidade, em seus diversos disfarces, é uma ferramenta para mobilizar e comunicar o conhecimento disperso a ser encontrado em sua rede de contratação. Então, se você vai modificar a Teoria do Cinco Fatores ou adicioná-la, pense mais em termos de uma linguagem útil para sua equipe, em vez de tentar refletir, replicar ou antecipar os resultados acadêmicos mais recentes.[2]

Se procura um paralelo na economia acadêmica, considere a análise do economista Israel Kirzner sobre empreendedorismo, como descrito em seu livro de 1973, *Competição e Atividade Empresarial*. Kirzner enfatizou o "alerta" empresarial como uma variável-chave por trás das boas decisões econômicas, e aqui tenha em mente o alerta para o talento dos outros. Para Kirzner, o alerta é um tipo de *insight* que

---

* Morlocks: seres humanoides que vivem nos subterrâneos do ano 8.028. São descendentes dos seres humanos que se abrigaram no subterrâneo após uma guerra nuclear que devastou o mundo. São criaturas muito pálidas devido à falta de melanina, sensíveis à luz do sol e quase cegas. [N. da T.]

não pode ser reduzido a mero trabalho pesado ou pesquisa deliberativa, mas reflete uma habilidade especial de percepção, não redutível a regras formais. Mas de onde vem esse alerta? Você precisa ter algumas categorias potenciais em mãos, mesmo que acabe rejeitando essas categorias como explicações universais. O alerta de talentos deriva de ter uma ampla variedade de matrizes conceituais, resultados empíricos e regularidades à sua disposição. Quanto mais ampla e melhor sua caixa de ferramentas, mais provável é o momento "aha!" quando está procurando por talento.

No capítulo anterior foi mencionada a resistência como uma categoria útil para análise. Aqui estão mais algumas categorias de personalidade de uso ou de interesse para melhorar o discurso de contratação, dentro do contexto do que os autores estão tentando realizar em seus diversos projetos.

Retornos Compostos para Autoaperfeiçoamento

De acordo com a importância da disposição, conforme discutido no capítulo anterior, observe se uma pessoa mostra sinais de melhora cada vez que você se encontra com ela. A pessoa tem uma obsessão com o autoaperfeiçoamento contínuo? Voltemos novamente às palavras do capitalista de risco Sam Altman:

> É mais fácil se você encontra as pessoas pessoalmente, várias vezes. Se encontra alguém três vezes em três meses e nota uma melhora detectável a cada vez, preste atenção nisso. A taxa de melhoria é muitas vezes mais importante do que a capacidade absoluta atual (em particular, os fundadores mais jovens às vezes podem melhorar muito rapidamente).[3]

O poder dos retornos compostos é importante para o talento humano, assim como para o seu portfólio de ações. Se uma pessoa melhora, digamos, apenas 1% ao ano em termos de produtividade, levará cerca de 70 anos para que a produtividade dela dobre. Provavelmente você não pode esperar tanto tempo, e talvez uma mera duplicação não seja tão impressionante de qualquer maneira. Para essa pessoa, não há nada a se esperar. Mas digamos que uma pessoa possa melhorar 35% ao ano. Isso é difícil para muitas, mas dificilmente é utópico, sobretudo para as que são jovens e/ou intelectualmente flexíveis da maneira certa. Essas pessoas dobrarão em produtividade a cada dois anos. E se a produtividade delas dobra a cada dois anos, serão dezesseis vezes mais eficazes depois de apenas oito anos. É assim que os retornos compostos funcionam. A princípio, o poder do efeito parece relativamente pequeno, mas com o passar do tempo os retornos compostos são altamente significativos.[4]

Você pode pensar que outros avaliadores já entendem o poder dos retornos compostos para o autoaperfeiçoamento, mas há boas evidências de que a maioria das pessoas não pensa muito efetivamente em termos de processos exponenciais. Se uma economia cresce a uma taxa ligeiramente mais alta do que outra, digamos, mesmo um único ponto percentual, depois de algumas décadas a economia de crescimento mais rápido é *muito mais* próspera. No início da pandemia, muitas pessoas, incluindo estrategistas políticos, negligenciaram o perigo representado pelo novo coronavírus porque não eram bons em pensar em termos exponenciais. O número de infecções estava crescendo rapidamente, talvez dobrando a cada cinco a sete dias. Quando esse é o caso, pensar que "as coisas parecem bem agora" simplesmente não é uma avaliação de saúde pública. A realidade é que perdemos tempo em nossos preparativos, sem perceber o quão rápido e poderoso esse processo exponencial viria sobre nós.

Uma de suas habilidades mais importantes como avaliador de talentos é desenvolver um senso de quando as pessoas estão se movendo ao longo de uma curva de retorno composto ou não. Grande parte da teoria da personalidade se concentra na observação de níveis ou graus absolutos de traços de personalidade. Em vez disso, você deve se concentrar na possibilidade de a pessoa experimentar taxas positivas de mudança para dinamismo, intelecto, maturidade, ambição, resistência e outras características relevantes.

Se você está contratando um escritor, procure sinais de que a pessoa escreve literalmente todos os dias. Se está contratando um executivo, tente discernir o que ele faz o *tempo todo* para melhorar suas habilidades de *networking*, tomada de decisão e conhecimento dos setores em que trabalha. Em geral, quão aberta é uma pessoa a absorver novas ideias? E receber feedback crítico? Montar grupos pequenos e resilientes de colegas que motivarão, informarão e orientarão o candidato, esperando serviços semelhantes em troca? Mais uma vez, não pense apenas em termos de níveis de capacidade atual, porque ao longo do tempo as taxas de mudança muitas vezes provam ser mais importantes. Pense em termos de trajetórias. Quando se trata de um candidato a emprego ou bolsa, pense na curva de desenvolvimento da pessoa e se o candidato está realmente comprometido com o autoaperfeiçoamento consistente e perpétuo, como se pode esperar de um atleta ou um músico de ponta.

Como mencionado na introdução, uma pergunta que Tyler gosta de fazer é: "O que você faz para praticar que é análogo a um pianista praticando escalas?", Tyler gosta de pensar em muitos empregos da maneira como um músico ou um atleta profissional achariam natural. Ao fazer essa pergunta, você descobre o que a pessoa está fazendo para alcançar uma melhoria contínua e, como observado anteriormente, você mesmo pode aprender alguns truques. Você também aprende como a pessoa *pensa* sobre autodesenvolvimento contínuo, muito além dos hábitos particulares em que se envolvem. Se uma pessoa não parece pensar muito em autoaperfeiçoamento, ainda pode ser uma boa contratação, mas é melhor que se fique bastante satisfeito com o nível de experiência demonstrado atualmente.

Em resposta a essa pergunta, algumas boas respostas podem ser: "Dou palestras práticas para meus amigos para aprimorar minhas habilidades de fala", "Eu pratico em problemas de programação obscuros sem aplicações práticas apenas para manter minhas habilidades atualizadas" ou "Estou aumentando meu conhecimento em uma área muito pequena da ciência apenas para descobrir o que significa aprender algo realmente bem e completamente." Uma resposta ruim é um simples "não sei".

Aqui estão algumas outras categorias que os autores consideram úteis para pensar em possíveis contratações e afiliações.

Constância

Constância é a qualidade de realizar o trabalho todos os dias, com extrema regularidade e sem longos períodos de não realização. A constância parece ser especialmente valiosa em pessoas que trabalham em projetos de longo prazo. Há também evidências de que a constância ajuda as pessoas a passar pelo treinamento militar e também ajuda em trabalhos que envolvem alto gerenciamento de estresse.[5]

Você notará que pessoas constantes, nesse sentido da palavra, muitas vezes não precisam de muito do que os autores chamam de morlockismo. Estar sempre adiantado nos prazos é uma de suas características distintivas, e isso é porque elas estão trabalhando no projeto desde o início.

Se você é escritor, a constância é uma virtude muito poderosa, mesmo que nem sempre sinta que está sendo extremamente produtivo. Imagine, por exemplo, que você esteja trabalhando em um livro e faça uma página todos os dias, sim, todos os dias. Isso daria 365 páginas por ano, o que é mais do que a maioria dos livros tem de páginas; além disso, é um ritmo que dificilmente qualquer autor de baixa qualidade pode alcançar. Se pedir a Daniel para falar sobre a produtividade de Tyler, a robustez terá um papel proeminente em seu relato. Após se acomodar em um hotel após um longo dia de viagem, Tyler constantemente fica feliz digitando qualquer coisa, desde uma coluna de notícias até um *post* de blog ou um novo livro. (Enquanto para a maioria das pessoas tais feitos de produtividade são comumente alcançados com a ajuda da cafeína, Tyler não consome café ou chá. A motivação é interna.)

Generatividade

Algumas pessoas chamarão isso de ambição, outras chamarão de extroversão, mas há uma certa vitalidade nos indivíduos que pode ser impressionante. Eles falam rapidamente, movem-se rapidamente e, em geral, parecem encantados com a vida. Eles executam todas as combinações possíveis de ideias em suas cabeças, mesmo que apenas para entender melhor as possibilidades. Nessa linha, tendem a ser altas em abertura como um traço de personalidade. Chamamos essa qualidade de "generatividade".

Se você convive com pessoas assim, é provável que tenha novas ideias a partir de suas interações. É comum, por exemplo, que uma pessoa generativa fale sobre ideias que mais tarde florescem em empresas, talvez propostas políticas ou previsões úteis sobre o futuro.

Ser generativo é uma qualidade de status relativamente alto entre os segmentos mais intelectuais do mundo tecnológico da área da Baía de São Francisco. Balaji Srinivasan, empresário de tecnologia e defensor de criptomoedas, é um exemplo clássico de pessoa com alta generatividade. Ele tuíta seus pensamentos quase todos os dias e em uma ampla variedade de tópicos, que vão desde mídias a criptomoedas e pandemia. Muito disso é especulativo ou talvez até errado, mas quando ele acerta, é realmente importante. Não é por acaso que suas previsões em janeiro de 2020 sobre a crise do coronavírus foram tão prescientes: ele previu que isso destruiria a sociedade como a conhecemos, mataria muitas pessoas, impulsionaria o trabalho em casa e nos levaria a usar máscaras. Essa presciência surgiu porque ele estava passando todas as informações disponíveis em sua mente e explorando todas as diferentes possibilidades, em vez de se prender a dogmas fixos do passado. Balaji provará estar certo sobre criptomoedas? Os autores não compartilham tal entusiasmo, mas se você deseja ouvir os diferentes cenários de como as criptomoedas podem evoluir, Balaji é uma das suas fontes de referência.

Pessoas generativas são valiosas quer você concorde ou não com elas, e geralmente são mais valiosas nas áreas em que você não concorda, pois é aí que elas veem possibilidades que você não enxerga.

Superação Insegura

Superação insegura, como os autores chamam, é a qualidade (um pouco neurótica) de nunca se sentir confortável com sua produção, apesar de saber em um nível profundo que *é* boa. A qualidade geralmente vem com uma conversa interna crítica e um alto nível de aspiração. Como esses indivíduos nunca estão satisfeitos consigo mesmos, apesar dos altos níveis de realização, podem ser membros problemáticos da equipe. Eles podem ser muito úteis para motivar e disciplinar aqueles que precisam de um empurrão adicional, mas muitas vezes eles se esforçam demais e oferecem poucas recompensas por um bom desempenho — já assistiu ao especial da ESPN, *Arremesso Final*, sobre Michael Jordan?

A realização insegura muitas vezes vem do contexto familiar, especialmente se os pais pressionam muito as crianças, e às vezes está associada a origens familiares de imigrantes. Um estudo sobre as características psicossociais de atletas olímpicos de elite e superelite descobriu que eles "vieram de famílias que valorizavam fortemente uma cultura de esforço e realização, enquanto experimentavam rivalidade moderada entre irmãos."[6]

Perfeccionismo Pessimista

Conhecemos muitas pessoas inteligentes que, infelizmente, se enquadram na categoria de perfeccionistas pessimistas. Esses indivíduos geralmente acreditam que seu trabalho nunca é bom o suficiente e suas carreiras provavelmente falharão ou não atenderão a um padrão alto o suficiente. Você pode identificá-los quando vê alguém que é inteligente, mas nunca está pronto para levar seu trabalho adiante. Eles não têm o impulso e o ímpeto contínuos de superdotados inseguros.

Em vez disso, é comum que os indivíduos desse grupo desenvolvam desculpas e sabotem suas carreiras com antecedência, tudo para não terem que continuar encontrando sentimentos de fracasso contínuo. Um tanto contraintuitivo, eles falham preventivamente, a fim de acabar com isso e para que possam sentir que estão no controle ao longo do caminho. Para eles, é realmente difícil apertar o botão "enviar" ou "publicar", ou qualquer que seja o equivalente.

Talvez existam maneiras de tirar proveito da inteligência desses indivíduos. Muitas vezes, eles tendem a ser perspicazes sobre os relacionamentos humanos (parte de seu problema pode ser a ausência de autoilusão; afinal, a maioria das pessoas não é de alto nível, mas pode ser mais motivada se superestimar um pouco suas próprias perspectivas). Mas não confie neles para serem os iniciadores ou os finalizadores. Às vezes, eles podem trabalhar bem em equipes em que contribuem, mas não se sentem tão responsáveis pelos resultados finais ou pelas decisões de aprovação.

Felicidade (ou Diversão)

A felicidade é, na opinião dos autores, uma qualidade subestimada a ser procurada nas pessoas, pelo menos quando se trata de prever seu sucesso. Sempre ter um sorriso e uma sensação de divertimento pode ser uma qualidade poderosa, garantindo que a pessoa seja quase sempre convidada a participar de outra empreitada. Estar perto delas é divertido. Se você é fã de beisebol, deve saber que Ernie Banks, membro do Hall da Fama do Chicago Cubs, era conhecido por dizer "Vamos jogar duas!" — referindo-se ao seu gosto por partidas duplas (dois jogos consecutivos no mesmo dia). O comentarista Scott Simon colocou da seguinte forma: "Era uma frase que ele usava para lembrar a si mesmo e a outros jogadores que, quaisquer que fossem suas queixas, eles podiam jogar para ganhar a vida e ouvir os aplausos de estranhos. Foi um lembrete para todos nós para valorizarmos a vida e a chance de termos um trabalho que dá prazer aos outros."[7]

Felicidade ou diversão são muitas vezes uma contribuição para a generatividade, porque as pessoas que brincam com todas essas novas ideias normalmente acham divertido fazê-lo. Mas há uma classe totalmente diferente de pessoas, não orientadas a ideias por natureza, que simplesmente querem se levantar de manhã e começar a enfrentar os problemas com entusiasmo. Elas podem ser bem constantes, mas também há uma qualidade de "explosão" nelas, uma efusão de sensibilidade positiva e atitude confiante, contagiante para muitos daqueles que as cercam.

Desordenação

Existe um tipo particular de pessoa inteligente, muitas vezes intelectual, que sabe muito e também trabalha duro. Mas essas pessoas não conseguem expressar suas ideias de maneira clara e simples. Quando você fizer perguntas, elas responderão empilhando novas informações sobre as antigas, em vez de esclarecer o ponto inicial. Indivíduos desorganizados têm algumas virtudes reais e muitas vezes sabem muito, como evidenciado pelo tamanho da desordem. Mas muitas vezes não está claro exatamente como esses indivíduos com mentes desordenadas podem ser implantados com produtividade altamente positiva. Suas palavras e escritas estão desordenadas porque suas mentes e pensamentos também estão desordenados.

De forma alguma você deve descartar esses indivíduos como potenciais contribuintes. Mas quase sempre é um erro colocá-los em posições que exijam clareza de pensamento e comunicação.

Distração e Precisão

Diferente da mente desordenada é o pensador distraído. A pessoa desordenada impõe muita ordem rebuscada aos conceitos relevantes e vê muitas distinções sem ordená-las claramente. Em contraste, algumas mentes estão satisfeitas pensando em conceitos piegas e termos inespecíficos, não fazendo uma distinção conceitual. A alegria da discussão é tão forte que elas esquecem de espelhar a experiência da contraparte, deixando-as confusas sobre o que é a discussão. Pensadores distraídos são como o diretor de um filme muito longo — "Em que cena estamos?", e eles estão dispostos a dizer mais. Talvez alguns sejam perspicazes, mas pode ser difícil editar e mobilizar.

Por outro lado, muitos dos que estão no campo oposto estão insatisfeitos com narrativas vagas e intermináveis, e querem pensamentos precisos. Geralmente um pouco mais introvertidas, essas pessoas visam mais transmitir informações do que criar camaradagem, e talvez possam estar um pouco relutantes em explicar os pontos relevantes completamente. Para voltar à analogia do diretor de cinema, pessoas assim estão constantemente se perguntando se o filme que estão dirigindo é divertido para o público. Elas se orgulham da velocidade e da brevidade. Elas têm uma alta dose de "direto ao ponto, por favor", maravilhosamente exigentes em suas explicações de pontos relevantes, embora às vezes concisas demais para o conforto de todos os colegas de trabalho.

Pode valer a pena perguntar a si mesmo em qual grupo seu candidato está — e em qual grupo você quer que ele esteja. Um pensador distraído pode ser melhor como vendedor, já um estrategista pode ser mais analítico.

Desenvolvimento Precoce

Quando se trata de cientistas, as evidências sugerem que a idade da primeira publicação se correlaciona com a produtividade e o prestígio futuros de uma pessoa. Além disso, Tyler acredita que a idade do primeiro artigo *submetido* a uma revista científica especializada — não necessariamente a publicação — também é um indicativo de sucesso futuro. Na maioria dos esportes, e no xadrez, ser precoce é praticamente necessário para o sucesso em altos níveis.[8]

Como será visto no Capítulo 8, o desenvolvimento precoce é um indicador de talento menos confiável para as mulheres do que para os homens. Além disso, os autores não acham que seja uma boa métrica para todas as profissões; por exemplo, grandes romancistas e filósofos morais nem sempre são prodígios. Programadores mais velhos podem ser mais sãos e seguros do que programadores mais jovens, o que para muitos trabalhos (não todos!) é uma vantagem. A precocidade pode prever bem nas áreas que dependem de inteligência fluida em vez de conhecimento sintético ou acumulado, e nas áreas em que um início precoce e uma longa trajetória são importantes para o sucesso. De qualquer forma, para a área em que você está contratando, pergunte quanta precocidade é necessária ou não.

Aderência

O traço de aderência, que se sobrepõe ao conceito de "jogador de equipe", é cada vez mais importante à medida que a produção se torna mais complexa e os papéis, mais especializados. Quem pode entender que tipos de esforços são necessários para a equipe como um todo, então intensificar e fornecê-los? Às vezes, nos esportes, usa-se o termo *glue guy* [menino cola, que mantém o time unido], embora isso obviamente inclua meninas e outros também. A inteligência social é um prêmio, bem além de qualquer importância que você possa atribuir à inteligência mais geralmente. Os membros da equipe tendem a ter uma compreensão natural de quem está fazendo seu trabalho, quem está relaxando, quem são os líderes em grupos dentro da empresa, quem está saindo da linha com comportamento agressivo e assim por diante. Além disso, eles agem sobre essas intuições para tentar acertar as coisas. Em certo sentido, os autores falam sobre habilidades de equipe o tempo todo — por exemplo, com nosso tratamento da ética e também da consciência. No entanto, essa capacidade de perceber os problemas do grupo e usar a inteligência social para intervir e corrigi-los é uma virtude distinta. Um estudo recente descobriu que as habilidades da equipe aumentam a produtividade tanto quanto a inteligência geral do grupo.⁹

Uma maneira relativamente simples de descobrir as habilidades da equipe é perguntar sobre elas: "Você pode nos dar um exemplo em que percebeu um problema de equipe no trabalho e interveio para corrigi-lo? Qual foi exatamente a sua solução?". Algumas pessoas são capazes de mentir para obter uma resposta aceitável, mas, na realidade, muitas das pessoas mais sem noção (mesmo que sejam produtivas de outras maneiras) simplesmente não podem contar esse tipo de história porque não pensam em termos socialmente hábeis. Ao testar os membros da equipe, veja se a pessoa tem as habilidades para dissecar e articular um problema social em uma instituição e sugerir sua solução.

Outros Traços

O valor das características discutidas neste capítulo varia de acordo com o contexto específico de seu setor e a posição para a qual você está contratando. O conselho mais poderoso que podemos dar é trabalhar com sua equipe para desenvolver sua própria estrutura de personalidade. Juntos, você deve ser capaz de chegar a um entendimento comum do que importa em seu contexto (desde que esteja disposto a questionar suas suposições) e uma linguagem comum para discuti-lo com precisão.

Em quais outras características você consegue pensar?

Uma característica para a qual gostaríamos de chamar sua atenção como sendo especialmente importante é a *capacidade de perceber, entender e escalar hierarquias complexas*. É outra maneira de dizer que uma pessoa está interessada em entender e dominar o que é preciso para chegar ao topo.

Tyler, por exemplo, fica impressionado com muitos dos jogadores de xadrez que conheceu na adolescência. Muitos deles eram inteligentes, de fato brilhantes, e também tinham a capacidade de trabalhar por conta própria. Claro que eles entendiam a ideia de ganhar e perder, e a ideia de ganhar e perder pontos de classificação, mas era difícil para muitos deles olhar para fora da hierarquia do xadrez e ver que realmente não caminhavam para nenhum lugar lucrativo. Eles viam apenas o que estava bem diante de seus olhos. O xadrez deu a eles um feedback positivo de curto prazo e um conjunto de amigos de xadrez, e assim eles continuaram a persegui-lo localmente, mas muitas vezes acabavam aos 43 anos sem emprego real, sem benefícios como plano de saúde e um futuro de declínio constante. Em contraste, Ken Rogoff era um grande jogador de xadrez, mas em algum momento deixou o jogo para se tornar professor de Harvard e economista de alto nível — tendo recompensas muito maiores, é claro.

Ou considere o mundo dos primeiros blogueiros, habitado por algumas pessoas muito inteligentes e trabalhadoras. Alguns deles ainda moram com seus pais, vestem moletom e escrevem *posts* intrigantes. Mas Ezra Klein viu que o setor estava evoluindo e por isso ajudou a fundar o site Vox, aspirando a uma posição superior criando uma startup, e depois indo para o *The New York Times*. Henry Farrell, do blog *Crooked Timber*, ajudou a fundar o blog *The Monkey Cage*, que continua sendo publicado pelo *The Washington Post*, e exerce grande influência. Megan McArdle trabalhou para ser colunista do *The Daily Beast*, Bloomberg e depois para o *The Washington Post*. Eles estão entre os indivíduos que entenderam as hierarquias antes e desenvolveram estratégias para subir ao topo. Eles eram mais inteligentes do que seus concorrentes de blogs? Talvez. Mas o que realmente os diferenciava era sua capacidade de descobrir novas maneiras de escalar o totem da conquista e passar de uma visão mais estreita para uma mais ampla do que esse totem realmente é.

Quando se trata do mundo das startups, Daniel vê muitos jovens que se contentam em ir a uma conferência após outra, recebendo feedback positivo porque são brilhantes e articulados, e parecem promissores. Eles também podem brincar no Twitter, construindo um perfil, ganhando curtidas e retuítes. Mas qual hierarquia útil eles estão realmente escalando? As melhores apostas estão mais focadas em seus projetos reais e na construção de suas empresas. Se conhecem um fundador famoso, é mais provável que perguntem: "Como você encontrou e contratou seus primeiros cinco funcionários?" e menos propensos a perguntar sobre suas atitudes em relação à meditação ou a Yuval Hariri*.

É muito fácil para os indivíduos ultrapassarem e se concentrarem em objetivos muito pequenos, por exemplo, a mecânica de como fazer a contabilidade ou organizar o escritório. No mundo acadêmico, um professor assistente pode passar o tempo limpando o conjunto de dados (o que é apropriado), mas negligenciar a motivação da pesquisa, vinculando-a a questões mais amplas de importância real. Essas são habilidades muito diferentes, e muitas vezes as pessoas se apegam às tarefas com as quais se sentem confortáveis. Se alguém é bom em identificar, enfrentar e escalar hierarquias, é sinal de que sabe como alocar seus esforços e não permite que suas inseguranças o ceguem para uma visão global das coisas. Isso mostra que a pessoa está disposta a enfrentar os desafios mais relevantes e, se não for boa nesses desafios inicialmente, encontrará a ajuda certa ou investirá na autoeducação adequada.

Ao mesmo tempo, outros indivíduos escolhem metas que são muito grandes e indistintas, ou que não possuem saídas intermediárias úteis, pontos de teste e pontos de verificação ao longo do caminho. Como você se sentiria em relação a um candidato a emprego que anunciasse corajosamente: "Não estou interessado em nada menos do que a eliminação de todas as doenças"? Mesmo na OMS — Organização Mundial da Saúde (*especialmente* na OMS), essa não é uma atitude muito prática. Novamente, focar o "grande demais", assim como focar o "pequeno demais", é sinal de que inseguranças, antolhos e falta de perspectiva impedirão a pessoa de subir os degraus relevantes do sucesso.

---

* Yuval Noah Harari, Ph.D. em história e autor do fenômeno editorial *Sapiens: Uma breve história da humanidade*, traduzido para quase cinquenta idiomas, escreveu *Homo Deus* e *21 lições para o século 21*. [N. da T.]

Saber perceber e escalar as hierarquias certas é um dos testes mais rigorosos, mas também mais universais disponíveis. Requer autorregulação emocional, percepção, ambição, visão, sequência adequada e ordem suficiente nas atividades para realmente chegar a algum lugar. Sempre que você vir sinais de que um candidato tem essa habilidade, olhe com muito mais atenção. Se os relatos sugerirem falta de noção sobre hierarquias, dê a essa pessoa um rebaixamento significativo, pelo menos para todos os trabalhos que exigem iniciativa contínua e aprendizado ao longo do tempo.[10]

Outra característica de personalidade pouco discutida é o que os pesquisadores chamam de "evasão de demanda" (em alguns casos chamada de "evasão de demanda patológica" ou PDA, embora, na opinião dos autores, seja um termo muito carregado de valor). Em seu sentido mais prático (não clínico), o termo refere-se a pessoas com dificuldade em lidar com os chefes. Elas percebem algumas hierarquias no local de trabalho *bem demais* e sofrem com elas. Muitas solicitações no trabalho passam a ser vistas como imposições e, muitas vezes, também como imposições injustas. Tal visão não é de forma alguma implausível, uma vez que a maioria dos locais de trabalho coloca algumas demandas irracionais ou pelo menos ineficientes sobre seus trabalhadores, por vezes ao extremo. Muitos chefes e supervisores são, de fato, idiotas ou coisa pior. Mas o problema é que os ressentimentos podem se acumular porque as pessoas que evitam a demanda nem sempre estão suficientemente desvinculadas emocionalmente das depredações do local de trabalho moderno. Elas não são boas em apenas "aceitar tudo" e continuar com o trabalho. Sua extrema percepção pode significar que muitas de suas críticas são justificadas, mas isso só torna sua situação existencial ainda mais difícil.

Pelo lado positivo, a evasão de demanda às vezes estimula os indivíduos a iniciar suas próprias empresas. Se não gosta de receber ordens, bem, você pode ser o chefe — se tiver as coisas certas para um empreendimento independente. Ainda assim, a maioria das pessoas não termina como chefe, nem mesmo dentro de suas divisões. Cuidado com os candidatos em potencial que evitam a demanda. Eles podem ser muito inteligentes, muito articulados e supersensíveis, e, por todas essas razões, podem causar uma ótima impressão. Indivíduos que evitam a demanda podem ser superprodutivos *se encontram a configuração certa*, mas essas configurações podem ser muito específicas. Muitos deles trabalham como acadêmicos ou também como fundadores, e há muitos outros que ainda andam por aí xingando o chefe e passando de um emprego para outro. Cuidado com esse tipo, pois ele pode enganá-lo com bastante facilidade, sobretudo se você mesmo evita alguma demanda (como chefe!), portanto, pode se relacionar muito bem com esses indivíduos. Apenas tenha em mente que se você é o chefe, eles também não podem ser o chefe.

Uma característica final que os autores acham importante é algo que chamam de "amabilidade seletiva". Dos principais conceitos da Teoria dos Cinco Fatores, como normalmente são declarados, a amabilidade é o que eles acham mais problemático. Se você se lembra, a definição dada anteriormente foi: "Alta amabilidade significa um desejo de se dar bem com os outros, ajudá-los, ser solidário com eles e cooperar. Um indivíduo com baixa amabilidade é mais propenso a ser competitivo e também contrário". Muitos indivíduos altamente bem-sucedidos tinham uma forte tendência desagradável, como quando Steve Jobs repreendeu os membros da equipe porque o produto projetado ainda não era bonito o suficiente. Ainda assim, quando pensamos sobre o sucesso na carreira, em níveis altos ou baixos, não é óbvio para nós que um espectro unidimensional de amabilidade *versus* desagradabilidade seja o conceito apropriado. Se considerarmos indivíduos altamente bem-sucedidos, parece que eles são muito bons em ser *seletivamente* desagradáveis quando mais importa ser. Ao mesmo tempo, eles também podem ser diplomatas e cooperadores maravilhosos quando as circunstâncias assim o exigem.

Voltando ao fundador da Apple, considere esta descrição apropriada do biógrafo de Jobs, Brent Schlender: "Steve também sabia como conseguir o que queria e negociou com recompensa e punição."[11] Jobs não era desagradável em si; pelo contrário, era extremamente orientado a objetivos. Um virtuoso das escalas emocionais, Jobs estava sempre tocando a melodia certa para atingir seu objetivo, por meio de charme agradável ou rancor desagradável. E funcionou, como Daniel observou durante o tempo que passou trabalhando na Apple no início de sua carreira, depois que ela comprou uma de suas empresas.

Portanto, uma visão alternativa, mais complicada, porém também mais sofisticada, é perguntar: "Essa pessoa pode ser seletivamente agradável e também desagradável quando preciso?". Essa qualidade provavelmente é mais difícil de testar, mas essa pergunta é a melhor a ser feita. Quando se trata de liderança de equipe, há muito a ser dito sobre os contrários de pensamento independente que são durões, mas também bons diplomatas quando necessário.

Estruturas Conceituais Disponíveis

Finalmente, outra característica a ser observada é quantas estruturas conceituais diferentes um indivíduo tem disponível. Os autores poderiam ter colocado essa discussão no capítulo de inteligência, mas acreditam que há algo nessa característica que a diferencia da inteligência. Algumas pessoas simplesmente desejam desenvolver tantas perspectivas diferentes quanto possível, por uma combinação de razões práticas e temperamentais. É um tipo de curiosidade, mas vai além da mera curiosidade que o leva a mover montanhas. Essa curiosidade é sobre modelos, estruturas, entendimentos culturais, disciplinas e métodos de pensamento, os tipos de traços que fizeram de John Stuart Mill um grande pensador e escritor. Um exemplo mais recente é Patrick Collison, CEO e cofundador da Stripe (e também um escritor ativo). Seu conteúdo pode ser de economia, ciência, história, cultura irlandesa, tecnologia e muitas outras áreas e influências.

A pessoa está tentando descobrir como os engenheiros abordam os problemas? O que distingue as estruturas mentais dos programadores? Como os economistas pensam? Como os pontos de vista dos gestores e dos funcionários podem diferir? É uma pessoa que está interessada em múltiplas estruturas conceituais. E você pode estender este ponto muito além das profissões. Que tal alguém que pergunta: "Qual é a concepção mórmon de Deus e como ela influencia as ideias mórmons sobre o mundo?" ou "Por que algumas perspectivas norte-americanas e canadenses são tão diferentes?". Você não precisa esperar que os indivíduos sejam especialistas factuais sobre essas perguntas em particular (embora isso não seria ruim); em vez disso, eles têm versatilidade conceitual suficiente para que possam entender o que significa ter uma compreensão dessas coisas? Eles poderiam adquirir uma compreensão concreta de tais questões se tivessem tempo e vontade de fazê-lo?

É uma boa maneira de pensar sobre a versatilidade de uma pessoa no local de trabalho, com clientes e outros funcionários, inclusive com você. Tyler às vezes se refere a "quebrar códigos culturais": quão boa é a pessoa em se abrir e entender novas e diferentes estruturas culturais e intelectuais? A pessoa investe tempo e esforço para tentar fazê-lo? A pessoa sabe o que significa fazer isso?

Uma vantagem dessa habilidade, na medida em que você procura cultivá-la em si mesmo, é que você pode fazer durante uma viagem e nas férias, na verdade, pode ser aperfeiçoada dessa maneira. Se você está em uma parte diferente do mundo ou mesmo uma parte diferente do seu país ou Estado, quão rapidamente consegue descobrir o que está acontecendo? O que muda exatamente quando você vai de uma região para outra? O que exatamente faz Haifa ser diferente das outras cidades de Israel? As pessoas em uma luta de galos balineses estão realmente se divertindo? Essas perguntas podem não parecer perguntas de busca de talentos, mas cada vez mais são. Na medida em que você pode treinar-se para desconstruir códigos culturais em geral, será melhor em detectar diferentes tipos de talento, e a longo prazo também melhor em gerenciá-los.

Esse ponto também traz a crescente importância da raça e do racismo para as relações de trabalho. Será que a pessoa tem as estruturas conceituais para começar algumas questões do tipo "Como é ser negro em um bairro todo de brancos?", "Quais são as potenciais pressões de um casamento racialmente diverso?" ou "Quais são os problemas sutis e menos discutidos no racismo no ambiente acadêmico ou no setor de tecnologia?". À medida que as forças de trabalho se tornam cada vez mais multiculturais, esse tipo de entendimento será mais importante em seus candidatos a emprego e afiliados. Mais uma vez, você não está apenas perguntando se a pessoa entende essas questões particulares, mas se ela tem a capacidade de adquirir uma compreensão superior das perguntas em geral. Isso volta novamente à questão de como ela gerencia as diferentes estruturas conceituais.

A produtividade das estruturas conceituais é um ponto negligenciado. O Vale do Silício tem sido bem-sucedido por muitas razões, mas uma razão é quantas pessoas lá dominaram a estrutura de pensar que o futuro pode realmente ser muito diferente de fato. Essas pessoas reúnem suas diferentes visões para trabalhar os elementos viáveis do terreno comum, que depois são transformados em empresas.

Correspondência de Padrão

Muitos dos traços discutidos neste capítulo e no anterior permitem que você avalie *ativamente* o talento durante entrevistas ou um estudo da carreira ou a vida de uma pessoa. Há outra forma de pensar que é mais *passiva*: correspondência de padrão, uma abordagem especialmente popular para Daniel. À medida que se conhecem pessoas e se observam seus discursos, gestos de mão, palavras e estilo, somos lembrados de outras pessoas que exibem efeito semelhante, e por isso prevemos que o candidato pode ter características semelhantes à pessoa que ele nos lembra. Isso pode levar a consequências positivas e negativas, e muito tem sido escrito sobre a tentativa de suprimir esse traço particular da psique humana durante as entrevistas. A correspondência de padrões é relativamente inevitável, e pesquisas mostraram que o treinamento sobre viés inconsciente tem pouco ou nenhum efeito sobre ela. Uma abordagem diferente é apoiar-se nessa habilidade: combinação padrão, mas que seja com eficácia.

O desafio é com um entrevistador novato que luta para enfrentar um banco limitado de experiências. Se este é seu primeiro trabalho e a décima entrevista, você não terá muito com o que comparar. Esse problema diminui com a experiência, especialmente se você trabalha com uma grande variedade de indivíduos de diferentes origens.

Até lá, há uma maneira experimental de melhorar seu banco de dados: televisão, em particular, filmes e séries sobre ambientes corporativos. Isso ajuda por duas razões. Primeira, sua mente terá mais pontos de ancoragem para associar indivíduos. Você terá "visto" mais pessoas. Segunda, você poderá usá-los como referências compartilhadas com sua equipe se todos assistirem ao mesmo conteúdo. "Ele é muito Jim Halpert de *The Office*" instantaneamente transmite uma semelhança simples específica, enquanto "Ela é muito Elizabeth McCord de *Madam Secretary*" comunica uma habilidade de liderança ordenada, e "Ele me lembra o presidente Palmer de *24 Horas*" é uma maneira rica de emitir seriedade. Séries como *West Wing: nos bastidores do poder* e *Madam Secretary* podem ser mais úteis aqui do que o *Homem-Aranha*, você quer histórias sobre organizações (embora *Homem-Aranha* possa ser mais útil se você estiver procurando o próximo artista ou um músico de sucesso). Tyler às vezes é tentado a realizar tais exercícios de correspondência com jogadores profissionais de xadrez, embora essa tendência seja quase inútil ao tentar comparar anotações com outras pessoas.

Os autores sugerem estratégias de correspondência como um aprimoramento, não uma fundação. Personagens fictícios são projetados para entretenimento, sem precisão, e muitas vezes têm traços significativamente exagerados em comparação com qualquer um na vida real.

Mas não sugerem que você se torne um robô associativo que mapeia candidatos e programas de TV; em vez disso, você pode usar a mídia como uma forma de enriquecimento cognitivo. É uma maneira de estender seu pensamento sobre diferentes tipos de pessoas, em particular aquelas a que você não fica normalmente exposto. É possível ter uma vantagem real como observador de talentos se você é a única pessoa na cidade que pode identificar talentos subestimados que outros recusam, pois você é alimentado por protagonistas inspiradores que são de um tipo diferente de gênero, raça ou personalidade.

Saiba o Seu Lugar na Hierarquia

Finalmente, ao interpretar os dados que você tem sobre possíveis contratações, tenha em mente onde *você* está na ordem de hierarquia. Se está no topo do seu setor, o processo de seleção é muito diferente do que se estivesse no meio ou, nesse caso, mais próximo da base. Em particular, se você não está no topo do seu setor, um ponto positivo aparente pode ser um ponto negativo e vice-versa, tudo por causa dos efeitos de seleção.

Digamos, por exemplo, que você é a Apple ou o Google procurando contratar programadores ou talentos de gerenciamento. Você poderá escolher alguns candidatos verdadeiramente acima da média e, em suas entrevistas, deve procurar esse tipo de qualidade. Você não precisa ficar tão preocupado com a pergunta: "Por que essa pessoa veio *aqui*?". Sim, deve se perguntar isso, porque nem todos são um ajuste natural para sua empresa, mas haverá muitas razões para as pessoas do topo quererem trabalhar na Apple e no Google. Você não precisa de uma teoria grande e complicada para explicar por que esse pode ser o caso, em vez disso, poderia começar com o fato de que muitas contratações novas e de posição bem inferior nessas empresas começam com salários anuais em torno de US$ 300 mil ou mais, com projetos interessantes para trabalhar imediatamente e mais oportunidades de avanço significativo.

É diferente se você é das camadas média ou inferior do seu setor. Nesse caso, nem todos vão querer trabalhar com você, e talvez a maioria das pessoas não queira trabalhar com você, pois estarão esperando por algo melhor, sendo realista ou não. Se você está nessa posição, como muitos de nós estamos, precisa pensar com especial cuidado sobre o que tem de errado com as pessoas que está tentando contratar. (Às vezes isso é chamado de efeito Groucho Marx, pois certa vez Groucho afirmou que ele não gostaria de pertencer a qualquer clube que o tivesse como membro.) Algumas delas parecerão ótimas e também se sairão muito bem na entrevista, e por outras métricas que você usa. Mas, nesse caso, você precisa começar a ficar nervoso. Se elas querem trabalhar com você, talvez haja algo errado com elas que você ainda não viu. Por que já não estão trabalhando em um lugar muito melhor? Por que estão falando com você? Talvez estejam totalmente sem autoconfiança, suas personalidades se tornarão venenosas ou planejam sair depois de um ano e estão apenas usando você enquanto isso. Nota-se que há uma classe inteira de indivíduos altamente credenciados e bastante talentosos que passam a vida inteira pulando de um trabalho para outro, inquietos, nunca felizes, nunca capazes de criar raízes. Eles são bons o suficiente para continuar sendo contratados, mas, ainda assim, na maioria das vezes você deve evitá-los.

Para ter certeza, confrontar essas possibilidades é um pouco desconfortável, porque levanta a questão do que há de errado com você também, e a maioria das pessoas não gosta de enfrentar essa questão muito diretamente. Ainda assim, se um candidato parece bom demais para ser verdade, talvez ele *seja* bom demais para ser verdade. É preciso descobrir por que esse candidato quer trabalhar com você e não com o equivalente da Apple ou do Google do setor. E isso significa ser autoconsciente sobre suas próprias fraquezas como instituição, ter uma compreensão de quem é "apropriado" para você e quem não é, e saber por que às vezes há exceções positivas.

Ao avaliar os candidatos, você precisa descobrir o que há de "errado" com ele em particular que pode aceitar sua oferta, e, até que faça isso, sua mente não deve descansar tranquilamente. Por que *essa* pessoa quer trabalhar aqui? Talvez seu cônjuge tenha uma oferta de emprego por perto, mas outra possibilidade é que o candidato simplesmente não seja tão competitivo, mas ainda possa prosperar em um ambiente afetuoso e acolhedor. Sua mediocridade parcial torna esse ambiente possível e o candidato é inteligente o suficiente para ver isso. Abrace essa mediocridade (enquanto ainda tenta superá-la em outras margens) e contrate a pessoa, feliz em saber que ela não é um limão e pode, de fato, vir a ser uma boa combinação para você.

Mais uma vez, o efeito Groucho Marx significa que, a menos que você esteja no topo, não deve ficar obcecado com métricas particulares de realização, mesmo que elas pareçam muito boas ou muito convincentes no papel. Quem poderia ser contra a inteligência? Uma personalidade encantadora não é uma coisa boa? No entanto, se você correr para encontrar inteligência ou charme o mais que puder, especialmente se não é o Google, a Apple ou Harvard, poderá descobrir que deu errado e vai "pagar por isso" com outros defeitos escondidos nos candidatos que consegue recrutar. Quanto mais abaixo você estiver na hierarquia de onde as pessoas querem trabalhar no seu setor, mais precisará pensar em fazer uma combinação perfeita e menos deverá se preocupar com as qualidades virtuosas do candidato no papel.

Nesses casos, que são numerosos e indiscutivelmente a regra, muitas vezes você fica aliviado e até mesmo muito feliz quando começa a ver as falhas no candidato em questão: "Ah, então talvez seja *por isso* que ele quera trabalhar aqui." É difícil manter essa perspectiva em mente, porque a maioria das pessoas tem uma autoimagem de ser totalmente meritocrática e de favorecer a qualidade acima de tudo. Essa é a autoimagem apropriada; você só precisa ter em mente que o bom pode ser ruim e o ruim pode ser bom, por assim dizer. Quando se trata de contratação, você precisa, acima de tudo, de uma boa combinação, não uma suposta visão da perfeição do candidato. Assim, a habilidade em detectar falhas em outras pessoas pode levar a resultados de correspondência muito positivos, e essa é outra razão pela qual a perspectiva dialética de ver os lados bons e ruins do talento é altamente útil.

Outro problema da honestidade consigo mesmo vem ao decidir quais qualidades você realmente precisa em um funcionário. As organizações adoram dizer a si mesmas o quanto são ousadas e inovadoras, mas essa descrição se aplica a apenas uma minoria em determinado momento. No entanto, quando se trata de contratação, há muita busca por inovadores disruptivos, como uma espécie de ilusão gerencial. Seja honesto sobre o que realmente precisa. É possível que sua empresa seja aquela cujo próximo funcionário deve ser mais firme e confiável do que inovador? Sua instituição pode ter uma "cultura de lealdade" maior do que você gostaria de admitir? Mantenha sua mente aberta à possibilidade de que sua autodescrição institucional não seja inteiramente precisa. Sim, o grande inimigo pode ser você. É preciso evitar satisfazer seu senso de vaidade à custa de ver através de um resultado de qualidade mais apropriado e, em última análise, mais alto.

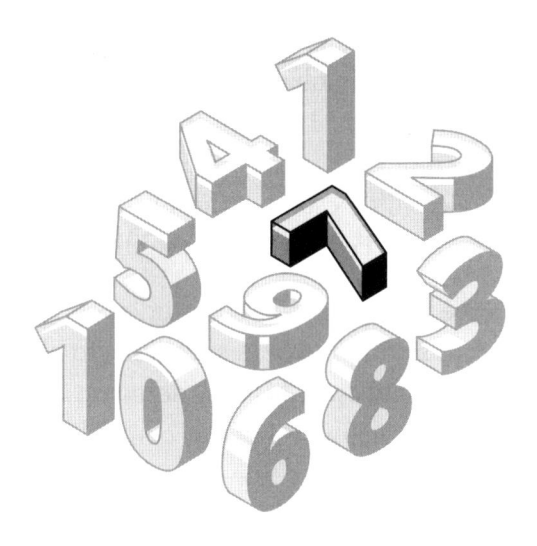

DEFICIÊNCIA E TALENTO

A ativista ambiental Greta Thunberg tem sido uma das maiores histórias dos últimos anos. Com 16 anos na época de sua ascensão, ela havia sido diagnosticada com autismo, condição muitas vezes considerada uma deficiência. Em seu perfil no Twitter, ela se descreve como portadora de Asperger, uma condição intimamente relacionada (e na quinta edição do Manual Diagnóstico e Estatístico de Transtornos Mentais [DSM-V] da Associação Psiquiátrica Americana, Asperger foi incluído no diagnóstico mais geral de autismo, sendo atualmente utilizado somente o termo TEA [Transtorno do Espectro Autista]).

Em 2019, Greta postou em sua conta no Twitter uma foto dela mesma do ano anterior, sentada sozinha com uma placa do lado de fora do Parlamento sueco. Na foto, ninguém estava prestando atenção e ela tinha um olhar desanimado no rosto. No entanto, em um ano, ela se tornou uma das celebridades globais mais conhecidas e influentes, com 2,7 milhões de seguidores no Twitter e subindo. Ela liderou a Greve Global pelo Clima com a participação de mais de quatro milhões de pessoas no outono de 2019 e estava na lista final do Prêmio Nobel da Paz de 2021. Foi nomeada Pessoa do Ano de 2019 da revista *Time*.

Mesmo que você não concorde com tudo o que ela diz ou faz, Greta Thunberg tem sido muito bem-sucedida em chamar a atenção para as mudanças climáticas. A história de como ela fez isso revela lições importantes sobre como as pessoas com "deficiências" podem ser surpreendentemente eficazes não porque "superaram" sua deficiência, mas por *causa* dela. Muitas pessoas autistas são consideradas especialmente contundentes em sua maneira de se expressar, muito interessadas, ou mesmo obsessivamente interessadas, em justiça social, potencialmente obstinadas em suas ocupações e com uma forte aversão à hipocrisia. São essas mesmas qualidades que ajudaram a ampliar o apelo de Greta e impulsionar muito de seu sucesso.[1]

Greta também tem uma voz imediatamente reconhecível, que pode estar ligada à prosódia incomum ouvida nas vozes de muitos autistas. Não há nenhum outro orador conhecido que se apresente como ela, chegando ao ponto rapidamente, e seu estilo é memorável. E parece que é exatamente isso que a questão da mudança climática precisava para se tornar focal e emocionalmente marcante para um público maior.

Há ainda outra razão pela qual o autismo pode estar correlacionado com o sucesso de Greta. Como muitos autistas foram socialmente marginalizados ou maltratados, podem sentir que têm pouco a perder, e isso pode levá-los a arriscar mais com suas ideias e suas carreiras. Eles são algumas das pessoas menos prováveis de serem apanhadas em modos de pensamento "estabelecido" ou conformistas. Além disso, o autismo implica alguns modos de cognição diferentes e únicos, como será visto em breve.

Greta se descreveu da seguinte forma: "Eu vejo o mundo um pouco diferente, de outra perspectiva... É muito comum que as pessoas no espectro do autismo tenham um interesse especial... Eu consigo fazer a mesma coisa por horas."[2]

Peter Thiel também sugeriu em vários discursos públicos que "ser Asperger" pode ser útil para se isolar de muitas tendências sociais e, assim, manter a originalidade no pensamento. No modelo básico de comportamento humano de Peter, influenciado por seu ex-professor de Stanford, René Girard, o desejo mimético é forte, ou seja, os seres humanos procuram copiar o comportamento uns dos outros e também exibir sinais de status. (Seu conhecimento da estrutura de Girard o ajudou a ver que o Facebook seria um grande sucesso, já que as pessoas gostariam de sinalizar sua posição social e reputação.) No entanto, se todos estão copiando uns aos outros, quem resta para ser um pensador original? Na medida em que os indivíduos autistas e Asperger permanecem fora dos circuitos usuais de pressão social e desejo mimético, eles podem manter fortes habilidades para o pensamento original e não conformista. De fato, às vezes eles são *incapazes* de se conformar, e isso pode encorajar seus pensamentos a se moverem em direções novas e diferentes. Talvez muitos de vocês saibam que Elon Musk, quando apresentou *Saturday Night Live* na televisão em 2021, "assumiu" ser Asperger (ou autista, para usar a terminologia preferida atualmente).

Você pode pensar que Greta e Elon são apenas dois exemplos, mas eles representam uma tendência mais ampla — ou seja, que o mundo está mobilizando os talentos de muito mais tipos de pessoas do que nunca. Greta não é só mulher e autista, mas na época que ganhou fama pública tinha 16 anos e não morava em uma grande capital da mídia ou centro político. A questão diante de nós é bastante simples: você deseja fazer parte dessas tendências de mobilização de talentos de pessoas fortemente únicas ou deixará que outros o obscureçam na busca por talentos?

Neste capítulo, as deficiências cognitivas (ou supostas deficiências, em alguns casos) serão o foco, mas muito do que será dito se aplica a indivíduos com deficiências físicas ou, nesse caso, indivíduos sem nenhuma deficiência aparente. Se você estiver interessado nos tópicos específicos que serão abordados aqui ou em outros, pense neles como mais exemplos de *como olhar além da superfície*.

Inteligências e Habilidades Atípicas

Quando se trata de busca de talentos, recomenda-se ter alguma compreensão de várias deficiências, pois você pode querer contratar indivíduos com essas deficiências ou promover seu trabalho, assim como pode querer contratá-los *por causa* da deficiência. Na verdade, os autores não estão totalmente à vontade com o termo "deficiência", porque nem toda deficiência acaba sendo uma desvantagem em todos os aspectos. Uma possível definição de deficiência pode ser "diferenças humanas no alcance e/ou tipo de habilidades, que atualmente são consideradas como prejudiciais aos aspectos essenciais do funcionamento, independentemente de resultados reais ou conquistas."[3]

Mas, por favor, não se ofenda nem conclua que os autores estão de alguma forma tentando refutar ou negar sua própria experiência pessoal com deficiências. Tampouco que estão tentando diminuir o apreço por aqueles que sofreram com deficiências, delas próprias ou em suas famílias. Nesta discussão, não estão tentando dar uma visão completa das deficiências ou considerar todos os seus possíveis problemas. Sequer são capazes de escolher uma linguagem que esteja de acordo com os desejos de cada leitor; por exemplo, algumas pessoas preferem "pessoa com autismo", outros usam "um autista", com disputas amargas e sem acordo à vista.

Em vez disso, os autores tentam mostrar os lados cognitivos mais positivos de algumas deficiências conhecidas, para melhorar a sua capacidade de encontrar talentos. Isso significa que eles irão enfatizar o lado positivo das questões da deficiência que estão cobrindo, porque muitas vezes essa é a parte que a maioria das pessoas tem mais dificuldade em entender. Então, por favor, deixe a terminologia e a política de lado, e concentre-se no conteúdo do que você pode aprender sobre a busca de talentos.

Para estruturar a discussão, observe que as deficiências podem refletir ou aumentar o talento por meio de pelo menos três mecanismos:

1. Foco diferente e redirecionamento de esforços;
2. Compensação e adaptação, ou reconciliação de um problema inicial;
3. "Superpoderes" ou maneiras pelas quais as pessoas com deficiência também podem ter habilidades *superiores.*

Consideremos um por vez.

Foco Diferente e Redirecionamento de Esforços

Considere a dislexia, que é definida em termos de dificuldades em aprender a ler ou a interpretar palavras, letras e outros símbolos, mas sem perda de inteligência geral. Uma pequena literatura de pesquisa sugere que indivíduos com dislexia são mais propensos a se tornarem empreendedores de sucesso. Os autores não estão convencidos de que essa relação seja causal ou totalmente robusta. Ainda assim, há uma boa chance de que isso seja verdade, e é algo para ficar de olho. Como no caso em muitos contextos, não precisa ser um fator causal para ser uma correlação útil para identificar potenciais talentos empreendedores.

Como as potenciais tendências empreendedoras dos disléxicos podem ser um exemplo de foco diferente e redirecionamento de esforços? Bem, muitos disléxicos não conseguem lidar com cada detalhe de um processo de produção, em parte porque têm dificuldade em ler todos os detalhes ou interpretar todos os símbolos relevantes com a precisão e a velocidade necessárias. Em resposta, eles realocam seus esforços para as tarefas que podem desempenhar com sucesso, incluindo funções de liderança. Às vezes, isso pode ser selecionar talentos e delegar autoridade, e assim os disléxicos podem aprender a iniciar seus próprios empreendimentos e depois delegar as tarefas em que não são bons. Sim, é uma lição sobre como deficiências aparentes podem ser correlacionadas com possíveis pontos fortes no trabalho. Indivíduos disléxicos podem enfrentar desafios muito reais lendo, escrevendo e decodificando informações, mas isso não estereotipa os disléxicos como funcionários inferiores.

E talvez muitos de nós tenham um tipo de viés de *status quo*, ou aversão ao risco, que nos impede de sermos empreendedores, enquanto muitos indivíduos disléxicos sejam pressionados para o empreendedorismo por sua deficiência (parcial). Eles têm menos futuro se decidirem "ficar parados" e se acomodarem em um trabalho chato e repetitivo. Assim, podem seguir em novas direções e acabar ganhando mais, sendo mais propensos a mudar o mundo. Talvez seja nossa complacência e a aversão ao risco que também devam ser chamadas de deficiência.

Richard Branson, bilionário britânico e fundador do Virgin Group, explicou como sua própria dislexia o ajudou em sua carreira: "[Minha dislexia] me ajudou a pensar grande, mas manter nossas mensagens simples. O mundo dos negócios muitas vezes fica preso a fatos e números — e embora detalhes e dados sejam importantes, a capacidade de sonhar, conceituar e inovar é o que diferencia os bem-sucedidos dos malsucedidos." Em outras palavras, a incapacidade de se concentrar em todos os detalhes pode, para algumas pessoas, realocar sua atenção para um cenário maior e mais importante.[4]

Branson também sugeriu que os disléxicos estarão bem equipados para competir no mercado de trabalho do futuro. É uma opinião muito especulativa, mas, como já dito, os autores estão tentando abrir sua mente para possibilidades, em vez de oferecer uma descrição abrangente da dislexia. Se você entender por que essa afirmação *pode* ser verdadeira, será mais fácil identificar os talentos e as virtudes dos outros, incluindo os disléxicos. De acordo com algumas estimativas, pode haver até 700 milhões de disléxicos no mundo. Como um primeiro passo simples, você pode pensar duas vezes sobre indivíduos que parecem exibir habilidades de leitura e ortografia não confiáveis.[5]

Esse tema de redirecionamento de esforços é geral. Praticamente qualquer deficiência, por definição, implica que um indivíduo é (pelo menos inicialmente) inferior em algum conjunto de habilidades. Muitos indivíduos respondem a essa deficiência inicial investindo mais na aquisição de outras habilidades diferentes. A deficiência é, portanto, um marcador potencial para a especialização de habilidades, e a especialização de habilidades pode ser uma vantagem muito poderosa, principalmente em um mundo que está se tornando mais complexo rápido.

Compensação e Adaptação, ou Reconciliação de um Problema Inicial

Este segundo tema de compensação e adaptação é mais contraditório do que o ponto de redirecionamento, mas é um tema importante quando se pensa em deficiência. Não apenas os indivíduos com deficiência podem ser induzidos a se destacar em outras áreas não relacionadas à sua deficiência, mas *eles podem ser induzidos a se destacar na área da própria deficiência inicial*. Para ver como isso pode ser, vamos considerar um exemplo.

Às vezes, uma deficiência pode chamar a atenção de uma pessoa para a importância de uma área específica. Darcey Steinke, escrevendo no *The New York Times*, explicou por que sua gagueira acabou sendo uma bênção: "A ironia central da minha vida continua sendo que minha gagueira, que às vezes causava tanto sofrimento, também é responsável por minha obsessão pela linguagem. Sem ela, eu não teria sido levada a escrever, a criar frases rítmicas mais fáceis de falar e ler. O fascínio pelas palavras me impulsionou para uma vocação que me manteve incendiada com o desejo de me comunicar."[6]

Ou considere a deficiência da afantasia, a incapacidade de visualizar imagens na mente. Isso significa que você não pode usar sua visão mental para criar imagens visuais à vontade. Muitos indivíduos, possivelmente 2% da população, têm afantasia, mas nem sabem disso, muitas vezes porque não têm uma noção intuitiva de como outras pessoas *podem* desempenhar essa função e, portanto, não sabem o que estão perdendo. Você pode pensar que a afantasia exclui um indivíduo de trabalhar em profissões orientadas para a visão, pois eles parecem estar em extrema desvantagem. Mas não é o caso. Por exemplo, é relatado que algumas pessoas que trabalham em computação gráfica têm afantasia. Um exemplo seria Ed Catmull, ex-presidente da Pixar e do Walt Disney Animation Studios; outro seria Glen Keane, vencedor do Oscar que criou Ariel de *A Pequena Sereia*.[7]

Os atures não têm certeza de por que essa conexão existe. A incapacidade de ver imagens na mente motiva uma pessoa a criar imagens gráficas para uma mídia mais pública? Ou as técnicas mecânicas para tornar essas imagens são intrinsecamente mais interessantes para aqueles com afantasia? Talvez a "maravilha da criação de imagens visuais" seja ainda mais esplêndida e fascinante para aqueles com afantasia. Talvez eles pensem mais facilmente em termos de narrativas interessantes, porque suas mentes não estão cheias de imagens. Ou pode ser que a afantasia esteja correlacionada com alguma outra diferença no cérebro, e essa diferença traga vantagens cognitivas. Seja qual for o motivo, a afantasia pode ser um motivo para contratar alguém para a tarefa de criação de imagens visuais, não uma razão para afastar.

O famoso geneticista Craig Venter é portador de afantasia (ou é afantasíaco). Sua principal contribuição foi liderar a primeira equipe a sequenciar o genoma humano e também o primeiro a transfectar* uma célula com um cromossomo sintético. A genética é um campo cheio de mapeamentos e analogias visuais, e os fatos centrais sobre o DNA são muitas vezes apresentados em forma visual, como espirais complexas. Como um afantasíaco pode ter acabado como o principal líder em tal campo? O afantasíaco poderia ter sido induzido a construir uma estrutura analítica compensadora, em vez das imagens visuais usuais, e talvez essa estrutura não visual fosse altamente propícia a um maior progresso intelectual? Sim, não se sabe, mas a questão é que você não deve usar uma compreensão superficial da deficiência para descartar a possibilidade de que alguém possa ser um grande talento em uma área intimamente relacionada à sua deficiência.

Outro exemplo seriam os advogados com deficiência visual. Você pode pensar que eles teriam dificuldade para ler e assimilar leis e documentos judiciais relevantes. Mas existem muitas soluções alternativas, sendo uma delas um software de reconhecimento de texto que converte a palavra escrita em fala. Alternativamente, muitos advogados deficientes visuais *podem se lembrar melhor da lei*, sabendo que provavelmente é mais difícil para eles pesquisarem as coisas. De fato, existe uma Associação Nacional de Advogados Deficientes Visuais (NABL), [nos EUA], com várias centenas de membros e o ex-vice-governador de Washington, Cyrus Habib, é um advogado deficiente visual. A questão não é que todo deficiente visual possa ou deva ser advogado, apenas que o que percebemos como fraqueza ou deficiência, às vezes, pode ser superado ou transcendido.

Vejamos uma das deficiências mais comuns, o transtorno de déficit de atenção e hiperatividade (TDAH). A imagem estereotipada de um indivíduo com TDAH é alguém que não consegue prestar atenção a

---

* Transfecção: processo de introdução intencional de ácido nucleico nas células. O termo é usado sobretudo para métodos não virais nas células eucarióticas. [N. da T.]

um único tópico por muito tempo e que pula de uma coisa para outra, talvez sendo reprovado na escola no processo ou perdendo o emprego. Isso pode explicar algumas facetas da experiência do TDAH, incluindo uma possível dependência de medicamentos. Observamos, em contraste, que uma proporção bastante alta de indivíduos bem-sucedidos parece ter alguma forma de TDAH, mesmo que geralmente não tenham sido formalmente diagnosticados. Em vez de se distrair ao ponto da ineficácia caótica, eles aprenderam a redirecionar sua impaciência cognitiva como uma força que os impulsiona em uma enorme quantidade de trabalho e aprendizado.

Por exemplo, aceite por um momento a caricatura popular supersimplificada do TDAH e assuma que ela impele os indivíduos a mudar sua atenção o tempo todo. Bem, ser *impelido* a fazer qualquer coisa é, na verdade, um grande motivador em potencial. Se necessário, basta colocar seus dois projetos um ao lado do outro e continuar alternando entre eles sempre que sua atenção se distrair do que você está trabalhando no momento. Muitas vezes são os trabalhadores que não são impelidos a fazer muita coisa que são o problema. Alguma vez você já se perguntou como tantas pessoas podem ficar sentadas no aeroporto esperando seus voos *sem fazer nada*? Espanta, e é também uma perda de produtividade.

Ou digamos que você tenha TDAH e queira ler um livro longo. Isso é impossível? Na verdade, não. Você pode encontrar uma maneira de tratar a próxima página como uma "distração" da página anterior, e isso o manterá lendo. Quando existem mecanismos compensatórios, uma deficiência aparente não precisa ser uma deficiência, mas pode se tornar uma vantagem. A realidade é que muitos indivíduos com TDAH parecem desenvolver mecanismos que lhes permitem absorver enormes quantidades de informações enquanto permanecem motivados o tempo todo, ou talvez supermotivados.

Também vale a pena entender como os indivíduos com TDAH em seu local de trabalho, diagnosticados ou não, terão habilidades e inclinações diferentes dos seus outros trabalhadores. Por exemplo, eles podem ter uma demanda maior por novidades e estar constantemente procurando o estímulo de novos problemas para resolver. Outros trabalhadores podem achar essa "atividade" desorientadora e preferem aplicar métodos conhecidos a problemas conhecidos, sentindo-se no controle durante um grande volume de trabalho. Os autores não estão sugerindo que uma generalização abrangerá a todos, apenas que você deve estar ciente das heterogeneidades em jogo aqui e entender a cognição humana como verdadeiramente diversa.

Indivíduos autistas também fornecem vários exemplos de como o que pode parecer uma deficiência inicial pode ser convertido em pontos fortes ou, pelo menos, pontos fortes parciais. Até agora sabe-se que muitos indivíduos autistas são altamente qualificados em programação, matemática e outras matérias técnicas; isso se tornou virtualmente um clichê. Existem empresas inteiras, em geral da área de tecnologia, que se especializam em contratar pessoas autistas para trabalhos desse tipo. Isso é ótimo, mas o próximo passo é ampliar sua compreensão de como o autismo pode se encaixar em outros papéis também.[8]

Por exemplo, o terapeuta especialista em autismo, Tony Atwood, sugeriu, com base em sua experiência profissional, que os autistas podem estar super-representados na profissão de ator, de todos os lugares. Se alguns de seus instintos sociais são menos desenvolvidos inicialmente, eles podem ter que aprender a habilidade de atuar durante toda a vida desde uma tenra idade. Isso pode torná-los habilidosos em atuação profissional mais tarde. Sim, não se prenda a clichês, mas mantenha a mente aberta para as várias possibilidades surpreendentes em jogo.[9]

É um equívoco comum que os autistas não têm inteligência social, e algumas definições de autismo fazem falta nos aspectos centrais da inteligência social da condição. É mais perspicaz pensar nos autistas como tendo uma alta variação na inteligência social, observando que eles geralmente não estão muito em sincronia com as convenções sociais. Mas isso os ajuda a ver muitas fraquezas sociais com perspicácia especial ou a entender situações sob luzes diferentes. Por exemplo, o absurdo dos rituais em coquetéis ou no ensino superior podem ser duas das muitas áreas em que muitos autistas percebem a realidade subjacente mais rapidamente. Mais geralmente, quando os autistas encontram situações sociais, muitas vezes eles absorvem informações sociais *demais* e não sabem como ordená-las ou processá-las, o que pode confundi-los. Sim, isso pode ser um problema prático, é uma deficiência e reflete alguns problemas com os princípios de ordenação por trás da cognição autista. Ainda assim, permanece o fato de que os autistas estão processando enormes quantidades de informações sociais — quantidades acima da média, às vezes quantidades extraordinárias. Se os autistas aprenderem a ordená-las corretamente, através do estudo e da prática, poderão ser extremamente perspicazes sobre situações sociais, mesmo que não compreendam todos os ângulos comuns que os não autistas provavelmente entenderão mais prontamente.[10]

Tyler atribui muito de seu próprio sucesso à sua hiperlexia — sua capacidade, desde muito jovem, de ler muito mais rápido do que outras pessoas e absorver as informações com muita facilidade. A hiperlexia está frequentemente ligada ao autismo e às suas tendências de coleta de informações, embora Tyler não pense em si mesmo como tendo baixa inteligência social ou deficiências nas habilidades de comunicação, sendo este último parte da definição clínica formal do autismo.[11]

Outro equívoco comum sobre o autismo é que os autistas são sempre introvertidos e, portanto, pensam que podem ser inadequados para trabalhos que exigem muita extroversão. Essa visão confunde o autismo, que é, em grande parte, uma categoria cognitiva, com noções de personalidade. Na realidade, muitos autistas são bastante extrovertidos e muito felizes por serem diretos e extrovertidos em suas relações com os outros; alguns autistas podem ser extrovertidos *demais* quando se trata de compartilhar ou falar sobre seus interesses particulares. Outros, de fato, se *comportam* de maneira introvertida, em parte porque se sentem desencorajados pela forma como são tratados em várias situações sociais. Mas isso não significa que eles tenham a inclinação natural da personalidade para serem introvertidos. Ainda não está claro se os autistas, em média, são intrinsecamente mais introvertidos, se simplesmente agem mais introvertidos porque podem entender mal algumas situações sociais ou se não há correlação alguma. De qualquer forma, não tire conclusões precipitadas. Se você equiparar autistas com "caras introvertidos e nerds", confundirá categorias diferentes e acabará perdendo muitos autistas talentosos que, de outra forma, estaria tentando contratar.[12]

A Q, por exemplo, descobriu que "candidatos com autismo [muitas vezes] não passam pela tela inicial do telefone porque podem ter respostas sim ou não, ou podem não elaborar outras habilidades". Em resposta a esse dilema, a Microsoft adaptou seu processo de contratação para permitir que o e-mail substituísse o telefonema, deu aos indivíduos a chance de fazer uma entrevista prática primeiro e lhes deu a opção de codificar usando seus próprios notebooks em vez de ter que trabalhar no quadro branco na frente de outros indivíduos. A empresa acredita que isso permitiu que eles contratassem um número maior de autistas talentosos.[13]

Também tenha em mente que as generalizações sobre a psicologia da personalidade são menos prováveis de se aplicar aos autistas. Por exemplo, já era um ponto fraco da psicologia da personalidade que categorias como "conscienciosidade" pudessem não ser totalmente gerais, mas que dependeriam do grau de motivação em determinada área. Isso provavelmente é ainda mais verdadeiro para os autistas, que normalmente têm fortes "interesses preferenciais" em áreas específicas. Em geral, não espere saber quando estiver entrevistando ou analisando autistas; no entanto, especialmente quando se está ciente disso, procure menos por sinais de conscienciosidade em geral e mais por sinais de conscienciosidade (ou não) em áreas específicas de relevância. Para o processo de entrevista, tenha também em mente que os autistas acham que "pensar em termos de histórias" é menos automático e talvez menos atraente também, então se você tentar envolvê-los no modo de contar histórias, poderá dar errado. Não se pode esperar diagnosticar os entrevistados à medida que avança, mas saiba que os seres humanos têm uma ampla variedade de meios de organizar informações em resposta a uma pergunta.

Uma boa estrutura para entender o papel da compensação na deficiência vem da economia, e é mais bem delineada em um artigo de 1987 de David Friedman, "Cold Houses in Warm Climates and Vice Versa: A Paradox of Rational Heating [Casas Frias em Climas Quentes e Vice-Versa: O Paradoxo do Aquecimento Racional, em tradução livre]. O ponto básico do artigo de Friedman, embora ele não o expresse como tal, é que a compensação por uma desvantagem inicial pode levar a um nível mais alto de habilidade ou realização. Para citar o exemplo de Friedman, se você vive em um clima frio, pode investir muito em isolamento térmico e, assim, acabar mais quente. Ou se cresce onde o clima é geralmente 15 °C, pode não ter aquecimento central e, portanto, acaba sentindo muito frio à noite.[14]

Tudo isso está relacionado às deficiências humanas. Se você tem algum tipo de deficiência, pode precisar trabalhar ainda mais nessa área e fazer um grande ajuste. Embora seja um fardo e possa atrapalhar ou desencorajar muitos indivíduos, outros acabarão com um desempenho superior no final. Basta lembrar como a gagueira de Darcey Steinke a tornou mais consciente das palavras e, portanto, uma escritora melhor, conforme visto anteriormente.

Superpoderes

A verdade essencial é esta: mesmo que você pense que as deficiências são desvantagens na rede, muitas delas vêm com vantagens compensatórias no geral. E às vezes essas vantagens podem ser muito impressionantes.

O termo "superpoderes" foi extraído da história do cartunista Dav Pilkey, um autor infantil best-seller que vendeu milhões, principalmente de sua franquia O Homem-cão. Pilkey é aberto sobre sua dislexia e seu TDAH, e muitas vezes quando ele faz aparições públicas, crianças com dislexia e/ou TDAH vêm ao seu encontro e expressam sua solidariedade com sinais. Pilkey declarou uma vez em uma entrevista: "Eu não chamo isso de transtorno de déficit de atenção e hiperatividade. Chamo de déficit de atenção e hiperatividade deliciosos. Quero que as crianças saibam que não há nada de errado com elas. Você apenas pensa diferente, e isso é uma coisa boa. É bom pensar diferente. Este mundo precisa de pessoas que pensem diferente; é o seu superpoder."[15]

Outra parte da entrevista foi assim:

P: E você teve que se sentar no corredor na escola primária?

R: Tão pouco se sabia sobre essas condições naqueles dias, e acho que foi visto como se eu estivesse distraindo todos na classe com minha tolice. Eu não conseguia ficar na minha cadeira e manter minha boca fechada. Então os professores do segundo ao quinto ano simplesmente me colocaram no corredor. Acabou sendo uma espécie de bênção para mim também, porque me deu tempo para desenhar e criar histórias e quadrinhos. Acho que fiz disso uma limonada.

As vantagens cognitivas também podem beneficiar os autistas. Entre os pontos fortes cognitivos catalogados e replicados na literatura de pesquisa, estão os seguintes:

- Fortes habilidades em coletar informações e ordenar conhecimento em áreas preferenciais;

- Fortes habilidades em perceber e coletar pequenas informação em áreas preferenciais, sendo a ciência um exemplo óbvio aqui;

- Fortes habilidades em reconhecimento de padrões e perceber detalhes neles;

- Forte acuidade visual e percepção de tom superior;

- Menos propenso a ser enganado por ilusões de ótica;

- Menos tendencioso sobre custos irrecuperáveis;

- Menos propenso a ilusões de enquadramento e efeitos de dotação, conforme apresentado na literatura de economia comportamental, portanto, a esse respeito, é mais provável empregar uma abordagem racional às decisões;

- Hiperlexia, que geralmente envolve a capacidade de consumir e reter grandes quantidades de material de leitura em alta velocidade;

- Maior chance de habilidades Savant*, como realizar operações impressionantes com números, códigos e cifras

- Forte senso de certo e errado, e justiça social; indiscutivelmente, os autistas são mais propensos a dar mais peso às demandas de justiça impessoal do que às alegações imediatas das pessoas ao seu redor.

---

* Síndrome de Savant: distúrbio psíquico raro que faz com que algumas pessoas tenham habilidades intelectuais extraordinárias. Esses talentos estão sempre ligados a uma memória acima da média, porém com pouca compreensão do que está sendo descrito. [N. da T.]

A alegação não é que todos os autistas tenham todas essas habilidades, mas sim que eles têm habilidades fortes nessas áreas em taxas mais altas do que os não autistas. Também há boas evidências de que os autistas têm forte desempenho nos testes de QI de Raven (o teste Matrizes Progressivas de Raven mede a inteligência fluida e a capacidade de adquirir habilidades, como visualização espacial, inferência de regras e envolvimento em abstração de alto nível). Os escores dos autistas foram, em média, 30 pontos percentuais mais altos no teste de Raven e às vezes superiores a 70 pontos percentuais, em comparação com as escalas de inteligência de Wechsler, que enfatizam mais as formas linguísticas e culturais de conhecimento. Um terço das crianças autistas testadas pontuou no percentil 90, ou superior, no teste de Raven. De maneira mais geral, outros estudos descobriram que o maior risco genético para o autismo se correlaciona com o QI mais alto.[16]

Em geral, os autistas podem ter taxas mais altas de mutações genéticas de novo* do que os não autistas. Isso significa que o autismo pode estar correlacionado a um grande número de outras condições diferentes, devido à maior propensão geral para mutações, mesmo que essas condições não sejam em si "parte do autismo". Isso tornará os autistas "mais incomuns", e de maneiras que podem aumentar ou prejudicar a produtividade.[17]

Em 2001-2002, Tyler desempenhou um papel crítico na contratação de Vernon Smith e sua equipe de economia experimental para a Universidade George Mason; vários anos depois, Vernon ganhou um Prêmio Nobel e seus colegas também fizeram um trabalho impressionante, de modo que foi obviamente uma contratação muito boa. Vernon é conhecido como "autista Asperger", tem escrito e falado extensivamente sobre isso, pois credita seu foco extremo e ética de trabalho aos seus traços autistas. Apesar de todas as virtudes de Vernon, que

---

* Mutações de novo na linhagem germinativa (DNMs): alterações genéticas no indivíduo causadas por mutagênese que ocorre nos gametas parentais durante a oogênese e a espermatogênese. [N. da T.]

incluem uma extrema bondade, não foi o processo de recrutamento mais fácil. Vernon tem um distúrbio de processamento auditivo (traço correlacionado ao autismo) e por isso nem sempre registrava acordos verbais feitos na sala. Alguém em um papel intermediário teve que descobrir isso, e essa pessoa acabou sendo Tyler. Além disso, quando Vernon estava pensando em ir para George Mason, dinheiro não era sua consideração número um; e sim a liberdade de trabalhar em seus próprios projetos com um grau extremo de autonomia. A oferta foi estruturada de acordo e Vernon aceitou, embora ele e sua equipe pudessem ter recebido salários mais altos em várias outras instituições de ensino.[18]

Temple Grandin, uma das pessoas autistas mais famosas e visíveis, enfatizou seus pontos fortes no pensamento visual e no pensamento em termos de imagens. Ela escreveu: "Quando comecei minha carreira como designer de sistemas de manejo de gado na década de 1970, acreditava que todos pensavam em imagens da mesma maneira que eu. Antes de desenhar os planos para uma estrutura de aço e concreto, via a estrutura pronta. Mas não é assim que a maioria dos planos são projetados, agora eu sei. Hoje, as instalações e os equipamentos que projetei estão em quase todas as grandes fábricas de processamento de carne bovina. Os pensadores visuais, *semelhantes a mim*, inventaram e criaram muitos dos equipamentos realmente inteligentes usados hoje como sistemas de transporte intrincados e equipamentos de embalagem engenhosos." Grandin também escreveu extensivamente sobre autismo e, sem nenhuma surpresa, o trabalho se concentra no pensamento visual como uma possível força cognitiva autista.[19]

Ou considere José Valdes Rodriguez, com 10 anos de idade quando foi assunto de um artigo de jornal em 2019. Diagnosticado com autismo, ele fala quatro idiomas, memorizou o valor de pi em duzentas casas e, com essa idade, estava cursando pré-cálculo em Victoria, Canadá. Ele aspira ser astrônomo profissional. José Valdes será uma boa contratação algum dia, talvez até em breve? Possivelmente sim, mas ainda não se sabe. Em qualquer caso, deve ser visto com mais atenção? Com certeza.[20]

Foram cobertas apenas algumas deficiências neste capítulo, mas você pode estar se perguntando sobre esquizofrenia, ou mais amplamente esquizotipia, referindo-se a um espectro contínuo de traços relacionados à esquizofrenia e à psicose. Esses indivíduos poderiam ter vantagens, mesmo que apenas parciais, para alguns tipos de empregos?

A resposta provavelmente é sim. Para ser claro, os autores acham a literatura sobre esquizotipia e também sobre indivíduos bipolares difícil de interpretar, em parte porque muitos dos artigos parecem ter dados de baixa qualidade e também relativamente poucos pontos de dados. No entanto, existem inúmeros relatos de como indivíduos esquizotípicos podem sofrer de déficits de processamento local (isto é, eles se movem muito rápido e indiscriminadamente para o processamento global), defeitos de memória de trabalho, incapacidade de manter a atenção, comportamento desorganizado, hipo e hiperexcitabilidade, ideação especulativa excessiva, receptividade excessiva a informações do hemisfério direito do cérebro, delírios e outros problemas. Os autores não contestam essa evidência ou os custos humanos muito reais que podem surgir como resultado.[21]

Contudo, ficaram impressionados com o grande número de trabalhos de pesquisa que faz uma conexão entre esquizotipia (e às vezes transtorno bipolar) e criatividade artística. Isso indica que a esquizotipia pode impulsionar tipos específicos de conhecimentos.

Entre as figuras criativas famosas que foram rotuladas de esquizofrênicas ou possivelmente bipolares estão Vincent van Gogh, Jack Kerouac, John Nash, Brian Wilson, Agnes Martin, Bud Powell, Camille Claudel, Edvard Munch e Vaslav Nijinsky, entre muitos outros, ao ponto de se tornar um clichê do cinema de arte. Mais sistematicamente, alguns trabalhos de pesquisa sugerem uma relação positiva mais sistemática entre criatividade e esquizotipia. Por exemplo, a esquizotipia é frequentemente associada ao "aumento da disponibilidade de associações semânticas distantes ou menos comuns", possivelmente conectada a "um relativo enfraquecimento da dominância do hemisfério esquerdo e fortalecimento da disponibilidade do processamento do hemisfério direito". Métricas para esquizotipia correlacionam-se com métricas para criatividade, inclusive em parentes e, além disso, pontuações de risco poligênico para esquizofrenia e transtorno bipolar parecem prever criatividade. Há também evidências genéticas que mostram que esquizofrenia, transtorno bipolar e outros problemas de saúde mental estão correlacionados com outros fatores genéticos associados a níveis mais altos de educação.[22]

Kanye West, um dos principais criadores musicais do nosso tempo, conhecido por sua generatividade e versatilidade, é um artista recente que revelou ter um diagnóstico bipolar. Em uma de suas músicas ele cantou: "Veja, essa é minha terceira pessoa. Essa é a minha porcaria bipolar... [E]sse é o meu superpoder, não é nenhuma deficiência, eu sou um super-herói!".[23] Como se pode esperar, isso foi controverso, pois Kanye foi criticado por glamorizar o que pode ser um grande problema para muitos indivíduos. Pode ser perigoso vê-lo como uma superpotência e não ter cautela suficiente. Ainda assim, a noção de que tendências bipolares e esquizofrênicas estão relacionadas à criatividade de alguma forma positiva simplesmente não desaparece.[24]

Também parece haver uma conexão entre esquizofrenia e sensibilidade para, pelo menos, alguns tipos de informação social. Se, por exemplo, as informações provenientes do hemisfério direito forem filtradas de maneira menos disciplinada ou rigorosa, os indivíduos com esquizotipia poderão ser extremamente perceptivos, talvez, em algumas circunstâncias, perceptivos demais. Esses indivíduos muitas vezes são capazes de captar associações sociais de outra forma não percebida ou sugestões sociais sutis, ou imaginar possibilidades que os outros não podem ver. Eles têm extrema abertura em algumas dimensões e podem incorporar o oposto da extrema literalidade, o que pode explicar parte da correlação com a criatividade. Eles dão votos de confiança, muitas vezes sem justificativa. Por essa razão, indivíduos com esquizotipia podem ter tendências para a paranoia ou acreditar em muitos fatos sociais que não são verdadeiros ou mesmo próximos da verdade. Há também uma tendência a reagir exageradamente ao olhar dos outros e a inferir intencionalidade quando nenhuma está presente. Há um alto nível de distração e uma associação relativamente vaga entre a natureza dos estímulos e os pensamentos e sentimentos resultantes, o que, pode trazer alucinações e delírios. Pode haver uma sensação exagerada de autoconsciência e uma preocupação excessiva com a posição da pessoa na ordem social.[25]

É um conjunto complicado de traços, mas o ponto é que muitos desses indivíduos podem ter criatividade superior e também poderes superiores de discernimento para algumas situações. Eles podem ser altamente generativos e uma fonte de muitas ideias novas. Também podem ter conhecimentos sociais e perceber verdades sociais que outros não percebem, mesmo que seu julgamento não seja totalmente confiável, como refletido pelos defeitos de muitos esquizofrênicos quando se trata de "teoria da mente". Portanto, se você quiser ter a visão de uma situação social ou ouvir uma nova opção criativa, considere pedir conselhos a um esquizofrênico ou a um indivíduo com tendências à esquizofrenia. Depois de ter perguntado a um autista.[26]

Você pode objetar que indivíduos esquizofrênicos, mesmo aqueles com esquizotipia ou talvez transtorno bipolar, serão perturbadores no local de trabalho. Este não é o momento nem o lugar para debater a eficácia da medicação e o quanto as características negativas da esquizofrenia e do transtorno bipolar podem ser controladas. Pelo menos, lembre-se de que este é um livro sobre busca de talentos, não apenas sobre contratação. Então, se você conhece um indivíduo altamente talentoso, mas potencialmente perturbador, esquizofrênico ou não, bem, talvez você deva contratar essa pessoa para um trabalho em tempo integral presencial. Mas considere algumas outras funções possíveis, incluindo teletrabalho (com remuneração baseada na produção), consultoria em meio período, compra de suas obras de arte ou uma participação em seu fluxo de renda futuro, ou ter a pessoa como consultor ou fonte de ideias geradoras.

Como já foi dito, o objetivo aqui não é apresentar uma compreensão científica definitiva da esquizofrenia, da esquizotipia ou do transtorno bipolar. Em vez disso, a ideia é abrir sua mente para possibilidades alternativas de como você pode identificar talentos nos outros, esquizofrênicos ou não.

O Que Significa Tudo Isso?

No mínimo, considere e internalize a lição geral de que você não deve deixar os estereótipos dominarem seu pensamento. Mais uma vez, os autores não estão dizendo que os resultados positivos são a realidade para todos ou mesmo a maioria dos indivíduos com deficiência, nem estão negando as dificuldades reais possíveis envolvidas, mesmo para indivíduos bem-sucedidos. Estão dizendo que as deficiências comumente rotuladas são fenômenos complexos e podem ter possíveis vantagens, às vezes significativas. Você, como um caça-talentos, precisa ver o maior número possível de lados da imagem e identificar o talento que outras pessoas estão perdendo. Muitas vezes, isso significa entender que as deficiências aparentes nem sempre são desvantagens no trabalho.

Neste capítulo, a ideia principal foi ver o que podem ser chamadas de deficiências cognitivas, mas as deficiências físicas também são relevantes. Muitos indivíduos têm deficiências de movimento, diferenças faciais ou distúrbios de pele; em sua busca por talento é provável encontrar muitas outras condições possíveis. Elas não serão enumeradas e consideradas exaustivamente aqui. Em vez disso, a questão geral é esta: a sociedade contemporânea ainda sofre com muita frequência de "lookismo"*, que espera que pessoas inteligentes e "capazes" se encaixem em determinada imagem física de como se mover, agir e parecer. Na medida do possível, tente se libertar desses preconceitos. Não importa o quão mente aberta você possa ser em alguns aspectos ou não importa o quanto tenha superado o racismo ou o sexismo, você ainda é provavelmente um refém do lookismo, que quase nunca recebe atenção da mídia. Olhe além da aparência, por assim dizer.

Como já mencionado, os autores não acham a palavra "deficiência" inteiramente apropriada. Muitas vezes, as deficiências são combinadas com as *habilidades* correspondentes, mas, ainda assim, "deficiência" é a palavra de uso geral. No contexto deste livro, o de encontrar talento, a palavra "deficiência" ainda pode ser útil por seu valor de choque. "Muitas vezes você quer contratar pessoas com deficiência" talvez seja um bordão mais memorável, em especial para sua equipe, do que provavelmente a descrição mais precisa: "O que é chamado de deficiência geralmente sinaliza uma mistura complexa de habilidades e deficiências, e talvez esses sejam os indivíduos negligenciados no mercado de trabalho". De qualquer forma, a deficiência é uma noção altamente complexa e nem sempre negativa em geral, sobretudo se sua busca de talentos estiver procurando os casos especiais e os pontos fora da curva.

Não se espera que você consiga resolver tudo isso, muito menos em curto prazo. Apenas tenha em mente que deficiência é um conceito complexo, o rótulo provavelmente é ruim, e as deficiências aparentes podem ser correlacionadas com algumas contratações realmente boas. Mantenha a mente aberta.

---

* Lookismo: termo que descreve o tratamento discriminatório sofrido por pessoas que são consideradas fisicamente pouco atraentes. [N. da T.]

POR QUE MULHERES TALENTOSAS E MINORIAS AINDA SÃO SUBESTIMADAS

Clementine Jacoby tem uma história de vida muito incomum. Ela se formou em Stanford em 2015 e, posteriormente, relatou: "Saí de Stanford pensando que seria uma artista de circo profissional". De fato, ela havia trabalhado como artista de circo no México e no Brasil, especializando-se em lira acrobática. Ela passou seu primeiro ano depois da faculdade ensinando acrobacias, não para aspirantes ao Cirque du Soleil, mas sim em um programa brasileiro de reabilitação de gangues, para incentivar esses indivíduos a deixar de lado a vida do crime.[1]

A experiência a deixou com uma compreensão profunda dos problemas do crime e da ilegalidade, e lhe ensinou que a reabilitação era de fato possível. Ela então foi trabalhar para o Google como gerente de produto por quatro anos, trabalhando no Google Maps e no Android, que lhe deu experiência organizacional e a ajudou a conhecer e aprender com muitos talentos de tecnologia.

Mas quando 2018 chegou, ela se viu incomodada com a sensação de que deveria fazer mais para melhorar o mundo. Ela desenvolveu a ideia da Recidiviz, uma organização sem fins lucrativos projetada para identificar indivíduos na prisão que possam ser elegíveis para libertação antecipada sem perigo para a comunidade mais ampla. De maneira geral, isso fazia parte de um movimento maior para levar a análise de dados ao sistema de justiça criminal dos EUA. Ela se inscreveu no programa Emergent Ventures de Tyler, pedindo recursos suficientes para poder largar o emprego e iniciar a organização sem fins lucrativos. Tyler gostou do argumento e, em poucos dias, enviou uma quantia para ela, sem mais perguntas. Clementine de fato largou o emprego e prosseguiu com seu plano.

A Recidiviz realmente decolou com a pandemia, quando os Estados queriam libertar muitos presos para limitar seus casos de Covid nas penitenciárias. Muitos Estados consultaram Clementine e a Recidiviz sobre quem poderia sair com segurança, e o resultado foi que dezenas de milhares de prisioneiros foram libertados e muitas vidas salvas. O estado da Dakota do Norte, por exemplo, libertou 25% de sua população carcerária em um mês de forma ordenada. Recidiviz é agora uma organização sem fins lucrativos de grande sucesso e atraiu muitos milhões de dólares de financiamento adicional.[2]

Quando Tyler lembra de sua entrevista em vídeo com Clementine, ele ficou impressionado com algumas coisas. Primeiro, ela teve a visão de construir o Recidiviz apenas com indivíduos altamente talentosos, em vez de depender de uma série de funções burocratizadas preenchidas pelo típico grupo de funcionários de instituições sem fins lucrativos. Ela recorreu a seus amigos do mundo da tecnologia. Em segundo lugar, ela parecia determinada e disposta a fazer algo "estranho" (parece menos estranho agora que deu certo), mesmo que isso significasse um grande corte nos salários e perspectivas incertas de emprego futuro, ou talvez a falta de qualquer trajetória futura de trabalho. Ela realmente acreditava no projeto e estava saltando sem um paraquedas óbvio, geralmente um bom sinal.

Ao mesmo tempo, é seguro dizer que Tyler e Clementine não se deram bem durante aquele primeiro encontro. A ligação correu bem, mas ela não estava jogando com a estratégia da "encantadora". Foram os fatos por si mesmos, e isso combinava com sua visão da Recidiviz como uma empresa orientada por dados para aconselhar os formuladores de políticas. E, para conseguir isso, certamente seu discurso deveria ser racional e também baseado em dados, e foi.

Felizmente, Tyler tinha expectativas adequadas para a conversa. Embora não parecesse calorosa em um sentido superficial, ele percebeu que ela estava fazendo o seu melhor para navegar na gama bastante limitada de comportamentos permitidos às mulheres em ambientes profissionais. Essa questão será discutida mais adiante, mas muitas vezes, quando uma mulher é entrevistada por um homem, há menos espaço emocional para ela agir de maneiras que seriam consideradas apropriadas e impressionantes. Com muitos entrevistadores, ela não poderia ser muito assertiva ou mesmo "muito sorridente". Tyler sentiu que ela estava, dadas essas possíveis restrições, lançando a si mesma e ao plano da maneira certa. O fundamento da sua argumentação era completo e impressionante. E assim a concessão foi feita.

Esse é apenas um exemplo, e os autores gostariam de ensiná-lo a superar um conjunto mais amplo de preconceitos quando se trata de gênero e minorias. Este é um capítulo sobre como superar, ou pelo menos limitar, seus próprios preconceitos. Nas ruas, você pode ser um guerreiro da justiça social o quanto quiser, mas quando se trata de seleção de talentos e local de trabalho, pode ser tendencioso.

Não é possível destrinchar todos os casos de viés particular ("Qual é exatamente a maneira correta de entrevistar pessoas de áreas urbanas em Moçambique?"), então o foco estará em algumas das lições mais gerais. Você pode tomar isso como uma espécie de superestrutura para preencher partes específicas do aprendizado, dadas as questões enfrentadas em suas próprias circunstâncias.

A primeira parte deste capítulo considerará os preconceitos relacionados às mulheres, que são um grupo majoritário na maioria das sociedades. Mais adiante, haverá abordagens gerais de preconceito e será discutido como ser mais perceptivo e menos tendencioso quando se trata de raça, observando que a maior parte desse tratamento será definido em um contexto norte-americano, em vez de cobrir, digamos, o preconceito contra etnias na China no Sudeste Asiático. Ainda assim, o objetivo é descobrir generalidades, não detalhar cada viés que possa existir, por isso espera-se que a análise o ajude a combater seus próprios preconceitos ou os preconceitos daqueles com quem você trabalha, não importando qual seja o seu ambiente cultural.

E, para ser claro, com franqueza, os autores são dois caras brancos escrevendo este capítulo. E reconhecem que há muito sobre esses tópicos sobre os quais nunca terão uma compreensão vivencial e que permanecerá um viés, não importa o que façam. Também estão escrevendo este capítulo com o tom que usariam se estivessem falando com pessoas ocupando posições de poder relativo em qualquer situação, tentando instruí-las sobre *seus* preconceitos. Não pretendem que seja uma decisão prejudicial, mas acham que essa abordagem dará a este capítulo maior impacto e influência. Se você, como leitor, precisar fazer alguns ajustes, tente fazê-lo e não pense que pretendem excluí-lo dessa discussão. O objetivo do capítulo é ajudar a criar condições para *ampliar* o debate.

Preconceitos Contra Mulheres e Como Pensar Sobre Eles

Infelizmente, discussões sobre as diferenças entre homens e mulheres costumam ser frustrantes e improdutivas. Muitas vezes, o debate central é sobre se as diferenças são genéticas e intrínsecas ou, alternativamente, o resultado da socialização e, portanto, talvez maleável.

Embora os autores reconheçam esses debates como importantes, estão deliberadamente deixando-os de lado como esgotados e uma distração da missão principal. Em vez de pleitear novamente o memorando de James Damore (Damore foi um funcionário do Google que escreveu sobre as diferenças intrínsecas entre homens e mulheres), o foco será uma questão mais prática: como fazer um trabalho melhor entendendo as apresentações iniciais das mulheres sobre si mesmas e aproveitando seus talentos no local de trabalho? E se você é chefe ou selecionador de talentos, como pode fazer um trabalho melhor contratando mulheres, melhorando seu local de trabalho e aliviando quaisquer injustiças que possam existir na sociedade em geral? Os pontos neste capítulo destinam-se ao processo de entrevista, ao processo de promoção, a como você se comunica com seus funcionários e ao modo como deve entender as funções e o ambiente no local de trabalho que está criando.

Será melhor para todos — inclusive para você — se estiver do lado de uma perspectiva emancipatória de que a melhoria é possível e de que você pode ser um agente de mudança positiva. Isso vale mesmo que você abrigue visões conservadoras muito fortes sobre as diferenças intrínsecas entre os sexos.

Veja por que mesmo o teórico de gênero mais conservador entre nós deveria adotar, e até abraçar, uma perspectiva emancipatória. Mesmo que homens e mulheres apresentem diferenças sistemáticas desde o nascimento, ainda haverá discriminação injusta considerável contra mulheres individualmente. Ainda há uma variação considerável dentro de cada gênero e as diferenças intrínsecas de gênero tornarão mais fácil sentir falta dos representantes de destaque que não pertencem ao grupo favorecido. Veja o tênis, em que é sabido que os homens, em média, têm saques mais fortes e mais rápidos, quase certamente por razões biológicas intrínsecas. Nesse cenário, seria fácil negligenciar as jogadoras talentosas ou esquecer que as partidas femininas podem ser mais interessantes (*rallys** mais longos, mais complexos) e às vezes mais populares com a multidão também, tudo como evidenciado pelo mundo do tênis feminino. No entanto, nesse cenário, a discriminação estatística pode parecer justificada, e isso pode torná-la mais estável. No entanto, você, como empreendedor e observador de talentos, terá oportunidades de identificar as possibilidades no tênis feminino e identificar as mulheres que podem vencer a maioria dos homens, ou talvez as mulheres que podem inovar no tênis de maneiras que os homens não conseguem. Quando se trata de gênero, essas oportunidades podem ser ainda maiores precisamente porque muitos dos outros observadores de talentos estão envolvidos nas generalizações, mesmo que sejam generalizações corretas em média. De fato, levou muito tempo para o tênis feminino subir à sua popularidade e status atuais.

Ou digamos que, de fato, as mulheres eram, em média, piores em uma outra atividade no local de trabalho. Ainda assim, provavelmente muitas mulheres seriam melhores nessa atividade do que a maioria dos homens, e você ganharia identificando e capacitando essas mulheres. Portanto, mesmo que você pense que "as mulheres são piores em [preencha o espaço em branco]", ainda é um erro descartar o talento feminino. Pode ser que os retornos da detecção de talentos sejam altos, porque outras pessoas estão muito apegadas à sua discriminação estatística.

Assim, há fortes razões para acreditar que *muito* mais pode ser feito para elevar as perspectivas das mulheres na sociedade e no local de

---

* *Rally*: após o serviço, uma série de trocas (normalmente 5 ou mais) de bola que termina quando um dos jogadores faz uma bola vencedora (*winner*) ou um erro não forçado. [N. da T.]

trabalho. Esse caso não requer nenhuma visão particular sobre se as diferenças observadas entre homens e mulheres são biológicas ou socialmente determinadas.

Antes de prosseguir, alguns pontos a considerar.

Primeiro, os autores vão se concentrar nas mulheres, mas também farão algumas observações sobre como lidar com indivíduos de outras culturas — "culturas amplamente definidas", de forma a incluir culturas de seu próprio país.

Em segundo lugar, irão tornar a discussão deliberadamente despaixonada e, na maior parte, esvaziada de histórias e discurso moral. Os autores estão bem cientes de que há uma literatura bem extensa sobre as mulheres no local de trabalho, incluindo vários relatos pessoais de preconceito, discriminação, assédio, indignação e muito mais, com alguns desses relatos sendo *altamente* pessoais. E consideram essas apresentações importantes, mas sentem que não têm muito a acrescentar e, portanto, não tentarão apresentar sistematicamente todas as injustiças relevantes. Se parecer que eles não "se importam o bastante", é porque estão tentando mobilizar seu lado analítico e de detecção de talentos para fins práticos e benéficos, em vez de jogar com suas emoções.

A abordagem mais fria se concentrará em alguns resultados importantes da ciência de dados e no que esses dados podem ensinar sobre encontrar e mobilizar mulheres talentosas. Isso significa pegar os estudos de pesquisa já apresentados e perguntar o que eles podem implicar para as mulheres no local de trabalho. Também significa que a maioria dos argumentos apresentados aqui são aqueles que você não necessariamente ouve nas discussões mais populares, e isso é para garantir que estarão adicionando ao debate, em vez de apenas repetir o que você já pode encontrar em outros lugares.

Veja agora alguns dos resultados empíricos centrais relevantes para mulheres e talentos.

Diferenças de Personalidade, e as Mulheres Agressivas Recebem um Tratamento Justo?

Primeiro, observe que as mulheres são comparadas como tendo perfis de personalidade um pouco diferentes dos homens. As mulheres pontuam mais do que os homens nos traços de amabilidade, neuroticismo, extroversão e abertura, com as maiores diferenças em amabilidade e neuroticismo. Como sempre, esses termos estão sendo usados no sentido formal especificado na teoria da personalidade, e você não deve supor que a amabilidade seja intrinsecamente boa ou o neuroticismo seja intrinsecamente ruim.[3]

Em muitos casos, homens e mulheres têm pontuações muito semelhantes nas cinco grandes qualidades, mas por razões diferentes e, portanto, ainda existem diferenças de personalidade subjacentes. A abertura masculina e a abertura feminina são basicamente as mesmas, mas dentro dessa categoria os homens pontuam muito mais em autoafirmação e as mulheres pontuam muito mais em serem extrovertidas e amigáveis. As mulheres também são mais sensíveis e socialmente flexíveis; os homens são mais propensos a formar grupos competitivos maiores com hierarquias relativamente estáveis. Os homens também têm uma maior variância de amabilidade, enquanto as mulheres têm uma maior variância de extroversão. Apenas a partir das diferenças de personalidade medidas por pontuações, se uma pessoa é homem ou mulher pode ser previsto com cerca de 85% de precisão. Essa previsibilidade é tão alta porque os algoritmos estão analisando toda a constelação de traços de personalidade, não apenas as diferenças traço por traço entre mulheres e homens.[4]

Uma característica marcante da literatura de pesquisa é que a personalidade para as mulheres prevê ganhos com mais poder do que a personalidade para os homens. Isso é resultado de vários artigos, não apenas um; parece ser robusto e também vale para dados canadenses. Por exemplo, no que é sem dúvida o estudo mais sistemático dessa questão, feito por Ellen K. Nyhus e Empar Pons, a personalidade importa muito mais para as mulheres no local de trabalho. (Em linguagem técnica, nas regressões não ajustadas, a personalidade tem um R-quadrado* ajustado de 0,7% para homens e 5,0% para mulheres — uma grande diferença.) Para as mulheres, a estabilidade emocional é o maior fator determinante dos salários, assim como a amabilidade, que em muitos estudos afeta negativamente os salários das mulheres. Ou seja, as mulheres agradáveis parecem ganhar menos, seja qual for o motivo. Nos dados canadenses, um aumento de um desvio-padrão na amabilidade para as mulheres está associado a um aumento de 7,4% a 8,7% de penalidade de renda, mas não há penalidade de renda correspondente para os homens.[5]

Melissa Osborne Groves escreveu sua dissertação sobre gênero e renda, e encontrou alguns resultados impressionantes. Indo além da Teoria dos Cinco Fatores de personalidade, ela considera outros fatores que têm poder preditivo para os ganhos das mulheres nos Estados Unidos e no Reino Unido. Por exemplo, ela considera o fator de "externalidade", "a crença de que os resultados são consequência do destino ou da sorte", e mostra que um aumento de um desvio-padrão na pontuação de externalidade de uma mulher está associado a uma diminuição de mais de 5% em salários. Isso pode significar que um senso de agência** é bom para a produtividade, mas tome cuidado para que um temperamento tão ativo não vá muito longe na direção errada. Um aumento de um desvio-padrão no traço de "agressão" está associado a uma redução de 8% nos salários, enquanto o aumento de um desvio-padrão no traço de "distanciamento" correlaciona-se com uma diminuição nos salários de mais de 3%. Mais uma vez, esses e

---

* R-quadrado (R^2): porcentagem da variação da variável resposta que é explicada por um modelo linear. Ou: R^2 = Variação explicada/Variação total. O R^2 está sempre entre 0 e 100%: 0% indica que o modelo não explica nada da variabilidade dos dados de resposta ao redor de sua média e 100% indica que o modelo explica toda a variabilidade dos dados de resposta ao redor de sua média. [N. da R.]

** Senso de agência: experiência de controlar as próprias ações ao gerar efeitos no mundo exterior; pode variar de acordo com a atribuição de causalidade ao *self* e/ou à percepção da associação entre intenção de ação e seu resultado. [N. da T.]

outros coeficientes no artigo mostram uma conexão mais forte entre personalidade e salários em relação ao que é normalmente encontrado para assalariados do sexo masculino.[6]

É impressionante ver os resultados sobre o traço de personalidade da agressividade no que se refere aos ganhos masculinos e femininos. Para os homens, o traço de agressividade se correlaciona com ganhos mais altos em profissões de alto status, mas se correlaciona com ganhos mais baixos em profissões de status mais baixo. Se você é um atendente de boliche, não deve agir como um fundador temperamental, mas um CEO pode se safar disso. As mulheres agressivas, em contraste, têm penalidades de salário correlacionadas com profissões de alto e baixo status.[7]

O que se deve fazer com o fato aparente de que a personalidade importa mais para quanto as mulheres ganham? Um entendimento óbvio é que a busca de talentos para mulheres é mais difícil ou requer um conjunto mais sutil de habilidades. Por exemplo, mulheres talentosas eficazes parecem se gabar menos e mostrar menos agressividade aberta, por medo de incorrer em penalidades mais amplas no local de trabalho e na reputação. Esse arranjo é injusto, mas, ainda assim, é uma oportunidade potencial para você encontrar esses indivíduos por outros meios — por exemplo, perguntando a uma candidata e às suas referências mais explicitamente sobre as suas habilidades e grau de dedicação.

Também é provável que alguns empregadores não gostem de todos os traços de personalidade das mulheres e/ou temam que seus funcionários ou clientes também não gostem desses traços. Os empregadores então oferecem salários mais baixos (ou nenhum emprego) para as mulheres que parecem possuir os traços de personalidade indesejáveis e salários mais altos e melhores cargos para mulheres que eles acham que serão mais populares. Os autores chamam isso de "hipótese da garota legal", presumindo que os empregadores podem querer contratar "garotas legais".

Como empregador, você pode tirar proveito dos estereótipos prescritivos de outras pessoas. Se uma mulher, ou mesmo um homem, tem um traço de personalidade que o mercado não considera inteiramente desejável, surge da contratação de mulheres com esses traços uma oportunidade potencial de arbitragem, bem como uma chance de minar estereótipos. Para ter certeza, algumas características menos desejadas em questão podem realmente prejudicar o desempenho no trabalho. Por exemplo, um vendedor do sexo masculino pode ser mais persuasivo em alguns contextos pelo maior exercício de autoridade, ainda que de forma injusta, devido aos preconceitos de seu público. Ainda assim, em outros casos em que o mercado está menos preocupado com os traços de personalidade das mulheres, elas ainda podem fazer um trabalho tão eficaz quanto. Se você consegue ver a questão de forma mais objetiva do que o resto do mercado, pode fazer algumas contratações relativamente boas.

Há ainda outra razão para dar a muitas supostas "garotas não legais" uma consideração extra. Mesmo que as mulheres mais agressivas alienem seus clientes ou seus colegas de trabalho, não precisa deixá-las alienarem *você*. O mercado como um todo está penalizando as mulheres mais agressivas, medindo seu impacto sobre os clientes, os colegas de trabalho, o chefe ou a autoridade de contratação (você). No mínimo, você pode se tornar mais desapegado e eliminar essa fonte de preconceito. Então você deve prestar mais atenção às mulheres talentosas cujas personalidades nem sempre se encaixam com perfeição no que o mercado favorece atualmente.

Há evidências bastante claras, de vários setores, de que os chefes não gostam de alguns traços de personalidade nas mulheres por razões não relacionadas ao desempenho no trabalho, e algumas dessas pesquisas dão pistas sobre os possíveis mecanismos no trabalho. Os autores não consideram nenhuma dessas pesquisas infalível, mas, combinadas, elas parecem sugerir alguns padrões comuns de tratamento diferenciado para as mulheres.

Em um estudo do economista Martin Abel, 2.700 pessoas são contratadas para fazer um trabalho de transcrição. Associado à tarefa está um gerente fictício, que oferece o que é essencialmente um feedback fictício. Nesse cenário, se o chefe (fictício) critica o trabalhador, a satisfação no trabalho cai e, além disso, o trabalhador passa a atribuir menos importância à tarefa. As críticas do chefe não são apreciadas, o que não é uma grande novidade. Mas aqui está o resultado impressionante: esses efeitos são duas vezes maiores quando as mensagens negativas são percebidas como provenientes de chefes mulheres em comparação com chefes homens. Como se trata de comunicação on-line, não pode ser que esses chefes (fictícios) estejam se comportando de maneira diferente. Em vez disso, parece que muitas pessoas têm mais dificuldade em ser criticadas por uma entidade que percebem ser mulher.[8]

A literatura sobre vozes femininas e como elas são percebidas fornece mais evidências de como algumas reações às mulheres são frequentemente mais negativas do que as reações aos homens. Em geral, vozes mais profundas são percebidas como mais autoritárias e isso torna mais difícil para as mulheres exercerem autoridade com as vozes que costumam ter, pelo menos não sem parecerem mandonas ou estridentes. As mulheres têm de trabalhar muito nesse sentido; por exemplo, Margaret Thatcher contratou um preparador vocal para, entre outras coisas, diminuir drasticamente o tom de sua voz. De modo mais geral, é impressionante que o tom de voz das mulheres tenha caído significativamente ao longo da era do pós-guerra. As vozes das mulheres costumavam registrar uma oitava completa acima das vozes dos homens, mas agora elas registram apenas dois terços de oitava acima, em média. Isso sugere que as mulheres estão tentando se encaixar em um conjunto mais "administrativo" de papéis sociais, mas nem sempre é fácil para elas, em parte devido ao viés da voz.[9]

Por fim, considere as evidências, citadas anteriormente, de que tanto o neuroticismo quanto a amabilidade afetam negativamente os salários das mulheres. Isso é consistente com a crítica feminista de que as mulheres devem ser duras, mas não muito, firmes, mas não desagradáveis, como os homens, mas não muito, e solicitadas a andar em uma linha intermediária quase impossível no local de trabalho (e talvez ao concorrer a cargos políticos também). É menos consistente com a visão de que mulheres difíceis são simplesmente problemáticas para lidar e funcionários problemáticos custam caro para a empresa. Se esse fosse o efeito dominante, seria possível esperar que as mulheres agradáveis ganhassem um prêmio no local de trabalho, mas esse não é o caso. Então, como já dito, esteja aberto à visão de que as mulheres "difíceis" podem ser desvalorizadas no mercado. Isso pode significar que as mulheres são forçadas a um conjunto um pouco mais restrito de papéis aceitáveis no local de trabalho, e você pode ser melhor cultivando uma concepção mais ampla de como elas podem se encaixar. Pense um pouco menos em termos de "mulheres cuidando de problemas no local de trabalho" e mais em termos de "mulheres como inovadoras".

Falta de Confiança?

Assim que superada a observação sem comprovação científica, foram encontradas na literatura de pesquisa várias diferenças de gênero importantes (inter-relacionadas) que sobrevivem consistentemente aos desafios de replicação, inclusive em artigos de autoria ou coautoria de mulheres. Esses resultados também se sustentam em vários métodos, incluindo dados do mundo real de campo e também de experimentos de laboratório.[10] Essas diferenças são as seguintes:

- As mulheres se comportam de maneira mais avessa ao risco do que os homens.

- As mulheres são mais avessas à competição do que os homens.

- As mulheres sofrem de falta de confiança em relação aos homens.

- As mulheres, em alguns aspectos-chave, "se colocam à frente" menos que os homens.

Comecemos com a evidência de que, talvez em resposta às penalidades do mercado de trabalho sofridas por mulheres agressivas, as mulheres como um todo não se autopromovem tão agressivamente quanto os homens. Um estudo cuidadosamente feito recrutou 900 trabalhadores na Amazon Mechanical Turk, homens e mulheres. Ambos receberam tarefas, com possíveis pagamentos de bônus. Eles também foram solicitados a avaliar seu próprio desempenho na tarefa. Quando a métrica foi "eu tive um bom desempenho no teste", com uma escala de 1 a 100, as mulheres relataram uma média de 46. Os homens, em média, relataram uma média de 61 na mesma escala, embora o desempenho real dos homens não tenha sido melhor que o das mulheres. Essa é uma diferença notavelmente grande na autoavaliação. Além disso, nota-se que essa lacuna persistiu mesmo quando homens e mulheres tinham informações perfeitas sobre seu desempenho real na tarefa.[11]

Outro estudo recente analisa propostas escritas submetidas à Fundação Gates e encontra um tipo diferente de evidência de que as mulheres são mais hesitantes. Acontece que mulheres e homens têm estilos de comunicação diferentes: as mulheres são mais propensas a usar palavras restritas e altamente específicas, já os homens são mais propensos a usar palavras mais amplas e abrangentes. (Os homens são "mais conceituais" ou "falastrões"? Depende!) E os revisores, ao que parece, favorecem palavras amplas, que são mais comumente associadas a afirmações mais abrangentes, e desfavorecem o uso de muitas palavras limitadas. É importante notar que a pesquisa associada às propostas estritamente formuladas, uma vez criadas, teve um desempenho tão bom no mercado intelectual quanto a pesquisa associada às reivindicações mais amplas e ousadas; além disso, a qualidade do candidato *ex ante* também foi medida como igual. Parece um caso claro de viés intelectual, em que o estilo médio das mulheres teve mais dificuldade em competir. Portanto, não fique muito preocupado se as mulheres que você está entrevistando não fizerem afirmações tão abrangentes.

O resultado final é que "mesmo em um processo de avaliação anônima, há uma relação negativa robusta entre as candidatas do sexo feminino e as pontuações atribuídas pelos revisores". Essa discrepância persiste mesmo depois de controlar o assunto e outras variáveis. Notavelmente, no entanto, desaparece ao controlar diferentes estilos retóricos. Isso é consistente com a visão de que os homens muitas vezes não "leem" muito bem os diferentes estilos retóricos, intelectuais e, sim, talvez de personalidade, às vezes usados pelas mulheres.[12]

Talvez mais significativamente, grande parte da diferença de gênero nos salários parece ser mediada pelo fator de personalidade da autoconfiança. Em uma grande variedade de ambientes de trabalho, as mulheres, em média, são menos autoconfiantes do que os homens e exibem menos autoconfiança em ambientes públicos. No entanto, os mercados de trabalho muitas vezes recompensam a confiança, por vezes até o seu excesso. Parte do que parece ser discriminação contra as mulheres é, na verdade, discriminação contra indivíduos de baixa confiança, com a carga caindo sobre as mulheres desproporcionalmente. Nota-se que a diferença salarial entre homens e mulheres é maior nos níveis mais elevados de realização, consistente com essa hipótese sobre a confiança realmente importando para os salários, uma vez que, presumivelmente, a alta confiança é mais exigida nos cargos mais altos.[13]

Finalmente, há algumas evidências de que essa lacuna de confiança vem muito cedo em nossas vidas, do ensino médio ou talvez mais cedo ainda. Em um artigo, olhando para as séries escolares do ensino fundamental ao ensino médio, meninas expostas a "meninos de alto desempenho" têm pior desempenho acadêmico e mostram menor confiança e aspirações. Em contraste, eles são ajudados pela exposição a meninas de alto desempenho. Em comparação, os meninos não são afetados por sua exposição a meninos ou meninas de alto desempenho. Isso também sugere que o desencorajamento feminino é possível e ocorre com muita frequência.[14]

Dito isso, as lacunas de confiança até certo ponto são profecias que se cumprem. À medida que as mulheres mais jovens veem que há relativamente poucos modelos femininos em determinada área, isso pode diminuir ainda mais sua confiança. Um ciclo de autoperpetuação é colocado em movimento, e pode ser difícil para uma sociedade quebrá-lo.

Todos esses resultados apontam para a noção de falta de confiança como uma das principais diferenças entre homens e mulheres no local de trabalho, especialmente para empregos de nível superior.

O que significa concretamente para um empregador ou buscador de talentos? Em primeiro lugar, para alguns empregos, como a negociação de ativos, um nível de confiança mais baixo pode ser uma vantagem, não uma desvantagem. Os menos otimistas presumivelmente estarão menos dispostos a negociar com tanta frequência e menos dispostos a assumir posições absurdamente arriscadas com seus portfólios. Para muitos trabalhos, incluindo política, diplomacia e supervisão prudencial, uma humildade epistêmica é mais importante do que correr riscos. Há evidências da economia, por exemplo, de que a diferença de confiança de gênero vem principalmente de economistas homens fazendo declamações sobre áreas que eles não sabem muito.[15]

Em segundo lugar, se você está pensando em contratar uma mulher que é genuinamente autoconfiante, pode muito bem estar subestimando suas habilidades porque não percebe tão facilmente a força e as virtudes de sua confiança, dado o estereótipo de gênero de menor confiança feminina. Portanto, procure mais por essas candidatas, porque mulheres mais competitivas e menos avessas ao risco do que sua média de gênero podem ser negligenciadas pelo mercado mais amplo. Ao apreciar o verdadeiro e maior valor dessas contratações femininas, você pode ganhar com a discriminação estatística do mundo e, no processo, corrigir uma injustiça. Além disso, note que a diferença de confiança é responsável pela maior parte da diferença salarial entre os sexos em níveis relativamente altos de realização. Portanto, esse ponto é especialmente importante para os melhores empregos e muito menos significativo para, por exemplo, trabalhos de serviço simples ou tarefas gerenciais de nível inferior.

Em terceiro lugar, muitas vezes os empregos enquadram a tomada de risco e a competitividade em modos moldados pelos líderes masculinos de uma empresa, ou talvez esses enquadramentos sejam remanescentes da prática e da liderança anteriores. Mais concretamente, isso significa que muitas tarefas dentro de uma organização podem ser enquadradas de forma mais competitiva do que precisam ser ou pode haver uma "retórica de risco" em torno de atividades e tarefas que não são realmente tão arriscadas. (Já tentou ler um daqueles artigos de revista sufocantes sobre como tudo nos negócios está mudando muito rápido? O que não é verdade.)

Em suma, uma forma de mobilizar o talento feminino dentro de sua empresa é remover barreiras culturais para o avanço das mulheres. Um estudo, por exemplo, descobriu que era possível induzir mais mulheres a competir simplesmente com incentivos e mudando a arquitetura de escolha para competirem em determinada situação, elas "optavam por não participar", em vez de forçar as pessoas a "participarem". Nesse experimento construído, as mulheres foram induzidas a solicitar mais promoções potenciais, e sem consequências adversas sobre seu desempenho ou seu bem-estar relatado. Não é um resultado definitivo sobre instituições do mundo real, mas comunica o ponto básico de que se encontrar uma generalização que parece verdadeira para você, terá a chance de fazer melhor e superar o mercado, em vez de ter um resumo do fatalismo.[16]

Até agora o livro se concentrou em mulheres em locais de trabalho típicos, mas uma literatura separada considera o papel das mulheres como inventoras. Dados sobre patenteamento também mostram que as mulheres poderiam, se dadas melhores oportunidades, contribuir mais para a inovação do que é o caso atualmente. Mas essa deficiência presente também pode ter a ver com a lacuna de confiança acima mencionada.

Primeiro, as mulheres patenteiam menos do que os homens. Por exemplo, nos dados de 1998, apenas 10,3% das patentes de origem dos EUA têm uma ou mais inventoras. Dados europeus de 2009 mostram que as mulheres estão envolvidas em 8,2% das patentes; na Áustria e na Alemanha os números são tão baixos quanto 3,2% e 4,7%, respectivamente. Você não precisa pensar que patentes são uma medida maravilhosa de inventividade para perceber que esses números, no entanto, refletem diferenças muito reais no que homens e mulheres são capazes de fazer.

A resposta comum a essa realidade é sugerir que há um sério "problema de desenvolvimento", que não há mulheres suficientes encorajadas desde cedo a serem engenheiras ou a ocupar outras posições comparáveis no desenvolvimento de inovação. Há algumas verdades nessa acusação, mas os números apoiam menos do que era esperado.

Se olhar mais de perto a lacuna de gênero no patenteamento, ela tem múltiplas causas, mas aqui está o fato surpreendente: "Apenas 7% da diferença de gênero é contabilizada pela menor parcela de mulheres com qualquer diploma de ciência ou engenharia, enquanto 78% da diferença é explicada pelo menor patenteamento de mulheres entre os detentores de um diploma de ciência ou engenharia." (Os 15% restantes da diferença vêm de uma taxa menor de patenteamento entre mulheres que não têm diploma de ciência ou engenharia.) A maior fonte específica da lacuna de patentes é que as mulheres são sub-representadas em campos de muitas patentes de engenharia, como elétrica e mecânica, e também em desenvolvimento e design, que são as tarefas de trabalho de mais patentes. Em termos práticos, na medida em que a falta de confiança possa ser resolvida, as mulheres podem se interessar mais em entrar nos campos mais pesados de patentes.[17]

Parece altamente improvável para nós que a distribuição de talentos entre os gêneros represente algum tipo de ordem natural inviolável e imutável. Há um futuro viável em que mais mulheres trabalham em empregos mais arriscados e com mais patentes, assim como tivemos mudanças contínuas de mulheres em muitas outras profissões. Além disso, uma melhor alocação de talentos realmente poderia importar. De acordo com o estudo há pouco citado, se o desequilíbrio de gênero pudesse ser corrigido inteiramente, as taxas de patenteamento e inovação aumentariam, e o PIB *per capita* (EUA) aumentaria 2,7%. Alcançar uma fração desses ganhos seria um grande negócio em uma economia de US$ 20 trilhões. E eles podem ser um grande negócio para um buscador de talentos.

Pesquisadores também estudaram mulheres no processo de capital de risco. Aqui também os resultados chamam a atenção para alguns vieses relevantes para a lacuna de confiança. Um estudo de Sabrina T. Howell e Ramana Nanda descobriu que a exposição a juízes de capital de risco após uma competição de capital de risco [VC] aumentou a chance de que os participantes do sexo masculino fundariam uma empresa. A chance de que as mulheres em circunstâncias semelhantes fundassem uma empresa foi muito menor. Uma pesquisa complementar constatou que os homens alcançaram esse maior sucesso em parte porque estavam muito mais dispostos a alcançar proativamente os juízes de capital de risco em comparação com as mulheres. Isso pode indicar que os homens têm maior confiança em suas ideias e também maior confiança em obter uma audiência justa dos juízes, o medo do assédio é outro fator nessa equação.

De forma mais geral, as lacunas de confiança levarão a atritos de rede, o que significa que é mais difícil construir um conjunto grande, muito eficaz e muito diversificado de contatos. Os laços mais fracos resultantes podem prejudicar grupos inteiros e, por sua vez, criar condições que façam com que as lacunas de confiança pareçam pelo menos parcialmente justificadas.[18]

É importante que os empregadores, especialmente os empregadores do sexo masculino, entendam de onde vem a falta de confiança de gênero, pelo menos em parte. Tanto evidências sem comprovação científica quanto estatísticas indicam que mulheres que negociam para promoções são mais propensas a serem vistas como intimidantes, mandonas ou agressivas. É mais difícil para mulheres ambiciosas serem vistas como agradáveis. Às vezes, o problema é diretamente de natureza sexual. Um grupo de caras pode sair juntos no trabalho, às vezes até mesmo se envolver em brincadeiras retóricas, com algumas piadas sexuais e insinuações. Em casos mais extremos (mas não incomuns), eles podem sair juntos e visitar clubes de *striptease*, ou talvez ficar bêbados juntos. Uma mulher não se encaixa nesses grupos da mesma forma. Além disso, uma mulher que socializa fora do trabalho corre o risco de ter propostas sexuais e, em casos extremos, pode até ser agredida. Há também o risco de ficar sob suspeita dos cônjuges dos colegas de trabalho. É um ambiente social e de redes mais difícil para as mulheres negociarem. Mentoria pode ser psicologicamente mais complexa em todos os sexos e, hoje, em um ambiente #MeToo*, muitos homens estão relutantes em orientar mulheres mais jovens de forma próxima ou intensa. Em tal mundo, muitas mulheres não têm certeza sobre como se encaixam no local de trabalho.[19]

Um estudo recente de 1.139 propostas de capital de risco, de 2010 a 2019, aplicou técnicas de aprendizagem automática para categorizar as propostas em termos de seus estilos, que por sua vez estava correlacionado com a forma como os capitalistas de risco recebiam esses discursos. Já foram discutidos alguns dos resultados mais amplos

---

* Movimento #MeToo: ganhou força em 2017 quando a atriz Alyssa Milano publicou no seu Twitter um pedido para que todas as pessoas que já sofreram assédio sexual usassem a *hashtag* #MeToo. [N. da T.]

no Capítulo 5, mas os resultados de gênero também são interessantes. Quando as mulheres falam fazendo parte de equipes com um gênero, são julgadas mais rigorosamente na qualidade do discurso do que os homens. Isso é consistente com a visão de que as mulheres têm que andar em uma corda bamba mais fina ao se apresentarem ao mundo exterior. Mas o resultado realmente marcante foi o seguinte: quando as mulheres falavam em equipes com gênero misto, a qualidade do discurso feminino não importava em nada. Parece que os potenciais investidores prestaram atenção apenas ao que os homens disseram.[20]

Finalmente, dadas todas essas restrições, os observadores de talentos devem prestar maior atenção às mulheres de origens não tradicionais e às mulheres que estão desabrochando tarde. Precisamente porque as mulheres são, de certa forma, diferentes dos homens e muitos mecanismos de caça-talentos são mais voltados para os homens, é mais fácil para as mulheres supertalentosas não serem selecionadas. Também é possível que muitas mulheres, nos estágios iniciais de suas carreiras, tenham tido experiências negativas com assédio sexual ou tiveram filhos, e depois fizeram seus "retornos" muito mais tarde em suas carreiras. Por essas e outras razões, mulheres talentosas podem demorar mais para encontrar suas verdadeiras vocações.

Considere N. K. Jemisin, autora negra de ficção científica que vendeu milhões de cópias e ganhou os Prêmios Hugo e Nebula. Quando ela começou, acreditava que uma carreira na escrita de fantasia estava fechada para ela, devido à sua identidade. Em vez disso, ela fez pós-graduação em psicologia e acabou trabalhando como conselheira de carreira em uma faculdade em Springfield, Massachusetts. Ainda assim, continuou escrevendo, muitas vezes anonimamente online. Quando tinha 30 anos, encontrou um obstáculo: estava endividada, não gostava de Boston, onde então morava, e não gostava de seu namorado. Só depois que se comprometeu a escrever para viver que as coisas começaram a acontecer.[21]

Para ter um exemplo mais incomum, considere a irmã Wendy (Wendy Beckett), que na década de 1990 escreveu livros best-sellers sobre história da arte e apresentou um programa de documentários da BBC. Quase sozinha, ela interessou uma geração inteira nos clássicos da arte ocidental, e foi descrita pelo *The New York Times* como a "crítica de arte mais famosa da história da televisão". Era freira de formação, e aparecia na TV com o hábito completo e seus dentes mal alinhados como marca registrada. Ela nasceu na África do Sul em 1930, passou grande parte do início de sua carreira vivendo sob um código religioso de silêncio, mais tarde dedicou-se à solidão e à oração. Tinha crises periódicas de saúde e passou anos traduzindo roteiros medievais em latim. Isso não parece um começo auspicioso para uma celebridade da televisão. No entanto, um dia ela estava falando sobre obras de arte em um museu, uma equipe de filmagem pediu para filmá-la, o clipe chamou a atenção de um produtor da BBC e o resto, como dizem, é história, com a parte principal de sua carreira artística iniciando após os 60 anos. Nem preciso dizer que ninguém mais na TV ou no campo da história da arte tinha as perspectivas estéticas ou históricas da irmã Wendy.[22]

Julgando a Inteligência de Homens e Mulheres

Até agora o livro se concentrou na personalidade entre os dois gêneros, porque é sabido que os efeitos da personalidade são reais e há menos casos em que a inteligência difira e entre homens e mulheres. Ainda assim, há alguns resultados interessantes sobre inteligência e gênero, e eles são de relevância direta para o processo de contratação. Talvez o mais importante, parece ser mais fácil para muitos chefes e olheiros escolherem os homens mais inteligentes do que escolherem as mulheres mais inteligentes.

Em um estudo, as pessoas que olham as fotografias de homens são, em média, mais capazes de identificar os que são considerados mais inteligentes nos testes. Algumas pessoas "parecem inteligentes", e mesmo que esse julgamento seja altamente subjetivo, algumas vezes é correto. Os semblantes desses homens oferecem pistas socialmente acessíveis sobre sua inteligência, mas os semblantes das mulheres não, pelo menos não em média. Em outras palavras, é mais difícil para as pessoas, incluindo chefes homens, escolher as mulheres inteligentes apenas por sua aparência. Esse resultado está aberto a várias interpretações, mas uma possibilidade óbvia é que as mulheres inteligentes se encaixam menos em estereótipos, e também que muitas pessoas estão mais acostumadas a aprender a detectar inteligência em homens do que em mulheres, talvez porque as mulheres inteligentes nem sempre tenham o mesmo alto status social que os homens inteligentes.[23]

Outro resultado interessante do artigo é que as mulheres são, em geral, melhores em avaliar a inteligência de homens e mulheres. Não se sabe por que é assim, mas é uma razão (entre outras) para garantir que mulheres suficientes tenham feedback em seu processo de contratação.

Há também pessoas que parecem inteligentes, mas não o são — cuidado com esses candidatos. Um estudo, por exemplo, sugeriu que as pessoas dão maiores índices de inteligência para aqueles que estão sorrindo e usando óculos, mesmo quando essas características não mostram correlação particular com a inteligência real. Esses resultados são baseados em estranhos classificando 1.122 imagens do Facebook, em que os indivíduos que forneceram as imagens receberam testes de QI. É possível que você tenha esses vieses também, então considere como pode limitá-los. Talvez dê ao candidato franzindo a testa com lentes de contato um olhar mais atento, mas pelo menos não seja muito confiante em suas avaliações baseadas em aparência sobre quão inteligentes outras pessoas realmente são. Esses resultados particulares sobre óculos e sorrisos não foram estabelecidos através de replicação repetida, mas os autores concordam com a ideia geral de que nossas intuições e nossos julgamentos de inteligência podem ser desviados, então não fique muito convencido.[24]

Curiosamente, os autores descobriram que os homens têm mais dificuldade em julgar a inteligência das mulheres porque elas muitas vezes se apresentam como mais agradáveis em um ambiente de entrevista do que os homens. A amabilidade pode ser agradável de interagir, mas obscurece o julgamento crítico e suaviza a transmissão de "dados" sobre a inteligência do entrevistado. Muitos homens, em particular, rebaixarão incorretamente a inteligência de uma mulher especialmente agradável. Eles podem achá-la agradável ou "bem inteligente", mas os homens não estarão suficientemente abertos à ideia de que talvez ela seja muito inteligente de fato. É um viés que homens (e muitas mulheres) devem tentar evitar.

Em essência, o julgamento masculino muitas vezes se desvia quando as mulheres são (a) bastante agradáveis ou (b) não são muito agradáveis. São muitos casos! Uma das virtudes da Teoria dos Cinco Fatores da personalidade, por todas as suas limitações, é simplesmente que ela dá algumas categorias para ajudá-lo a pensar e superar alguns de seus possíveis vieses.

Se as avaliações da inteligência das mulheres são "suavizadas" dessa forma, como parece que são, as mulheres podem acabar sendo favorecidas para muitos empregos de nível médio, sobretudo aqueles que exigem alta consciência, porque a mulher parece uma escolha mais segura. Ao mesmo tempo, será mais difícil para uma mulher demonstrar que merece ser considerada para posições muito mais altas. Pode não haver qualquer viés *em média*, mas ainda assim muitos avaliadores terão mais dificuldade em perceber e identificar os maiores alcances da distribuição de talentos femininos em determinado esforço. Esse resultado pode se manter mesmo que os avaliadores masculinos (e muitos femininos) não sejam preconceituosos *em média* com mulheres no local de trabalho.

Na internet, muitos preconceitos com mulheres no local de trabalho podem ser pensados em termos dessa ideia de suavização.

Quando se trata de personalidade, parece que os observadores resolvem *muito pouco* ao formar suas impressões sobre as mulheres e, em vez disso, adotam impressões exageradas. As "mulheres difíceis" são consideradas mais difíceis do que realmente são e as "boas meninas" são favorecidas e vistas como mansas e cooperativas mais do que é realmente o caso. Quando se trata de inteligência, provavelmente vemos o contrário, um excesso de suavização: mulheres realmente inteligentes são desvalorizadas e as não tão inteligentes são supervalorizadas, com muitas impressões agrupadas perto da média. Então, como uma única e simples recomendação, você pode tentar suavizar mais suas impressões de personalidade das mulheres e menos suas impressões de inteligência.

É interessante que a Y Combinator (YC), uma empresa líder em capital de risco, sempre tem pelo menos uma mulher como parte de uma equipe de entrevista com três pessoas. Historicamente, essa posição foi estabelecida por Jessica Livingston, uma das quatro fundadoras originais da YC. A perspicácia de Jessica é lendária dentro dos círculos da YC, pois ela tem um instinto poderoso e preciso para o talento, em particular para eliminar as maçãs podres. Jessica já recuou um pouco, mas a organização percebeu que grande parte desse especial *je ne sais quoi** não era exclusivo dela. As parceiras pareciam melhores do que os homens na detecção de enganos ou fundadores dissimulados. A inclusão de uma mulher também muda de forma sutil e profunda a dinâmica de conversação da discussão pós-entrevista da triagem. Não há certeza do *motivo*, mas é interessante que um dos mais bem-sucedidos e duráveis selecionadores de talentos do mundo exija que mulheres participem do processo de triagem.

---

* *Je ne sais quoi*: expressão francesa que significa, literalmente, "eu não sei o quê", utilizada quando se deseja explicar algo que é inexplicável, ou seja, quando algo ou alguma coisa chama atenção, se destaca, mas ninguém sabe exatamente o que é de fato. [N. da R.]

Decifrando Códigos Culturais e Como Limitar seus Vieses Sobre Raça

Finalmente, em termos de princípios gerais, o que você deve fazer ao entrevistar ou avaliar indivíduos de outro país, cultura ou formação religiosa ou linguística? Como tirar o ruído do sinal? Consideraremos essas questões, mas o foco será a raça como a aplicação relevante, principalmente em um cenário norte-americano, porque é o que os autores conhecem melhor.

Ser negro nos Estados Unidos é uma experiência cada vez mais diversificada, em parte devido à imigração significativa da África, do Caribe e da América Latina. A área de Washington, capital, onde Tyler mora, é agora, de longe, a segunda maior "cidade etíope", para dar um exemplo simples. Se Tyler encontra uma pessoa negra no dia a dia, a chance de ela ser da África Oriental é bastante alta. A área da baía de São Francisco, onde Daniel mora, também tem uma representação relativamente alta de africanos orientais. E dentro das comunidades afro-americanas mais estreitamente definidas, as histórias e as experiências diferem muito. Por exemplo, Clarksburg, Mississípi, é um ambiente muito diferente de Los Angeles e ambos são diferentes de Boston. Em 2020, muitos norte-americanos ficaram surpresos ao saber que Mineápolis tem um problema sério com racismo*; contudo, se você conhecer a história da cidade, estará ciente de que as desigualdades raciais são um tema importante há tempos. Além de todas essas diversidades, homens e mulheres negros nos Estados Unidos podem enfrentar tipos muito diferentes de barreiras raciais.

Um primeiro conselho — e isso serve para indivíduos de todas as raças — é não fingir que você entende muito bem a raça como uma questão. Não aborde o problema e a questão do preconceito com uma

---

* Referência ao caso de George Floyd, afro-americano que foi assassinado em 25 de maio de 2020, depois que Derek Chauvin, branco, então policial de Minneapolis, ajoelhou-se no pescoço de George durante oito minutos e quarenta e seis segundos, enquanto ele estava deitado de bruços na estrada ao ficar sob custódia por supostamente tentar trocar uma nota falsa de 20 dólares em uma loja. [N. da R.]

teoria preferida sobre como o mundo funciona em relação à raça, porque a diversidade das questões raciais, dos problemas e dos preconceitos provavelmente acabará com seu plano. Principalmente, como uma pessoa de fora, você quer se livrar de muitos de seus preconceitos, sejam explícitos ou implícitos, e se abrir para as possibilidades de talento em comunidades minoritárias, sobretudo aquelas com as quais você pode não ter nenhuma conexão pessoal.

O cenário da entrevista é uma maneira direta de ver a relevância das questões raciais. Para dar um exemplo, tanto Daniel quanto Tyler notaram que os entrevistados de muitos países e culturas estrangeiros são muito mais educados — e também mais distanciados e formais — do que os norte-americanos brancos e a maioria dos outros entrevistados anglo-americanos brancos (canadenses, britânicos, neozelandeses e assim por diante). Os negros norte-americanos costumam ser igualmente educados e formais. Esses entrevistados, às vezes, não têm certeza de sob quais regras culturais estão operando ou que tipo de impressão estão causando, portanto, respondem com estratégias de polidez e formalidade avessas ao risco. Isso facilita a comunicação em alguns aspectos, mas também torna mais difícil entendê-los e julgar seus pontos fortes e fracos de talento.

Muito simplesmente, indivíduos de diferentes culturas são mais difíceis de entender. Além disso, surge uma questão básica: se esses indivíduos estão se comportando de forma mais educada, é porque a cultura deles valoriza mais a polidez e, portanto, talvez no trabalho atual eles realmente *serão* mais educados? Ou é apenas uma exigência temporária, destinada a lidar com a situação desconhecida de ser entrevistado por uma pessoa de cultura diferente? Ou será uma exigência *permanente* para lidar com o que continuará sendo uma situação desconhecida no trabalho? Muitas vezes não se sabe a resposta.

Na medida em que há uma lacuna cultural entre brancos e negros (ou outros grupos) em um ambiente de entrevista, é uma resposta estratégica comum, de ambos os lados, arriscar menos. Ser menos natural. Contar menos piadas. Revelar menos sobre a vida pessoal. E assim por diante. Portanto, é mais difícil passar para o modo conversacional altamente produtivo, como discutido no Capítulo 2. O resultado final é que você — mesmo que não tenha preconceitos no sentido estrito desse termo — tem menos probabilidade de ver os verdadeiros pontos fortes do talento das pessoas com quem fala.

Você notará que isso reflete alguns dos problemas enfrentados pelas mulheres, conforme discutido anteriormente. As mulheres muitas vezes sentem — corretamente em muitos casos — que há menos papéis de personalidade que elas podem preencher confortavelmente, em termos de afirmação de "mandona", dominadora ou outras qualidades. Nem são necessariamente permitidas mostrar um grau comparável de fraqueza emocional. E, assim, muitas vezes (racionalmente) respondem se expondo menos, interpretando mais, sendo mais suaves e superficialmente mais agradáveis, talvez superformais ou mesmo desejando se esconder atrás de estilos particulares de maquiagem ou vestimenta. Essas decisões que obscurecem as informações são resultado do preconceito no local de trabalho, mesmo que nenhuma pessoa em tal local tenha opiniões fortemente sexistas sobre as mulheres. A resposta a pressões sociais mais amplas é escolher e investir em modos particulares de autoapresentação ao mundo, e esses modos não podem ser mudados num piscar de olhos em todas as circunstâncias, mesmo quando tais mudanças possam ser vantajosas para todas as partes envolvidas.

Voltando à questão racial, quando o presidente Obama concorreu ao cargo e venceu, ele teve a sensação (provavelmente correta) de que suas opções para exibir um comportamento raivoso eram muito mais limitadas em relação ao que os candidatos e os presidentes brancos experimentaram. Ele sempre teve que parecer razoável e agir com calma, de forma que nunca constrangesse seu antecessor George W. Bush ou vários outros políticos que usam discursos, delírios e indignação como ferramentas retóricas. Para um líder negro na América do Norte, essas estratégias são muito mais difíceis de conseguir sem alienar ou mesmo assustar uma parcela significativa do eleitorado. E, assim, Obama permaneceu notoriamente tranquilo. Não é por acaso que o primeiro presidente negro dos Estados Unidos seja um tipo de personalidade para quem um modo de apresentação tão legal veio naturalmente.

A ideia de que "todos os brancos são racistas" pode ser perturbadora para alguns brancos que fazem um esforço sério para se opor ao racismo, mas é importante ver a verdade nisso. Não é que todos os brancos pretendam obter resultados racistas. Mas é o caso que em uma sociedade com algum racismo e diferenças culturais bem definidas, um grupo de pessoas — a maioria mais rica e mais poderosa — será sistematicamente incapaz de ver muitos dos talentos da minoria menos rica, nesse caso os negros. É um obstáculo que muitos candidatos de talento negro enfrentam, o que é muito difícil para o grupo majoritário entender e internalizar emocionalmente como sendo real.

Em síntese, mesmo na ausência de preconceito, negros e outros grupos minoritários podem enfrentar obstáculos muito reais para divulgar seus talentos.

Então, o que fazer? Os autores não têm respostas para tudo, mas gostariam de apresentar alguns passos que você pode seguir para aprimorar a sua percepção dos talentos de pessoas fora de seus grupos próximos e intimamente conectados. Não são soluções infalíveis, mas, no mínimo, melhorias marginais são possíveis.

Como Ampliar Suas Perspectivas Sobre Raça e Também Muitos Outros Assuntos

A primeira coisa que você pode fazer é entender esse problema. Plante em sua mente o pensamento de que uma subclasse significativa de trabalhadores em potencial circula com muitos de seus talentos invisíveis ou, pelo menos, significativamente mais difíceis de detectar. Você pode e deve acreditar nisso, não importa qual seja sua visão exata sobre o grau de intenção prejudicial explícita no mundo moderno. O número de pessoas que acreditam e internalizam essa verdade simplesmente não é alto o suficiente e você deve fazer questão de estar do lado certo da equação.

Sim, esse ponto se aplica a pessoas de todas as raças. Não importa qual seja a sua formação, uma parte significativa do conjunto de contratação provavelmente vem de pessoas de raças e origens diferentes da sua. Isso será ainda mais verdadeiro à medida que o "trabalho a distância" se espalhar e as empresas norte-americanas continuarem a contratar os melhores talentos de todo o mundo, mesmo que esses indivíduos não imigrem para os Estados Unidos.

O próximo passo é ajustar seu comportamento de acordo. Procure mais por talentos e aprenda a ter uma aparência melhor, inclusive em divisões raciais (e outras). Não é sempre fácil, mas é notável quantas pessoas ainda nem chegaram ao estágio de ter qualquer consciência sobre o problema subjacente.

Para esses fins, um passo concreto que você pode tomar é colocar-se em ambientes em que outras pessoas não percebem os *seus* talentos com muita facilidade, mesmo que apenas para ter uma noção de como é, e também para tornar a ideia emocionalmente mais vívida para você. Por exemplo, se for para a Finlândia, não presuma que todos lá o odeiam, estão chateados com você ou não querem falar com você. Normas vigentes existem para que as pessoas sejam mais distantes e taciturnas. Quando Tyler visitou a Finlândia, sentiu que era grosseiro e barulhento a maior parte do tempo, e se esforçou para moderar seu comportamento para não se destacar tanto. Talvez os finlandeses não pudessem identificar seus talentos ou sua articulação como resultado. É o tipo de experiência que você está tentando ter —

sentir como é quando a percepção de seus talentos é amenizada. Por sua vez, você terá uma noção melhor das habilidades possivelmente ocultas dos outros, podendo ser barreiras de raça, cultura, religião, gênero ou qualquer outra.

Tentar aprender uma língua estrangeira — e chegar longe o suficiente para realmente se comunicar — servirá para o mesmo fim, embora possa ser muito caro. Por um longo tempo, você não parecerá tão inteligente nem tão esperto. Tyler achou instrutivo, na casa dos 20 anos, viver na Alemanha. Na época, ele falava um alemão bom, mas não perfeito. Por seu comportamento e roupas, ele claramente não era um militar norte-americano e, além disso, a maioria dos militares não aprende muito alemão. Como resultado, muitos alemães assumiram que ele era turco ou de algum outro grupo étnico que muitas vezes enviava migrantes para a Alemanha, talvez dos Bálcãs. Uma vez ele ouviu um furioso: "Saia daqui, seu turco!" (em alemão) em resposta a uma de suas perguntas. Esse é novamente o tipo de sentimento que você deseja experimentar e cultivar para entender, embora não se recomende ter que ficar em tal mundo o tempo todo (para ser claro, a maioria dos alemães foi muito legal com Tyler durante sua estada lá).

Tente ver como é ser avaliado por uma cultura muito diferente, e nem sempre com tanta generosidade. Veja como se sente desamparado ou sem noção às vezes. Sem despertar quaisquer marcadores externos de status e riqueza que possa possuir, tente pedir a alguém em uma cultura (muito) diferente para fazer um grande favor. Tente medir se as respostas que você obtém para esse tipo de teste foram diferentes do que teria sido em sua terra natal quando perguntado por um estranho comparável. Então emocionalmente internalize essas lições e lembre-se delas na próxima vez que entrevistar pessoas de origens raciais ou culturais muito diferentes. Tenha também em mente (dependendo das circunstâncias) que você sempre tem a opção de sair de tais situações e retornar a uma vida relativamente privilegiada, mas talvez a pessoa que você está entrevistando não tenha uma liberdade comparável.

Parte do sucesso de Daniel na seleção de talentos pode ter origem na dupla formação de sua história pessoal. Ele nasceu e cresceu em Israel, mas seus pais são judeus americanos, e Daniel tem uma conexão mais próxima com a cultura norte-americana do que a maioria dos israelenses normalmente teria. Ainda assim, ele é um estrangeiro. Vivendo nos EUA, ele tem a perspectiva de um judeu que cresceu em Israel e também tinha amigos árabes e cristãos. Vivendo em Israel, no entanto, ele era pelo menos parcialmente norte-americano em perspectiva, devido a seus pais, laços culturais e seu inglês impecável e sotaque norte-americano adicional (você pode notar que Daniel não tem sotaque ou linguajar de nenhuma região em particular — muitas vezes uma prova de que alguém cresceu no exterior). Um instrutor de natação árabe lhe ensinou muito mais do que o nado costas: a verdadeira lição do Sr. Amos foi que a inspiração para a excelência pode ser encontrada em alguém com uma visão muito diferente da vida. Também não havia uma única comunidade religiosa em que Daniel se sentisse em casa, portanto, durante toda a sua vida, ele se acostumou a ver as coisas de fora. E por ser um bilíngue nativo, reforçou a noção de que sempre há mais de uma maneira de expressar ou enquadrar uma ideia particular — uma fonte de flexibilidade mental e um ponto de entrada natural para a noção de múltiplas perspectivas.

Talvez você não tenha nascido em tal ambiente, mas pelo menos também deve considerar viajar para países que seriam incomuns em relação à sua cultura inicial, pois isso pode ajudá-lo a descobrir e entender melhor a ampla gama de variações culturais. Em vez de tirar suas próximas férias na costa do Nordeste, experimente a Índia ou a Tanzânia (se as condições permitirem). No entanto, não pense que agora você "entendeu a Índia". Teve apenas um curto período lá, provavelmente não fala as principais línguas nativas e a própria Índia é incrivelmente diversificada, com várias religiões e grupos linguísticos importantes, assim como a Tanzânia. O que poderá ver, no entanto, é até onde vai a variação cultural. Quanto suas pressuposições anteriores eram baseadas em fatos associados, não em fatos universais humanos. Com que facilidade e com que frequência você pode se surpreender com suas interações com pessoas de outras culturas.

Visitar a África em particular pode ser útil para entender a raça nos Estados Unidos. Não é que qualquer país africano seja "como" os Estados Unidos em relação à raça, mas você pode aprender com o contraste. Na maior parte da África (exceto partes da África Austral), as pessoas não crescem sentindo a raça como um problema da mesma forma que um negro norte-americano, em parte porque todos ao seu redor são negros. Frequentemente, os imigrantes africanos relatam que "aprendem raça" pela primeira vez apenas quando chegam aos Estados Unidos. Passar o tempo em um ambiente em que a maioria das pessoas é negra, mas a raça não é o mesmo tipo de problema que é nos Estados Unidos, pode ser extremamente instrutivo. E se você é branco, asiático ou latino, será aquele que se destaca e está frequentemente consciente disso — outra maneira instrutiva de aprender algo sobre como é se sentir diferente o tempo todo.

De maneira mais geral, fazer essas viagens significa que você será pego menos desprevenido quando estiver avaliando e entrevistando pessoas de outras culturas. Trabalhando com esses princípios, envie seus filhos para estudar no exterior ou morar por um tempo em outro país, se for possível e acessível. Se nada mais, estará contribuindo para o sucesso de longo prazo deles como gerente e selecionador de talentos.

Geralmente não é suficiente por si só, mas ler livros é outra maneira de ampliar seus horizontes. Quando se trata de ler sobre questões raciais, os autores têm alguns conselhos muito específicos (mais uma vez, tendo em mente que isso foi escrito da perspectiva de dois caras brancos).

Primeiro, leia autobiografias, pois sua narrativa em primeira pessoa dá um canal direto para os pensamentos, os sentimentos e os talentos de algumas pessoas muito diferentes de você. A história norte-americana é notável por ter tantas narrativas afro-americanas incríveis em primeira pessoa. Você pode começar com Frederick Douglass, Booker T. Washington, Zora Neale Hurston, Malcolm X e James Baldwin. É melhor começar com trabalhos de um passado mais distante, pois eles são menos propensos a colidir com suas visões políticas atuais e, assim, você pode absorver o conteúdo com menos distrações. Ler a autobiografia do presidente Obama, em contraste, *pode* ser útil e instrutivo, mas sua opinião sobre isso possivelmente estará muito presa a qualquer coisa que você pense de Obama como presidente. Portanto, procure deliberadamente um pouco de distância, e a história permite que você faça isso.

Se quiser outra sugestão concreta além da leitura, visite uma igreja de cultura negra pelo menos uma vez, possivelmente mais vezes se achar a experiência significativa (supondo que as condições de saúde pública permitam). É uma maneira acessível de ver um lado muito aberto da América negra, e você será bem-vindo de coração.

Se desejar ser mais ousado intelectualmente, aqui está outro passo que pode dar. Leia ou ouça algumas opiniões mais radicais sobre raça, o que quer que esteja fora da sua zona de conforto. Reconheça que não precisa concordar com elas. Mas tente explicar mentalmente por que alguém poderia acreditar e promover essas alegações. Se necessário, escreva, mesmo que apenas em particular, o que acha serem os melhores argumentos para esses pontos de vista. É uma boa maneira de tentar se colocar na mente dos outros. Veja se o que você propõe é convincente — não no sentido de que você tem que concordar com isso, mas se acha que realmente apresentou a versão mais forte possível desses argumentos. As pessoas do outro lado do debate reconheceriam isso como uma tentativa inteligente e de boa-fé de representar sua perspectiva? Continue trabalhando até acreditar sinceramente que fez o seu melhor na construção de um caso plausível para pontos de vista dos quais você discorda.

Os autores recomendam isso como um meio de lidar com questões raciais, mas o método é geral. Se você tiver dificuldade em se relacionar com pessoas de diferentes pontos de vista políticos ou religiosos, ou tiver dificuldade em identificar seus talentos, tente conversar ou escrever os pontos de vista delas no que você considera ser a forma mais persuasiva possível. Mesmo que por apenas por um período muito curto de tempo, você se sentirá, pelo menos intelectualmente, no lugar delas.

Os autores não pretendem ter coberto mais do que uma pontinha das questões relevantes quando se trata de raça e cultura. No mínimo, saiba o que você ainda não sabe. O próximo passo é perceber que há um problema e também há algo que você pode fazer sobre isso, melhorando suas habilidades de seleção de talentos. Os autores esperam tê-lo ajudado a dar alguns passos nessa direção.

A BUSCA POR TALENTO NA BELEZA, NOS ESPORTES E NOS JOGOS, OU COMO FAZER OS OLHEIROS TRABALHAREM PARA VOCÊ

Uma lição do mundo das supermodelos de moda é a importância dos olheiros e da observação. Uma questão-chave na busca de talentos é quando você deve ou não confiar no olheiro. Para entender melhor a questão, segue um relato sobre um caso em que a observação funciona muito bem.

Alisson Chornak costumava dirigir seu SUV rosa pelo sul do Brasil, vasculhando pátios de escolas e shoppings para encontrar mulheres com o visual certo para um contrato lucrativo de modelo. Ele agora é CEO de uma agência de caça-talentos, Tango Management, para "observação e encaminhamento".[1]

É impressionante a quantidade de modelos famosas que foram descobertas por olheiros; na maioria das vezes elas não se formaram nas escolas de modelos. Gisele Bündchen estava em um shopping em São Paulo quando um olheiro chamado Zeca, que trabalhava para a Elite Model Management, se aproximou dela e perguntou: "Você quer ser modelo?". Ele viu aquele "algo" nela. A princípio Gisele chamou sua mãe, mas acabou aceitando a oferta de Zeca. Christie Brinkley foi descoberta por um fotógrafo quando levou seu cachorro doente ao veterinário em Paris. Kate Moss foi descoberta por uma modelo enquanto brigava com o pai no aeroporto John F. Kennedy. Claudia Schiffer foi descoberta aos 17 anos dançando em uma discoteca em Düsseldorf, Naomi Campbell foi descoberta por um olheiro e Behati Prinsloo foi abordada por um homem em uma mercearia da Namíbia, que a encaminhou para uma agência de modelos.[2]

Há mulheres bonitas (e homens) por toda parte, mas mesmo em um ambiente rico em modelos como o sul do Brasil, é impossível para qualquer agência de talentos visitar cada vilarejo, conhecer e examinar cada jovem. Além disso, o sistema escolar não é um local óbvio para encontrar talentos de modelos de moda, pelo menos não da mesma forma como podem encontrar talentos da matemática, da engenharia ou da música. A beleza não está no currículo e é institucionalmente difícil para as escolas destacarem algumas mulheres de forma explícita como muito mais bonitas ou mais apropriadas para a profissão de modelo, mesmo que isso possa ser feito no tênis ou na ginástica. Em uma época especialmente sensível ao #MeToo, à justiça, à "aparência" e a problemas de autoestima, classificar publicamente as mulheres por seu talento como modelo é uma questão altamente preocupante.

Portanto, para ajudar a encontrar o talento adequado, o setor de modelos tem vários níveis de olheiros. Há fotógrafos que podem abordar mulheres na esperança de obter uma ou duas sessões de fotos bem-sucedidas, e talvez desenvolver uma boa reputação a longo prazo como descobridores de talento. Além disso, há olheiros em tempo integral e autônomos que tentam encontrar as mulheres certas e depois vendem suas descobertas para uma agência de modelos ou revista. Para ter uma ideia rápida de como esse setor funciona, tente visitar modelscouts.com [conteúdo em inglês].[3]

Vale a pena pensar por que o olheiro de modelos funciona nesse contexto. Primeiro, o talento relevante pode vir de muitas partes diferentes do mundo e o número de mulheres a serem observadas é muito grande. É difícil imaginar um processo centralizado fazendo o trabalho. Em segundo lugar, é plausível que muitos olheiros tenham uma boa noção de quem pode ser um bom modelo. A aparência dificilmente é o único fator por trás do sucesso das modelos, mas é uma espécie de "primeira atração", e esperar que os olheiros julguem a aparência a partir das primeiras impressões é mais plausível do que esperar que usem as primeiras impressões para julgar bem o talento pela habilidade em, digamos, mecânica quântica. Terceiro, especialmente em algumas das localidades mais pobres, como no Brasil, uma fração razoável das mulheres tem algum interesse em seguir a carreira de modelo. Os olheiros não estão perdendo tempo abordando essas mulheres. Por fim, uma investigação complementar para julgar o talento de modelo das mulheres escolhidas não é extremamente dispendiosa. Você pode chamá-las para uma sessão de fotos e ver o quão populares elas se mostram no mercado sem ter que investir milhões de dólares de imediato.

Uma característica da observação de modelos é o quão bem ela leva os olheiros a procurar talentos em todos os cantos e recantos. Atualmente está comprovado que partes remotas do Brasil e da Rússia são examinadas de perto em busca talentos em potencial. À medida que os locais mais óbvios (digamos, Manhattan) ficam lotados de olheiros, eles precisam encontrar suas futuras promessas em outros lugares. Se você vir uma mulher alta e bonita na Quinta Avenida, ela poderá já ser modelo, ou mais provavelmente decidiu não seguir essa linha de trabalho. Assim, tem havido um impulso crescente para que os olheiros procurem oportunidades no Meio-oeste norte-americano. No Missouri, "nove em cada dez, nunca pensaram nisso antes", observou um comentarista.[4]

Em geral, o olheiro tende a ser eficaz quando a busca de talentos começa com um grupo muito grande e precisa reduzi-lo a um número muito menor de concorrentes plausíveis. Para as principais decisões finais, no entanto, normalmente são necessários especialistas em tempo integral. As agências de modelos contratam avaliadores experientes em tempo integral ou esses avaliadores são os próprios donos das agências. Em contextos comerciais mais amplos, os sócios gerais de um fundo de capital de risco tomam a decisão final sobre se uma futura promessa tem um projeto viável e executável.

Há ainda outra razão pela qual o olheiro de modelos é robusto, inclusive no contexto do supermodelo. Gostemos ou não, os retornos do olheiro são maiores quando a desigualdade de renda é maior. Digamos que você tenha um dilema: chamar um veterano comprovado ou um olheiro de novos talentos. Quanto maior o salário dos funcionários comprovados, maior o incentivo para procurar novos talentos. Compare isso com os bons e velhos tempos. Naquela época, ainda havia melhores e piores funcionários, mas as escalas salariais eram mais compactas, mesmo porque as normas dentro das empresas eram mais igualitárias do que hoje. Isso significava que os melhores desempenhos eram mal pagos e você sempre poderia atacar a empresa ou a instituição de outra pessoa para conseguir um funcionário melhor (veterano) pagando um pouco mais. (Na verdade, isso faz parte da história de como essas escalas salariais mais antigas chegaram ao fim.) Hoje, em contraste, os melhores talentos são pagos pelo que valem, portanto, há um incentivo muito mais forte para encontrar talentos de qualidade que ainda não foram identificados como tais.

Por razões semelhantes, um ciclo de notícias muito rápido, 24 horas por dia, 7 dias por semana, impulsionado pelas mídias sociais, também aumenta os retornos dos olheiros. Todo mundo está procurando "a próxima grande moda" ou a próxima celebridade, e você não encontrará isso entre as pessoas testadas e comprovadas, não importa quão talentosas elas possam ser. No mundo da música, a turnê de Paul McCartney rende muito dinheiro, assim como a dos Rolling Stones, mas a maior parte desses ganhos vai para os próprios artistas. O caçador de talentos que quer ganhar dinheiro gostaria de encontrar a próxima Billie Eilish.

A atividade de olheiro também está se tornando mais importante porque as opções de autoeducação estão aumentando. Vuvu Mpofu, uma cantora de ópera de baixa renda na África do Sul, é outro paradigma dessa nova era. Sua família adorava música gospel e de coral, mas ela nunca tinha ouvido ópera até os 15 anos, quando se apaixonou por uma ária de Mozart que ouviu em um concerto na escola. No entanto, morando em Porto Elizabeth, África do Sul, ela não teve acesso a professores de ópera. Mesmo assim, encontrou dois DVDs de ópera — *La Traviata* e *A Flauta Mágica* — e aprendeu a imitá-los, desenvolvendo assim um estilo vocal operístico por conta própria. Mais tarde, ela se inscreveu na Escola de Música da África do Sul na Universidade de Cape Town e foi aceita, apesar de sua falta de treinamento formal. Um preparador vocal descobriu seu talento e o resto é história. Em 2019 estreou em Glyndebourne, na Inglaterra, uma das salas de ópera mais exclusivas do mundo. Ela parece destinada a uma carreira de muito sucesso e talvez ao estrelato global.[5]

A maravilhosa história de Mpofu ilustra como a busca de talentos está mudando. Com mais pessoas se aventurando nas mais variadas (do que nunca) vocações, isso sobrecarrega cada vez mais os mecanismos de busca e a alocação de talentos. Precisamos estar mais abertos às realizações de indivíduos autodidatas sem treinamento tradicional. Ao mesmo tempo, muitos aspectos da história de Mpofu são tradicionais. Ela é de East Cape, uma área às vezes chamada de "celeiro vocal" da África do Sul, um país com uma longa e rica tradição de música vocal (não operística). Ela chegou ao topo por ter um bom desempenho em competições e por atrair a atenção de treinadores e mentores. No entanto, o elemento adicionado foi ser autodidata por meio de tecnologias relativamente novas, nesse caso, DVDs. (Observamos que o YouTube desde então se tornou a principal mídia para autotreinamento em muitas áreas.)

De qualquer forma, os caça-talentos precisam estar mais abertos aos talentos autodidatas do que nunca. Na área de jogos, quase todo mundo é um talento autodidata de uma forma ou de outra — ninguém aparece com um mestrado ou uma carta de recomendação em *World of Warcraft*. Isso significa uma carga maior na busca de talentos, pois há candidatos mais plausíveis para amostrar e avaliar. Felizmente, os candidatos agora podem enviar mais sinais, por meio de competições, postagens online, performances de jogos, exibições de mídia social ou outros indicadores de qualidade.

Nunca houve tanta informação para filtrar. Está muito longe dos velhos tempos de aprendizado em muitos campos. Considere alguns monopólios da música clássica indiana, em que muitas vezes os principais artistas eram filhos de cantores de sucesso e foram identificados com bastante facilidade quando jovens. Ainda hoje os princípios de transmissão familiar continuam. Na NBA, Klay Thompson, do Golden State Warriors, é filho de Mychal Thompson, ex-estrela do Los Angeles Lakers. Stephen Curry, também dos Warriors, é filho do ex-esportista, de tiro, Dell Curry (o irmão de Stephen, Seth, também joga na NBA). Hoje, Lebron James tem um filho, Lebron "Bronny" James Jr., que foi uma sensação no basquete do ensino médio. Surpreso ao saber que Bronny estava sendo rastreado por olheiros desde que era jovem? No final de 2019, quando tinha 15 anos, tinha 3,7 milhões de seguidores no Instagram, e 15 dos jogos de seu time de basquete do ensino médio foram exibidos na ESPN. Um de seus companheiros de equipe era Zaire Wade, filho mais velho do ex-colega e estrela do time de LeBron em Miami, Dwayne Wade.[6]

Mesmo quando a transmissão de talentos não é de mãe para filha ou de pai para filho, os mecanismos atuais de descoberta de talentos ainda parecem muito dependentes dos pais. Considere o início da história de Taylor Swift. Seu caminho para o sucesso dependeu muito da localização geográfica e também da renda dos pais. Aos 11 anos, ela viajou para Nashville (vindo da Pensilvânia) e começou a escrever músicas e tocar violão com maior seriedade. Também começou a cantar em eventos esportivos como forma de se tornar mais conhecida: "Quando eu tinha 11 anos, me ocorreu que o hino nacional era a melhor maneira de chegar na frente de um grande grupo de pessoas se você não tem um contrato de gravação." Foi um bom começo, mas e depois? Sua família se mudou da Pensilvânia para um subúrbio de Nashville quando ela tinha 13 anos, permitindo que Taylor ficasse perto dos grandes estúdios, tanto para aprender mais sobre música quanto para conhecer pessoas do mundo da música. Aos 14 anos, Swift assinou um contrato de publicação com a Sony/ATV Music Publishing, na época a pessoa mais jovem que a empresa já havia contratado. Seus pais não apenas eram inteligentes e solidários, mas também conseguiram se mudar para Nashville porque a família já havia acumulado riqueza suficiente em suas carreiras. Além disso, nos últimos anos do ensino médio ela estudou em casa, o que lhe deu tempo e flexibilidade para se concentrar na música. E assim nos perguntamos: e todas as Taylor Swifts cujas famílias não tinham meios, o desejo de mudar para Nashville nem optaram por uma educação em casa?[7]

As empresas de capital de risco encontraram uma oportunidade na busca de empreendedores ocultos. O capital de risco tradicional tem meios de avaliação bastante centralizados, administrados por um pequeno número de sócios gerais de prestígio e bem pagos. Mas a Sequoia teve um programa de olheiros por mais de 10 anos, e as novas empresas de capital de risco Village Global e AngelList Spearhead contam com modelos de olheiros para encontrar seus talentos. Com a Sequoia, há muitos olheiros independentes que têm autoridade para preencher cheques na faixa de US$ 25 mil a US$ 50 mil para potenciais fundadores de *startups*. Os olheiros desempenham seu maior papel no estágio inicial, quando muitas vezes são necessárias quantias menores de dinheiro, enquanto os sócios-gerais podem passar cheques muito maiores (US$ 10 milhões ou mais) para projetos mais avançados. Você pode pensar nesses acordos iniciais como parte do desenvolvimento para eventuais investimentos maiores, e algumas das vantagens econômicas são compartilhadas com os olheiros de identificação. Os olheiros podem receber parte do lucro do negócio, uma parte geral do fundo mais amplo ou serem pagos com base no desempenho, dependendo de quão bem eles invistam os fundos que recebem. Os olheiros são pagos muito menos do que os sócios gerais, e a maioria deles não será nem perto de tempo integral, o que economiza ainda mais despesas.

Ben Casnocha, um dos fundadores da Village Global, expressou sua filosofia de aquisição da seguinte forma: "Há uma explosão de empreendedorismo diversificado e orientado por software em todo o mundo e em quase todos os setores. Acredita-se que essa explosão de oportunidades exija uma abordagem fundamentalmente diferente de aquisição, seleção e suporte. Os autores acreditam que uma ampla rede de sensores (ou seja, uma rede de dezenas de olheiros) tem mais probabilidade de descobrir um fundador talentoso no dia zero."[8]

As Limitações dos Olheiros de Modelos

Na maioria dos casos, os olheiros cuidam apenas das primeiras partes do processo de descoberta e cultivo de talentos. Um tipo específico de aparência pode ser um pré-requisito para ser uma supermodelo, mas é necessário muito mais (relembre a ideia, no Capítulo 4, do modelo multiplicativo para os melhores talentos). Muitas vezes as supermodelos têm que ter o tipo certo de corpo, de tom de pele, têm que saber "usar" roupas, serem fotogênicas, entender como posar e andar, estarem dispostas a gastar dinheiro obtendo a aparência certa para seus dentes, ter extrema disciplina e, idealmente, devem ser boas em trabalhar com fotógrafos e diretores, e muito mais. Um problema que o olheiro Alisson Chonak teve foi que alguns de seus possíveis clientes no interior do Brasil não aguentavam a vida na cidade grande, nesse caso, São Paulo. Descobrir uma supermodelo em potencial com o visual certo é apenas um passo de um processo muito difícil.

Observe que, quando se trata dessas outras etapas para identificar as supermodelos em potencial, o setor depende mais da avaliação centralizada de talentos e menos dos olheiros. Uma agência de talentos centralizada, agência de modelos, revista ou alguma outra instituição fará suas próprias determinações sobre as habilidades e os hábitos de trabalho dos candidatos considerados, porque a aparência é apenas uma parte da equação. O setor de supermodelos, portanto, ilustra as limitações dos olheiros, bem como o lado positivo.

Outro problema é, simplesmente, que os olheiros precisam ser pagos, de uma forma ou de outra. Além disso, eles precisam ser recrutados. (Você usa outros olheiros para isso? É "olheiro pra todo lado?")

Mas além desses desafios óbvios, a introdução de olheiros na equação cria o que os economistas chamam de problemas de agência. Um conjunto de problemas de agência pode resultar dos critérios que os olheiros inevitavelmente terão. No setor de modelos, por exemplo, esse critério pode se manifestar em termos de assédio sexual ou apenas tratamento injusto geral do talento descoberto, uma vez que muitos dos olheiros podem ser tendenciosos, injustos ou se comportar de uma forma que é insuficientemente atenta à reputação geral do empreendimento mais amplo. O caça-talentos de fundo, nesse caso a agência de modelos, não é diretamente responsável pelo comportamento dos olheiros, legalmente ou por sua reputação, mas, ainda assim, a má conduta do olheiro pode se traduzir em penalidades de reputação para a empresa.

Outros problemas decorrem de muita cautela e possivelmente pouco critério ao longo da dimensão da contratação de talentos. Muitos olheiros levarão a procedimentos burocratizados para avaliar o desempenho desses olheiros, e a uma inevitável perda de dinamismo. Os olheiros podem se preocupar mais com suas reputações pessoais do que com o sucesso do empreendimento mais amplo. Em particular, os olheiros podem ser avessos ao risco, com medo de recomendar opções realmente estranhas ou fora da caixa por medo de parecerem bobos e perder seus empregos. O velho ditado era "Ninguém nunca foi demitido por comprar a IBM". O novo ditado talvez seja "Nenhum olheiro foi demitido por recomendar o futuro acadêmico de Rhodes". Nada contra os estudiosos de Rhodes*, que têm um histórico notável de realizações, mas o mundo vai encontrá-los e recrutá-los de qualquer maneira. Essa provavelmente não é a direção que você quer que seu olheiro esteja olhando, já que esses indivíduos já estão em seu caminho acadêmico e provavelmente não estão tão interessados em ingressar em seu novo e arriscado empreendimento.

Investir em muitos olheiros também pode levar ao excesso de confiança e de lances para os indivíduos com os melhores relatórios de olheiros. Talvez o melhor e mais extenso estudo sobre viés na busca de talentos tenha sido feito por Cade Massey, da Faculdade de Administração de Yale, e Richard Thaler, da Escola de Negócios da Universidade de Chicago e vencedor do Nobel de Economia. Eles estudaram as escolhas da seleção da Liga Nacional de Futebol Americano e descobriram que as escolhas da primeira rodada são sistematicamente supervalorizadas em relação às escolhas posteriores. Ou seja, as equipes pensaram que poderiam discernir o talento muito melhor do que realmente aconteceu quando os verdadeiros talentos desses jogadores fossem revelados. Além disso, com o tempo, as equipes parecem não aprender a sair dessas avaliações. Em essência, as escolhas iniciais, mesmo que acabem tendo mais talento, são muito caras e os jogadores escolhidos mais tarde na seleção são as pechinchas.[9]

---

* Bolsa de Rhodes: prêmio internacional de pós-graduação para alunos que estudam na Universidade de Oxford. Fundada em 1903, é a bolsa de pós-graduação mais antiga do mundo. [N. da T.]

Para entender a importância desse resultado, tenha em mente o que é uma área especializada de futebol americano profissional. Os jogadores em potencial na seleção profissional normalmente são rastreados por anos, geralmente desde o ensino médio. Seu desempenho anterior pode ser medido por estatísticas colegiadas, há muitas gravações deles jogando, e muitos olheiros profissionais estão presentes nesses jogos, assistindo-os na TV ou em gravações. Eles, suas famílias e seus amigos estão disponíveis para entrevistas extensas e perfis de personalidade. Além disso, os times de futebol investem milhões de dólares em cada jogador, não apenas para o salário, mas também para instalações, assistência médica e treinamento. As apostas são altas e é difícil pensar em muitas áreas em que há tanta informação sobre a qualidade dos novos trabalhadores. No entanto, as equipes ainda pagam demais pelas escolhas iniciais da seleção. Massey e Thaler interpretam os resultados em termos de excesso de confiança e provavelmente esse é um fator relevante, mas esses vieses também, provavelmente, refletem problemas de agência. Os olheiros falam sobre as perspectivas muito talentosas para se afiliarem aos vencedores posteriores, o que fará com que os olheiros pareçam bons. No processo, os olheiros não estão pensando muito na lucratividade da equipe e, portanto, as equipes acabam pagando demais por esses jogadores.

É um problema geral conseguir que os olheiros façam algo além de parecer bem na fita para seus chefes. Recentemente, Tyler começou a usar um olheiro muito talentoso para seu programa na Emergent Ventures, e ele está tentando descobrir como incentivar os olheiros a fazer outra coisa além de tentar copiar seu julgamento. "Não *me* agrade!", insistiu ele, mas você pode ver a potencial contradição nesse ditame.

O segredo para um bom programa de olheiros são os incentivos. Inicialmente, os olheiros da Emergent Venture eram os próprios capitalistas de risco, caçando os melhores talentos, incentivados a compor o dinheiro dos sócios. Isso funcionou: do Google à Apple, estranhos rebeldes foram admitidos no sistema e os *gatekeepers*[*] foram generosamente recompen-

---

[*] *Gatekeeper*: pessoa encarregada de receber todos os contatos direcionados a um profissional altamente importante (diretor, C-level, CEO, gerentes etc,) e filtrar aqueles que são realmente relevantes. [N. da T.]

sados. Mas à medida que o ramo de olheiro se expande e se torna um conceito mais geral, os incentivos nem sempre precisam ser financeiros. Recompensar com status também pode funcionar; por exemplo, alguns dos maiores sucessos da Y Combinator (Airbnb, Dropbox) vieram de referências. A Pioneer de Daniel mantém uma tabela de classificação de seus melhores referenciadores, e essa é uma das páginas mais visitadas da Pioneer. Nesses modelos, a maioria das referências é ruim, mas os candidatos excepcionais geralmente são indicações.

Isso, por sua vez, nos leva à segunda dinâmica de incentivo: arriscar a própria pele. Os fundos de risco também executam programas de olheiros nos quais vários fundadores recebem dinheiro grátis para investir. Sem desvantagem, somente lucro. Esses programas geralmente têm um desempenho ruim, mas ocasionalmente um olheiro identificará uma empresa excepcional, na qual a empresa de capital e risco [VC] então dobra a aposta. Isso é diferente do mundo de risco adequado, em que o parceiro de um fundo tem interesses econômicos e de status em jogo. O fundador que investe dinheiro grátis não está colocando dólares ou status, e a principal vocação desses fundadores é ser CEO, não um capitalista de risco. No entanto, isso pode dar-lhes certa liberdade de imaginação que lhes permite identificar algumas oportunidades que outros não identificariam.

Em essência, os jogos de reconhecimento sem arriscar a pele aumentam a variedade em detrimento da precisão. Você pode envolver um conjunto mais amplo de atores trabalhando em outras coisas para enviar a você seu fluxo de negócios em troca de valor. É uma boa ideia se seus custos de filtragem são baixos. Por outro lado, se os custos de negociação forem altos, convém considerar algum elemento de risco. Risco financeiro (uma mistura de capital pessoal com capital externo) ou risco de status (exige que o olheiro faça aferição sob seu próprio nome e que seja seu trabalho principal) pode ser usado para impor disciplina adicional ao processo.

A Avaliação Centralizada Como Alternativa aos Olheiros e Suas Vantagens

Em contraste com os supermodelos, considere um modo de avaliação muito centralizado. O xadrez soviético era um exemplo de método de busca de talentos que mostrava quase todos os candidatos possíveis como parte de um sistema nacional comum. Praticamente todas as crianças soviéticas iam para escola, todas as escolas apoiavam e ensinavam xadrez; o xadrez era socialmente focal na sociedade soviética e oferecia retornos relativamente altos para os melhores jogadores, incluindo a possibilidade de viajar para o exterior. Um número significativo de pais jogava xadrez em casa e ensinava o jogo a seus filhos ainda pequenos. Havia também clubes de xadrez ativos em quase todos os lugares, não apenas nas escolas.

Se você tivesse potencial para ser um dos melhores jogadores de xadrez soviéticos, a chance de ser encontrado pela varredura era muito alta. Era difícil passar despercebido, e a busca de talentos não dependia de encontrar um candidato obscuro escondido em uma vila em algum lugar. Não havia olheiros indo até crianças em um shopping ou uma discoteca soviética e dizendo: "Ei, parece que você pode ser um bom jogador de xadrez!". Em vez disso, através do xadrez soviético e das instituições de ensino, você seria identificado e encorajado desde jovem, e realmente teria a chance de se tornar um grande jogador de xadrez, mesmo que não vivesse em uma das grandes cidades. O escrutínio e a avaliação eram quase universais e, portanto, o talento em potencial tinha a chance de brilhar.

Como resultado, os jogadores soviéticos dominaram o xadrez mundial entre 1940 e 1990, quando o sistema soviético (não apenas para o xadrez) desmoronou. Desde então, a Rússia tem sido "só mais um país do xadrez", com uma vantagem modesta no setor.

O método soviético de busca de talentos, no entanto, não é viável na maioria dos setores. Por um lado, não há tanto controle de cima para baixo na maior parte da sociedade atual, nem mesmo na China ainda parcialmente comunista. Além disso, a busca de talentos é mais global e as tarefas, as habilidades e os resultados relevantes não são tão bem definidos na maioria dos setores quanto no mundo do xadrez. Às vezes, você nem sabe exatamente quais habilidades está procurando em um candidato. E se encontra um candidato em potencial, não há um teste óbvio de talento tão fácil quanto: "Ei, vamos jogar uma partida de xadrez!". É nesse mundo que o olheiro assume maior importância e a pesquisa tem prioridade sobre a medição dentro do conjunto de talentos.

Observe, no entanto, que pelo menos algumas condições de estilo soviético podem ressurgir no futuro em um número maior de setores — não em breve, mas é possível imaginar mundos em que há tantos dados sobre indivíduos, incluindo dados genéticos, e em tenra idade que a medição voltaria a dominar a pesquisa. Não se precisaria "procurar" ninguém, pelo menos não se pudesse acessar os dados do sistema. Para dar um exemplo extremo, se todos fossem rastreados e registrados por vigilância facial, seria possível imaginar um mundo futurista de ficção científica em que a IA escolhe as principais supermodelos de moda possíveis e envia uma mensagem de texto agendando os compromissos apropriados com as agências de modelos. A questão não é que isso possa ou acontecerá em breve; em vez disso, mantenha a mente aberta sobre como o equilíbrio entre medição e pesquisa evoluirá. No momento, a dimensão de pesquisa é relativamente importante, mas parte do equilíbrio pode oscilar para o outro lado no futuro. Não se deve considerar as configurações atuais como garantidas.

Espera-se que haja cada vez mais casos em que o talento seja encontrado "pelos números" ou por olheiros de IA. Se analisar o Houston Astros, um dos times quantitativamente mais avançados no beisebol profissional, eles já eliminaram pessoalmente olheiros avançados, preferindo gravações em vídeo e medição usando Statcast*, uma tecnologia de rastreamento de última geração baseada em grandes quantidades de dados.[10]

O futuro provavelmente fará mais e mais busca de talentos, como o ambiente de jogos, em que os candidatos em potencial são convidados a se apresentarem e serem avaliados. Se pensarmos nos melhores jogadores de, digamos, *World of Warcraft*, não havia olheiro visitando escolas secundárias locais tentando convencer as crianças a experimentar o jogo, identificando-as no shopping ("seus polegares parecem fortes e sua pele tem aquela palidez do quarto") ou medindo seu QI, velocidade de reação ou resistência de jogo. Em vez disso, milhões de pessoas queriam jogar e o próprio processo do jogo mede o quão bom elas são. Há mais uma vez uma espécie de centralização ao estilo soviético, mas com o jogo em si e seus sistemas de dados tomando o lugar do governo e do sistema de xadrez.

Heidi Klum é uma das supermodelos que é uma exceção ao método dos olheiros de busca de talentos. Diferentemente de muitos de seus colegas, ela começou ganhando um concurso de modelos com trinta mil concorrentes. No futuro, esse tipo de caminho será mais provável, exceto que a tecnologia da informação terá um papel maior no julgamento.[11]

Será que os melhores jogadores de *World of Warcraft* não são escolhidos ou vistos pelas instituições atuais? Talvez. Mas o *World of Warcraft* é bastante conhecido, milhões de pessoas o experimentaram, ou a jogos parecidos, e parece plausível que aqueles que não querem tentar ou buscar esse objetivo não tenham em nenhum caso a dedicação para subir ao nível superior de jogadores. As chances são de que a busca pelos melhores jogadores de *World of Warcraft* seja mais eficiente do que a busca por supermodelos. Além disso, a ênfase na medição precisa significa que sua pontuação *World of Warcraft* não

---

* *Statcast*: ferramenta automatizada de alta velocidade e alta precisão desenvolvida para analisar os movimentos dos jogadores e as habilidades atléticas na Liga Principal de Beisebol (MLB) norte-americana e canadense. [N. da T.]

depende de dormir com o caçador de talentos, ter um tio no negócio de modelos ou, no caso do xadrez soviético, censurar suas opiniões políticas para que você tenha permissão para viajar para o exterior e jogar nos melhores torneios. O jogo atual é meritocrático no sentido de que se você marcar mais pontos, vencerá.

E hoje, jogar não é algo que se faça só por diversão. Existem muitas pessoas que vivem de jogos online, cultivando uma base de fãs e interagindo com seus seguidores. O torneio de jogos agora é "de verdade" e se tornou um setor econômico, fonte de entretenimento e eventos por direito próprio. Cada vez mais, no mundo atual de busca de talentos, as pessoas têm a chance de experimentar.

Um resultado aqui é que se você estiver pesquisando talentos, precisará descobrir se o modelo de olheiro (pesquisa) ou o modelo de jogo (medição) se aplica melhor ao seu esforço. Muito provavelmente você precisará de alguma combinação de ambos. Ainda assim, o mercado como um todo não está pensando muito analiticamente sobre olheiros ou jogos, então entender essa distinção é uma fonte de potencial vantagem competitiva para você.

Quem Pode Ser um Bom Olheiro?

A confiança na busca de talentos levanta a questão de como encontrar os melhores olheiros. Há muita literatura sobre como encontrar e contratar trabalhadores, conforme os autores pesquisaram. Mas e sobre encontrar olheiros? Quanto importa a inteligência ou a conscienciosidade? Ou talvez o neuroticismo aqui seja um grande ponto positivo? Dados concretos não estão disponíveis, e até mesmo dados informais são difíceis de encontrar. Se você tenta ler livros sobre olheiros de beisebol, por exemplo, eles são divertidos, mas não parecem dar respostas fáceis sobre quem é um bom olheiro.

No entanto, os autores oferecerem os seguintes pontos (altamente especulativos) para encontrar e avaliar bons olheiros. Primeiro, um bom olheiro, em geral, não tem as mesmas qualidades que um bom executor em geral. Bons olheiros normalmente são mestres em *networking*, não em desempenho em si. Ainda assim, o olheiro da qualidade ainda deve ter uma excelente compreensão da área de interesse, mas não precisa ter sido uma estrela. De fato, ter sido uma estrela pode interferir na objetividade e no julgamento do olheiro. As grandes estrelas muitas vezes têm certa intolerância em relação a outros tipos diferentes de talento, ou esperam muito dos pretendentes muito rapidamente.

Em segundo lugar, um bom olheiro deve ter um pouco de carisma. O olheiro não está apenas procurando pretendentes; os pretendentes também estão à procura de olheiros. A personalidade do olheiro tem que se destacar de alguma forma e tem que atrair o lado ambicioso de potenciais profissionais de alto desempenho. Nesse sentido, pense na busca de talentos como uma espécie de plataforma de correspondência bidirecional. Coloque-se, pelo menos temporariamente, no lugar de um pretendente e pergunte que tipo de olheiro pode atrair você. A observação de talentos é competitiva e seu olheiro não é o único por aí, muito menos para o melhor pretendente em potencial. De certa forma, escolher um olheiro é mais como "escolher um talento" do que você pode pensar a princípio. Afinal, onde está realmente o poder de barganha nesse mercado? Com o olheiro ou a potencial futura estrela?

Em terceiro lugar, excelentes olheiros devem ser muito bons em se comunicar com o escritório central, especialmente em organizações maiores e mais burocratizadas. Não é suficiente encontrar a próxima sensação; você precisa convencer os outros de que fez isso. Então procure habilidades de escrita e apresentação e, sim, mais uma vez, carisma, para que o que o olheiro descobre possa ser traduzido em ação. Em organizações menores, se você está explorando por si mesmo, esse fator provavelmente importa menos e se você é um solitário carismático, ainda pode ser muito eficaz como olheiro, desde que sua personalidade corresponda ao nível de escala em que opera.[12]

Em quarto lugar, se está usando meios não tradicionais para procurar talentos, não use apenas especialistas nos métodos antigos. O Houston Astros, por exemplo, usou um consultor da McKinsey e um ex-crupiê de *blackjack* (ele era ex-engenheiro também) para ajudá-los a transformar sua busca de talentos de beisebol em uma perseguição quantitativa altamente avançada. Os olheiros de beisebol da velha escola, como se pode esperar, pensaram que tudo se resumia à intuição e aos contatos pessoais, e por isso não eram escolhas ideais para inaugurar esses novos métodos de busca, apesar de sua experiência no jogo e no desenvolvimento de jogadores. Então mantenha a mente aberta sobre as origens que pode estar procurando. Um "especialista em dados quantitativos" ou um especialista em ciências humanas pode vir a ser mais valioso do que alguém com conhecimento setorial estreito (como já dissemos, sujeito à condição de que você está experimentando novos métodos de busca de talentos e as habilidades do olheiro devem combinar com os métodos de busca).[13]

É uma pergunta interessante o quanto se deve procurar de objetividade em um caçador de talentos. Como mencionado no Capítulo 1, os autores entendem os métodos de busca de talentos de Peter Thiel, um dos mais bem-sucedidos descobridores de talentos de todos os tempos, como intimamente ligados aos julgamentos filosóficos e, de fato, morais de Peter sobre as pessoas. Peter é objetivo no sentido de buscar resultados bem-sucedidos a partir do processo de busca de talentos, mas ele é altamente subjetivo no sentido de mobilizar suas próprias emoções e julgamentos para energizar e aprimorar finamente seu senso de quem é um talento em potencial e de quem não o é. Não importa qual seja o seu ponto de vista, a visão de mundo de Peter será bem diferente da sua, e isso faz muita diferença na forma como Peter descobre talentos, ou seja, a maneira como ele impõe sua vontade e seu julgamento sobre o processo de busca de talentos lhe dá acesso a energias e conhecimentos que a maioria das outras pessoas simplesmente não tem.

Investindo em *Networking* — Talvez a Maior Lição

Por último, será abordada essa questão. Apesar de todos os recursos que se invista em busca de talentos, entrevista e tentativa de identificar os melhores candidatos, não há substituto real para ter um bom ou um grande grupo de candidatos. Isso dependerá de suas redes virtuais, aquelas que você e suas instituições vêm cultivando há anos (espera-se). Depende das pessoas que você conhece, das outras instituições dispostas a recomendá-lo, da imagem da sua instituição aos olhos do público informado, da sua rede anterior de funcionários, da cobertura da mídia que recebeu, da sua presença na mídia social e possivelmente dos doadores ou dos membros do conselho, entre outros fatores. A maioria desses possíveis candidatos você não conhecerá pessoalmente; talvez ninguém em sua equipe os conheça pessoalmente também. Ainda assim, eles o conhecem, de uma maneira ou de outra, e pode ser possível fazê-los sair da toca e se candidatar a um emprego ou a uma bolsa. Em outras palavras, a maioria das buscas por talentos realmente não é dirigir um SUV rosa pelo sul do Brasil.

O biomédico, capitalista de risco, Tony Kulesa, em seu artigo sobre o projeto Emergent Ventures de Tyler, explicou a abordagem do *networking* muito claramente:

> Tyler promove a oportunidade de tal forma que o nível de talento do *pool* de aplicativos é extraordinariamente alto e as pessoas que se candidatam são excepcionalmente *sérias*... Tyler é famoso por seu conteúdo eclético e hipercerebral, que distribui por meio de um conjunto de canais de mídia com curadoria sob medida para o talento que procura. Ele coescreve o amplamente lido blog de economia *Marginal Revolution* (1 milhão de leitores mensais de acordo

> com *SimilarWeb*), ele tem 186 mil seguidores no Twitter, hospeda o *podcast* "Conversations with Tyler" e aparece em *podcasts* de Tim Ferriss, Eric Weinstein e Shane Parrish.

Tony então cita Tyler (no programa de Tim Ferriss) falando da seguinte forma: "Tento ficar um pouco curioso e incerto em relação ao que as pessoas muito inteligentes me escrevem. Se eu tivesse muitos e-mails não inteligentes, sentiria que estava fazendo algo errado com o que estou escrevendo… A taxa de boas candidaturas é razoavelmente alta. Talvez eu esteja reduzindo apenas ao falar sobre o programa." Tony também escreveu:

> Uma vez que Tyler descobre um círculo social enriquecido pelo talento, ele se expande e muitos membros são rapidamente financiados. O objetivo parece ser fisgar uma pessoa inicial e depois gerar referências. Pode-se imaginar a estratégia de busca de Tyler como pescar em um conjunto bem escolhido de tanques de pesca, ainda não muito fisgados pelo *mainstream*. E quando fisga um peixe, às vezes também descobre um cardume inteiro.[14]

Ou considere a importância do *networking* anterior no contexto de entrevistas online, foco do Capítulo 3. A melhor maneira de fazer uma entrevista online é ter reputação e presença online formidáveis em primeiro lugar, porque isso atrairá mais candidatos desejáveis. Além disso, quanto mais cético você for em relação ao processo de entrevista, maior será a importância que deve atribuir inicialmente à pré-seleção e aos filtros. Na medida em que as dificuldades das entrevistas online (ou pessoalmente) fizerem com que você duvide da qualidade do conhecimento que obtém das entrevistas, isso pode ter o efeito útil de forçá-lo a investir mais na qualidade de sua rede.

Se acredita que o talento é o maior patrimônio de sua instituição, também deve acreditar que sua rede virtual é um dos maiores recursos de sua instituição. Porque é assim que atrairá seu talento no futuro; além disso, essas contratações subsequentes o ajudarão a reter seu talento atual, tornando sua instituição mais bem-sucedida e um lugar mais atraente e de maior prestígio para se estar.

Quando se trata da Pioneer, a rede virtual começou com o prestígio geralmente alto dos capitalistas de risco, a área da baía de São Francisco, a experiência de Daniel na Apple e o apoio tanto da Andreessen Horowitz quanto da Stripe, firmas de prestígio por direito próprio. A notícia sobre a Pioneer se espalhou através de *podcasts* feitos por Daniel, por meio do Twitter e da afiliação da Pioneer com Stripe e Andreessen Horowitz. Foi útil o *The New York Times* ter publicado um artigo sobre a Pioneer quando ela iniciou suas operações, e esse artigo ajudou a enquadrar a Pioneer como interessante e inovadora. Um artigo posterior na *Wired* foi mais sarcástico, mas, ainda assim, apresentou a Pioneer como um desafio difícil e gamificado pelo qual muitos jovens estavam interessados. A Pioneer se alinhou com as ideias de talento global, gamificação, abertura para o mundo e vontade de considerar projetos que não eram apenas "mais do mesmo", como a Axon, uma máquina de ressonância magnética portátil, ou uma linguagem de programação para física. No fim, a rede de vencedores, quase vencedores e aspirantes a vencedores da Pioneer se tornou a principal divulgadora da empresa.

Quando se trata da Emergent Ventures, grande parte da rede virtual por trás dos aplicativos veio de leitores do *Marginal Revolution*, o blog de Tyler, de mais de 18 anos, com um tom relativamente curioso e intelectual. É um ímã para pessoas que podem se tornar intelectuais públicos de alguma maneira. Muitos dos outros candidatos eram pessoas que conheciam alguém que leu o *Marginal Revolution* e foram informados sobre a Emergent Ventures. Outros candidatos tinham alguma familiaridade com o *podcast* de Tyler, eram pessoas que trabalharam na Mercatus (a instituição de origem da Emergent Ventures) ou conheciam alguém que trabalhou lá. Todos esses fatores foram selecionados por algum tipo de inteligência, intelectualismo, curiosidade, envolvimento com questões públicas e forte capacidade conceitual. No devido tempo, alguns vencedores da Pioneer promoveram a Emergent Ventures (e vice-versa), o que impulsionou ainda mais a qualidade dos candidatos.

A maioria das pessoas, se você perguntar, concordará com a importância das redes virtuais, mas em termos de prática real, essas redes continuam sendo negligenciadas. Em qualquer dia na empresa ou na instituição, há incêndios a serem apagados. Agir para ampliar suas redes informais parece uma coisa boa de se fazer, mas raramente parece urgente ou necessário. Além disso, construir uma rede virtual nem sempre é tão fácil. Fazer um trabalho de qualidade, de alguma maneira publicamente observável, muitas vezes contribui mais para construir a rede virtual do que acordar de manhã e proclamar: "Ei, vamos construir a rede virtual hoje!". Muitas vezes as instituições com redes sociais informais muito fortes acabaram com elas indiretamente, como resultado de projetos que queriam realizar, e não através do planejamento direto de uma rede virtual informal.

Um exemplo marcante do poder das redes virtuais é dado pela carreira de Aretha Franklin, eleita pela revista *Rolling Stone* como a maior vocalista norte-americana de todos os tempos. Obviamente, ela era uma mulher negra, e, além disso, foi mãe solo adolescente, duas vezes. Você pode pensar que seria muito difícil descobrir um talento com essa formação e, de certa forma, estaria certo. No entanto, a comunidade musical negra em Detroit descobriu Aretha muito cedo, em parte porque seu pai era um conhecido pregador. Aretha ficou conhecida por seu canto quando tinha 12 anos e por ter namorado Sam Cooke na época. Mas conhecida para quem é a questão-chave aqui. Se você não estava em contato com as pessoas que conheciam o talento de Aretha, também não estava em contato com Aretha. Aos 18 anos, Aretha tinha um contrato de gravação com a Columbia Records, em parte porque os olheiros musicais sabiam explorar as redes virtuais de Detroit e outras grandes cidades dos EUA para obter os melhores talentos. Você provavelmente não encontrará as Aretha

Franklins do seu mundo parando na esquina, então precisa investir nessas redes virtuais o máximo que puder.[15]

Veja um conjunto maior de opções para construir redes virtuais.

Comunidades Leais e Preexistentes

As melhores escolas cultivam explicitamente redes cooperativas entre seus alunos e também entre professores e ex-alunos. Isso cria uma comunidade preexistente interessada e consciente dos problemas de Harvard, Stanford, Princeton e assim por diante. E se essas escolas fazem propaganda para preencher seus empregos ou procuram quem possa realizar uma tarefa ou favor, já existe uma rede cooperativa muito talentosa.

Algumas empresas privadas investem em comunidades semelhantes. Existe, por exemplo, uma rede de ex-alunos da McKinsey. E as pessoas que passaram pela Y Combinator têm a sensação de ter passado por uma experiência comum e compartilhar algo de suas origens. Essas comunidades são atraídas para contratações, recomendações e fontes de favores e, até certo ponto, esses indivíduos são previamente aprovados e provavelmente mais cooperativos ou mais talentosos do que a média.[16]

Comunidade de Especialistas Talentosos

Algumas instituições organizam explicitamente uma coleção de especialistas e, posteriormente, recorrem a essa comunidade para obter ajuda e conselhos, talvez também para contratações. Associações profissionais e científicas seriam exemplos, mas o Gerson Lehman Group também é, conectando especialistas a empresários e intermediando sua consultoria. *Think tanks* e centros de pesquisa geralmente constroem suas próprias redes e, mais tarde, recorrem a elas para contratar através delas ou obter ajuda e recomendações de contratação.

Construa uma Comunidade Prévia de Talentos, Muitas Vezes de Indivíduos (Relativamente) Desconhecidos

Esse método foi discutido no contexto da Pioneer e da Emergent Ventures. O programa Thiel Fellowship é outro exemplo dessa abordagem, assim como o On Deck (beondeck.com) [conteúdo em inglês], que se apresenta para empreendedores como o lugar a procurar quando eles desejam fazer a próxima novidade. Os leitores de um livro também podem criar tal comunidade na internet.

Crie uma Plataforma ou Ferramentas que Atraiam Talentos

Contas do Twitter, blogs, *podcasts*, canais do YouTube e publicações online (Reddit, Hacker News e muitos outros) constroem comunidades ao filtrar alguns indivíduos e excluir outros. Quando mensagens ou anúncios de emprego são transmitidos posteriormente nesses canais, um conjunto altamente selecionado de indivíduos é alcançado, para melhor ou para pior. Na medida em que o público inicial é de alta qualidade, esse pode ser um meio eficaz de elevar a qualidade dos aplicativos. Tanto a Pioneer quanto a Emergent Ventures usaram essa abordagem.

Muito provavelmente, seu conjunto de filtros deve fazer parte de uma estratégia integrada. Quem seus filtros estão trazendo? E quais pontos fortes e fracos esses indivíduos provavelmente terão? Suas técnicas de pesquisa e entrevista de talentos nunca começam em uma lousa totalmente em branco; elas devem partir de uma compreensão de como sua instituição está no esquema mais amplo das coisas e de quais são os principais problemas que você enfrenta ao tentar atrair talentos.

COMO CONVENCER TALENTOS A SE JUNTAREM À SUA CAUSA

Os autores têm focado em encontrar talentos, mas, na realidade, encontrar talentos não é completamente separado de ajudar a *criar* talento. "Ser encontrado" é uma grande parte do que incentiva os indivíduos a dar o próximo passo em direção à realização e à excelência. Você fará melhor em encontrar pessoas e aproveitar ao máximo suas descobertas se entender como essas duas características se relacionam. E isso irá torná-lo melhor, na reputação e na prática, em atrair esse talento para vir trabalhar para sua causa ou sua organização.

É sabido que o capital de risco dá dinheiro às pessoas se elas estão começando uma nova empresa promissora e também que o capital de risco lhes dá uma rede de negócios e muitos conselhos e treinamentos prático. É menos conhecido que o próprio ato de ser selecionado por uma boa empresa de capital de risco aumenta a confiança e as aspirações das pessoas, incentivando suas ambições. Grande parte do valor do capital de risco vem desse último efeito, ajudando a criar e melhorar o talento, em vez de apenas encontrá-lo. Para isso, muitas empresas de capital de risco (e organizações sem fins lucrativos) têm um ar de autoimportância em torno de si, em parte para irradiar status, motivar seus afiliados e elevar as aspirações de todos.

Elevar as aspirações de outras pessoas é uma das coisas mais benéficas que você pode fazer com o seu tempo. Em momentos críticos, pode-se elevar as aspirações de outras pessoas significativamente, sobretudo quando elas são relativamente jovens, simplesmente sugerindo que façam algo mais importante e ambicioso do que elas poderiam ter em mente. Custa relativamente pouco fazer isso, mas o benefício para elas, e para o mundo em geral, pode ser enorme.

Como George Eliot escreveu em *Daniel Deronda*: "É um dos segredos dessa mudança de equilíbrio mental que foi apropriadamente chamada de conversão, que para muitos de nós nem o céu nem a terra têm qualquer revelação até que alguma personalidade a toque com uma influência peculiar, subjugando-a à receptividade."[1]

Depois de entender o poder de aumentar as aspirações das pessoas dessa maneira, você perceberá que o valor da busca de talentos é muito maior. Há uma grande recompensa em encontrar as pessoas certas para incentivar.

Muitas vezes, pessoas potencialmente talentosas simplesmente não veem que poderiam fazer algo diferente e melhor do que estão engajadas atualmente. Barack Obama não tinha planos de concorrer à presidência até que se surpreendeu com a reação positiva da mídia a um discurso que ele fez na Convenção Nacional Democrata de 2004; apenas alguns anos depois, ele ganhou a eleição presidencial.[2]

Não subestime o quão pouco as pessoas, incluindo seus funcionários e candidatos, podem pensar de si mesmas. Há uma crise contínua de confiança em muitos seres humanos, mesmo nos melhores momentos, e isso significa altos retornos ao colocar o talento na direção certa. Se você é capaz de identificar pessoas que estão tendo uma crise de confiança e se entende a natureza dessas crises, está em melhor posição para dar a elas o tipo certo de incentivo positivo.

Às vezes, os funcionários podem vir até você com ofertas de emprego ou ofertas potenciais de outros setores. É impressionante como algumas pessoas consideram ofertas inferiores ou inadequadas às suas habilidades e à sua ética de trabalho. "Eu quero ver você deixar esta instituição por uma oferta melhor do que essa — e você vai!", às vezes é a mensagem que você precisa enviar. Isso também é um exemplo de elevar suas aspirações. Não presuma que seus melhores e mais produtivos funcionários realmente sabem do que são capazes, porque muitas vezes eles não sabem e precisam de um empurrãozinho na direção certa para perceberem todo o seu potencial.

Quando você eleva as aspirações de um indivíduo, em essência, está direcionando para cima a curva das realizações dessa pessoa pelo resto de sua vida. Há um poderoso efeito multiplicador de retornos compostos que pode continuar por muitas décadas. Na verdade, o impacto total da rede pode ser ainda mais longo, se esse indivíduo, por sua vez, trabalhar para mais tarde aumentar as aspirações dos outros. Se você ajuda a criar um indivíduo que eleva as aspirações de *muitos* outros, o retorno de sua atividade inicial de elevação de aspiração pode ser muito maior. Pode até acontecer que o aumento de aspiração seja uma espécie de fonte de abundância eternamente crescente e sem fim, dando-nos retornos compostos contínuos sem fim — um conceito que Tyler discutiu em seu livro anterior *Stubborn Attachments* [Ligações Obstinadas, em tradução livre].

Se você tem alguma dúvida sobre o poder do meio ambiente e do enquadramento das aspirações, considere quanta genialidade e realização há no tempo e no espaço ao longo da história. O estatístico David Banks escreveu um artigo sobre esse fenômeno chamado The Problem of Excess Genius [O Problema do Excesso de Genialidade, em tradução livre]. A antiga Atenas em seu tempo teve Platão, Sócrates, Tucídides, Heródoto, Sófocles, Eurípides, Aristóteles, Ésquilo, Safo, Aristófanes e muitas outras figuras notáveis. Não era só uma "coincidência"; em vez disso, Atenas tinha o etos certo e a autoconfiança cultural, combinados com estruturas institucionais para aprender e debater filosofia e escrever para o teatro, atos que identificavam e mobilizavam talentos. Isso permitiu que esses indivíduos aprendessem e inspirassem uns aos outros, bem como desenvolvessem rivalidades por excelência, amigáveis ou não.

O Renascimento florentino produziu uma longa série de artistas de primeira classe, culminando em Leonardo e Michelangelo, embora a Florença renascentista tivesse uma população de cerca de 60 mil pessoas apenas, mais a área circundante. O Renascimento veneziano, outro poderoso agregado construído sobre uma base limitada, está associado a Bellini, Ticiano, Tintoretto, Veronese e outros; desde o final do século XVIII, no entanto, a arte veneziana produziu pouco destaque. Na música clássica germânica, a era 1700-1900 trouxe a família Bach, Handel, Haydn, Mozart, Beethoven, Schumann, Brahms, Wagner e muitos outros, embora a Alemanha daquela época tivesse população e riqueza muito menores do que hoje. Há alguma sorte genética por trás desses resultados (e se os pais de Beethoven nunca tivessem se conhecido?), mas, ainda assim, essas épocas fizeram um trabalho incrível de identificar e inspirar o talento disponível à mão.

Mais perto dos dias atuais, a área da baía de São Francisco tem sido uma importante placa de Petri* para atrair, cultivar e mobilizar talentos de tecnologia, software, *startups* e muito mais — pense no papel da região na cultura hippie, culturas alternativas e psicodélicas, e libertação LGBTQIA+.

A conclusão é que o ambiente, o etos e a rivalidade competitiva realmente importam e, na medida em que você pode criar as condições adequadas em seu ecossistema local, pode ter um grande impacto na mobilização de talentos.

Métodos para Aumentar as Aspirações

O tema-chave aqui é elevar as trajetórias pessoais, de carreira e criativas — em outras palavras, impulsionar toda a inclinação de possíveis realizações futuras. Essas intervenções oferecem, de longe, o maior impulso potencial. Pode pensar nisso como você, em escala modesta, tentando criar a próxima Florença, Veneza ou Viena.

Há um velho ditado (com muitas variantes): "Dê um peixe a um homem e alimente-o em uma refeição; ensine-o a pescar e alimente-o por toda a vida." O que é uma notável falta de ambição! O valor de aprender a pescar não é tão alto, como refletido pelo salário medíocre ganho pelos pescadores. Além disso, saber pescar ainda não lhe dá, por si só, um emprego nos empreendimentos de pesca mais bem-sucedidos e mais bem pagos.

Diga em vez disso: "Aumente a taxa de crescimento da produtividade na empresa de pesca dessa pessoa." Ou ainda melhor: "Ensine uma pessoa a iniciar uma empresa de pesca que alimentará milhões. Ensine uma pessoa a contratar pessoas talentosas para fazer uma empresa de pesca melhor." São aumentos de trajetória e, ao longo do

---

* Placa de Petri: recipiente arredondado que pode ser feito em vidro ou em plástico, sendo indicado, principalmente, para cultivo de micro-organismos. [N. da R.]

caminho, ensinarão muitos milhares de funcionários a pescar ou a contribuir para o processo de pesca. Procure sempre dar um passo mais alto e ensinar outras pessoas a fazer o mesmo.

Se você já se pegou dizendo essa máxima de pesca boba para si mesmo em sua cabeça ou para os outros, exclua-a de seus pensamentos. Atualize-a! Imagine uma futura empresa que substituirá totalmente a pesca, produzindo um alimento superior a preços mais baixos que também é melhor para o meio ambiente. Ensine uma pessoa a substituir a pesca. *Agora* chegará a algum lugar.

Tantas intervenções para beneficiar os outros fornecem apenas benefícios pontuais. Os autores não querem desencorajá-lo a realizar esses atos de bondade, que são essenciais para a benevolência interpessoal e também para o bom funcionamento da civilização. Mas também perceba suas limitações. Um benefício único para alguém é assim:

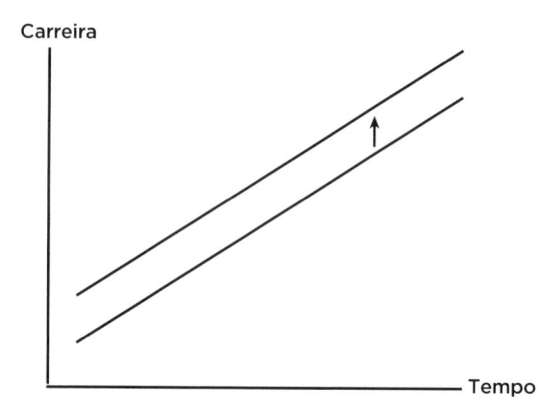

Aumentar a inclinação de sua trajetória pode ficar assim:

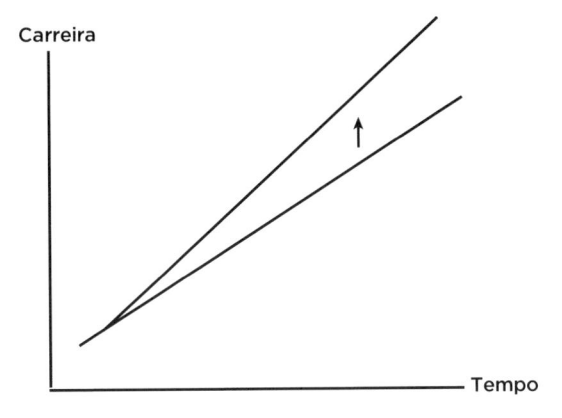

[Gráfico: eixo vertical "Carreira", eixo horizontal "Tempo", com duas retas ascendentes partindo da origem e uma seta apontando para cima entre elas]

No curtíssimo prazo, os benefícios dessas duas atividades podem ser praticamente idênticos. Mas, com o tempo, os benefícios do declive mais acentuado são muito maiores, e esses benefícios incluirão todos que estão aprendendo com essa pessoa ao longo do caminho.

Você pode se perguntar: se os benefícios de um declive mais alto são tão grandes, por que o declive mais alto e mais íngreme não é escolhido em primeiro lugar? Indiscutivelmente é um dos mistérios da natureza humana, mas brota da natureza da escolha. Ao tomar decisões, as pessoas geralmente não têm um mapa completo das opções e das probabilidades diante de si. Na verdade, muitas das opções podem ser difíceis de imaginar. Por exemplo, um jovem talentoso pode não levar a sério a noção de que um dia poderá ser um grande CEO. Essa pessoa já ouviu falar de CEOs e talvez não tenha descartado ativamente a possibilidade de ser um. Mas se vai influenciar o comportamento do jovem, essa possibilidade precisa ser trazida à mente como uma alternativa viva e real. Uma vez que a alternativa seja adequada, mentalmente real e viva na mente da pessoa, talvez ela aumente a ambição e, em alguns casos, leve a uma trajetória que culmine em uma posição de CEO. O padrão foi alterado para que essa opção passe de "não considerada" para "em discussão", e, em última análise, acontecendo ou não.

Tornar essas alternativas vívidas é o papel do mentor, do caçador de talentos e do exemplo. Assim como o setor de entretenimento norte-americano torna os cenários de ação ou romance vívidos, o mentor e o caçador de talentos devem desempenhar função semelhante. Nesse sentido, o mentor está recorrendo à experiência nas ciências humanas, explícita ou implicitamente, mesmo que imagine que a empresa esteja envolvida em tecnologia, STEM* ou algo mais rigoroso e distinto. Um papel fundamental aqui é o mentor ou o caçador de talentos moldar e apresentar a si mesmo para que ele incorpore uma visão alternativa e inspiradora de como a vida do mentorado pode ser.[3]

Se você vai aumentar as aspirações dos outros, eles devem ver sua afiliação com você como uma questão de orgulho. Devem se sentir selecionados de alguma maneira. Devem sentir que passaram por provações e tribulações para chegar ao ponto atual. Devem se sentir como membros de algum clube exclusivo, em que podem olhar ao redor e se sentir bem com suas afiliações com os outros membros do clube.

A maneira mais fácil de criar esses sentimentos é torná-los verdadeiros. Crie instituições e designações que recompensem aqueles que você considera talentosos. Pode ser uma empresa de capital de risco, uma série de bolsas de estudo, um prêmio ou muitas outras coisas. Concentre-se no conteúdo, mas também entenda que o conteúdo funciona em parte por causa do teatro que o cerca. Você então fará um trabalho melhor ao elevar as aspirações daqueles que considera talentosos e será um cocriador parcial na ascensão deles ao topo.

Uma das abordagens culturais influentes sobre orientação é o filme de 2014, *Whiplash: Em Busca da Perfeição*, sobre um professor de bateria que leva seus alunos até o limite. Daniel ficou impressionado com a quantidade de pessoas que ele entrevistou na Pioneer citando esse filme como uma influência. Talvez o filme seja atraente porque

---

* STEM: acrônimo formado pelas iniciais das palavras ciência, tecnologia, engenharia e matemática, em inglês. [N. da T.]

descreve a busca pela excelência e pela validação por meio do trabalho duro. Grandes pessoas querem ser grandes. Elas querem ser pressionadas a se tornar a melhor versão de si mesmas. Elas também são igualmente incertas, muitas vezes buscando reconhecimento de sua posição no mundo. A história de um jovem baterista clamando pela aprovação de seu professor ressoa nessas pessoas. Não, os autores não defendem jogar baquetas em seus pupilos, mas ainda assim, sua aprovação deve ser vista como algo que valha a pena conquistar.

Você também deve ajudar seus premiados a ver que o que pode parecer distante é parcialmente familiar (embora não seja fácil de alcançar). É impressionante a quantidade de evidências acumuladas nas ciências sociais nos últimos anos sobre o valor dos modelos a seguir, em especial para mulheres e grupos minoritários, mas também para praticamente todos. Se vir "alguém como você" — que pode ser definido de várias maneiras — fazendo algo, esse algo tem uma chance maior de se tornar uma alternativa viva e real, e por sua vez é mais provável que seja escolhido.[4]

Então você, como caçador de talentos, empregador, mentor, amigo ou exemplo, pode ter uma influência impressionante. Você pode abrir portas para outras pessoas a um custo relativamente baixo (talvez custo zero) para si mesmo, apenas tornando algumas opções mais reais para elas. Pode fazer isso por meio de sua escrita, sua presença no YouTube, sua amizade e sua orientação, apenas conhecendo pessoas e sendo você mesmo. Você incorpora *algo*, e esse algo vai estimular os outros à ação.

Use esses poderes com sabedoria!

A propósito, esse efeito de mentoria foi medido e parece ser poderoso. Em 2019, Tyler fez uma entrevista no *podcast* com Abhijit Banerjee, covencedor do Prêmio Nobel de Economia daquele ano. Banerjee e coautores (incluindo sua esposa e colaureate, Esther Duflo) publicou um artigo de 2015 que mostrava retornos muito altos para fazer transferências de dinheiro para os muito pobres *quando essas transferências eram combinadas com o coaching*. Em seis países (Etiópia, Gana, Honduras, Índia, Paquistão e Peru) as transferências de dinheiro com *coaching* renderam retornos líquidos de mais de 100%, às vezes variando até 433% — um programa de ajuda notavelmente bem-sucedido. No entanto, as mesmas transferências de dinheiro sem *coaching* tiveram apenas um impacto positivo modesto. Quando Tyler perguntou a Banerjee porque o *coaching* fez tanta diferença, ele explicou que os beneficiários dessas transferências de dinheiro tinham crescido esperando muito pouco de si mesmos e com praticamente nenhuma confiança. A principal função do *coaching* não era passar qualquer tipo particular de experiência, mas simplesmente mostrar aos destinatários que outro modo de vida, outro destino, era possível para eles.[5]

Aqui está a explicação dele:

> E para eles, acho que confiança é um problema enorme porque eles nunca fizeram nada na vida com sucesso. E estão vivendo de migalhas, geralmente implorando às pessoas, recebendo alguma ajuda. O que isso faz com sua autoconfiança, o senso de quem você é — acho que essas coisas... nem documentamos o quanto é brutal. As pessoas vão tratá-lo com um pouco de desprezo. Elas podem ajudá-lo, mas também o tratam com um pouco de desprezo.
>
> Esse é o tipo de pessoa — pelo menos a que eu estudei melhor era da Índia e também de Gana. Especialmente de Bengala. Essas mulheres moravam em lugares onde ninguém deveria morar. Uma disse: "Oh, temos cobras o tempo todo". Outra disse: "Agora estou vendendo bugigangas na aldeia", basicamente um tipo de joia barata, de pedra ou bijuteria de plástico.
>
> "Antes do pessoal dessa ONG me mostrar onde era o mercado para comprar no atacado, eu nunca tinha andado de ônibus, então não tinha ideia de como ir até lá. Eles tiveram que literalmente me colocar em um ônibus, me mostrar onde descer. E demorou algu-

> mas vezes porque eu nunca tinha pegado um ônibus. Eu não sabia ler, então se é um número de ônibus X, eu não sei o que é X, então como eu saberia se estou entrando no ônibus certo?"
>
> Tudo isso é novo. Se você começa de um lugar onde realmente nunca teve chance, acho que é útil ter um pouco de confiança. Você pode fazer também. Não há dificuldade nisso...
>
> [O *coach* está] também dizendo: "Você pode fazer isso, e aqui estão os passos". Transformar as coisas em um conjunto de processos é importante. Caso contrário, parece uma proposta improvável que eu possa fazer. Eu nunca tinha feito isso. Nunca comprei ou vendi coisas. Na verdade, nunca vendi nada, então como faço isso?
>
> É um pouco mais do que isso. Transformar as coisas em processo também é importante, é assim como entrar em um ônibus. Você vai lá, paga tanto dinheiro, eles te dão alguma coisa, você traz de volta. Uma das coisas que eles estão fazendo também é transformá-lo em um conjunto de etapas processuais, o que é muito diferente de dizer: "Vá fazer isso."

Voltando aos países mais ricos: Daniel em seu livro de memórias online dá outro exemplo de como colocar as curvas de aspiração em uma direção ascendente e mais íngreme:

> Por último, havia este belo e *notável artigo*. Dois pesquisadores nos EUA relataram que uma intervenção extraordinariamente barata (US$ 6 por aluno) direcionada a estudantes de baixa renda e alto desempenho — basicamente, apenas *incentivando-os* a se inscrever em faculdades de primeira linha — teve um impacto marcante em sua propensão a fazer isso. (Os alunos que simplesmente viram seu aviso foram, em média, admitidos em faculdades cuja pontuação média no SAT foi 53 *pontos mais alta* e que gastaram 34% mais em seus alunos.)[6]

Mais uma vez, ajude os outros a ousar pensar em termos de trajetórias de carreira mais altas.

O Subsídio de Viagem

Uma das principais visões dos autores é que os melhores empreendedores em potencial devem ser expostos aos mais altos níveis de talento em sua área o mais cedo possível. Isso é muito do valor de ter um tutor ou um mentor muito talentoso, ou ingressar em uma universidade de ponta, como Harvard, Stanford ou MIT. Não é que as aulas ou a instrução sejam muito melhores do que em outros lugares (muitas vezes são piores); em vez disso, nessas escolas os alunos têm a chance de ver como são as melhores mentes em um campo. (Essas mentes superiores às vezes são os outros alunos, não apenas o corpo docente.) Isso inclui entender como pensam, falam, avaliam problemas, decidem no que trabalhar e até mesmo ter uma noção de como são os hábitos de trabalho, principalmente se os alunos servem como assistentes de pesquisa ou escrevem um artigo conjunto. Os alunos até conseguem ver quais podem ser suas possíveis falhas e pontos cegos, por que foram bem-sucedidos apesar disso e quão fortes são seus pontos positivos.

Esse tipo de experiência é inestimável e geralmente é mais importante do que o mero aprendizado de livros, porque esse aprendizado pode ser adquirido por conta própria. Receber tal exposição é um dos maiores argumentos para ir para uma universidade de pesquisa famosa e grande, em vez das faculdades menores de artes liberais instrucionalmente superiores, como, digamos, Middlebury ou Claremont. Nessas últimas instituições, os professores são muito inteligentes e mais dedicados a seus alunos, mas normalmente não são talentos de pesquisa de primeira linha.

Diante dessas realidades, uma forma de investir em talento é encontrar jovens altamente promissores e expô-los a um nível de realização superior ao que viram até hoje. Envie-os para algum lugar e, se puder, marque reuniões para eles. Nem todo mundo pode se encontrar com Jeff Bezos e Bill Gates, mas faça o melhor que puder. Mostre-lhes um nível mais alto de talento, realização e aspiração do que eles experimentaram anteriormente em suas vidas. Se têm ambição real, isso será para eles não apenas um mero ganho pontual, mas um aumento mais fundamental de toda a sua trajetória de conquistas futuras.

Para muitos jovens talentosos, o subsídio de viagem significa ir para Manhattan ou a área da baía de São Francisco, que abrigam incríveis conjuntos de talentos. Mas para alguém que trabalha com entretenimento, poderia ser Los Angeles; para as ciências biomédicas, poderia ser Cambridge, Massachusetts (ou Cambridge, Inglaterra); para habilidades culinárias, poderia ser Paris ou Tóquio. No entanto, é impressionante como poucos lugares fazem sentido para a maioria das pessoas que podem receber subsídios de viagem, já que a maioria dos lugares não possui grupos de talentos de alto nível em quantidade significativa. Na verdade, a escassez de destinos de viagem apropriados pode ser um sinal entre muitos de que o mundo não está fazendo um bom trabalho em descobrir e mobilizar talentos de primeira linha. Como a maioria das pessoas nunca tem a chance de ver "o grande momento" em seu campo ou atividade preferida, seu potencial total nunca é realizado.

Melhor ainda do que um subsídio de viagem — mas também mais caro — é morar na área preferida de talentos agrupados por um ano ou mais. Dinheiro à parte, no entanto, muitas pessoas ainda não estão prontas para dar esse passo e, portanto, o subsídio é uma maneira de apresentá-las à área em que deveriam estar.

Finalmente, uma pequena porcentagem de subsídios de viagem deve ser direcionada para fora dos agrupamentos geográficos de especialização específica. Algumas pessoas estão inseridas demais em determinado mundo ou comunidade, presas demais em suas pressuposições e conformidades, e elas simplesmente precisam fugir, talvez para um local isolado ou altamente idiossincrático. Os autores não veem isso como o caso principal, mas vale a pena ter em mente se você está se perguntando que tipo de subsídio de viagem dar a alguém que cresceu no Upper West Side [área nobre] de Manhattan. Seis meses na Etiópia rural pode ser exatamente a receita certa (tendo em mente que muitas áreas rurais da Etiópia ainda não têm conexões confiáveis de internet). E se o visitante descobrir que muitos etíopes rurais têm uma experiência incrível na agricultura de *teff** ou em tipos específicos de pintura de imagens religiosas, tanto melhor.

Envio-os Para um Evento (ou Crie um)

Uma vantagem de um evento é que ele pode expor o participante aos melhores realizadores e profissionais, ajudando a tornar essas trajetórias alternativas reais. Nesse aspecto, o evento é semelhante a um subsídio de viagem, exceto que você os estará enviando para um local que é importante apenas temporariamente

Mas a participação em eventos também pode servir a outros propósitos. Um evento pode convencer o participante de que um movimento social ou tecnológico é real, benevolente, popular e desejável de pertencer, ou de que não é loucura. Os eventos tornam esse conhecimento real de uma forma que ler sobre um movimento não consegue: "Olha, aqui estão todas as outras pessoas interessadas em fusão nuclear!" — criptomoeda ou capital de risco. Exatamente pela mesma razão, os eventos são arriscados, pois podem assustar algumas pessoas ("Ei, essas pessoas são loucas!"). Porém, os indivíduos assustados não fariam grandes contribuições para essa causa de qualquer maneira, portanto, a participação no evento acelera sua possível realocação para outra causa ou empreendimento, uma que possa ser uma melhor opção. Ou talvez essas pessoas sejam realmente loucas; se assim for, é melhor descobrir isso logo. Os eventos são um teste acelerado de ajuste cultural.

---

* *Teff*: grão ancestral altamente nutritivo, de sabor levemente adocicado, repleto de propriedades excelentes e livre de glúten. [N. da T.]

Criar seu próprio evento é caro em termos de tempo e dinheiro, mas pode ser uma forma ideal de elevar as aspirações daqueles que você considera talentosos. Você controla tudo, desde os convidados até o programa, e o que eles vão comer no café da manhã. Daniel organizou eventos de sucesso para os vencedores da Pioneer e Tyler fez o mesmo para a Emergent Ventures.

Mas aqui está o importante a entender sobre como organizar seu próprio evento: o grupo tem que se consolidar. Você pode aumentar um pouco suas aspirações, mas o grupo em si cria a maior parte de sua própria dinâmica e seu próprio teatro. Os membros do grupo levantarão as aspirações uns dos outros, pelo menos se você selecionou bem e estruturou seu evento para dar a eles interação suficiente uns com os outros. Quando o líder (você) e os colegas pressionam em uma direção comum — o aumento das aspirações —, o efeito pode ser realmente muito poderoso. Mas você precisará dar a eles a liberdade de deixá-los contribuir para definir o que é o grupo.

Escrever um Livro? Ler um Livro?

Finalmente, para encerrar a jornada, note que escrever um livro é mais uma forma de tornar viva a busca por talentos e criar talentos. Nem todo mundo pode ir a um evento seleto, se mudar para a área da baía de São Francisco e sair com capitalistas de risco, ou administrar uma empresa de capital de risco. Mas a maioria das pessoas pode ler um livro. Mesmo se já esteve em todos os lugares e conheceu todo o mundo, você quer um livro como critério para o que está pensando — uma espécie de lembrança, mesmo que você não concorde com todo o conteúdo, para manter sua mente fixa e ajudá-lo a discutir o assunto com outras pessoas que conhece.

Os autores escreveram este livro para tornar a ideia da busca de talentos mais vívida para você. E tem a certeza de que muitos resultados empíricos mudarão ao longo do tempo e serão atualizados com novos estudos, novos aprendizados e novas informações. Mas a visão de que a busca de talentos é "uma coisa", que é uma arte que pode ser aprendida e aprimorada, e pode ser ensinada e comunicada a outras pessoas — esse é o ponto fundamental desta apresentação.

Vá e faça! E, por favor, conte para os autores o que aprendeu.

AGRADECIMENTOS

Pelos comentários úteis, discussão e assistência, os autores agradecem a Adaobi Adibe, Sam Altman, Marc Andreessen, Christina Cacioppo, Agnes Callard, Bryan Caplan, Greg Cas key, Ben Casnocha, John Collison, Patrick Collison, Natasha Cowen, Michelle Dawson, Alice Evans, Richard Fink, Elad Gil, Auren Hoffman, Reid Hoffman, Robin Hanson, Ben Horowitz, Coleman Hughes, Garett Jones, Charles Koch, Sandor Lehoczky, Kadeem Noray, Shruti Rajagopalan, Daniel Rothschild, Hollis Robbins, Michael Rosenwald, Virgil Storr, Alex Tabarrok, Peter Thiel, Erik Torenberg, Peter Tosjl e outros que certamente esquecemos. Nenhuma dessas pessoas é responsável por qualquer conteúdo.

APÊNDICE: BOAS PERGUNTAS

Estas são principalmente retiradas do texto, mas os autores adicionaram algumas perguntas extras para o seu prazer de leitura. Consulte os Capítulos 2 e 3 para obter informações sobre como e quando usá-las.

- O que você acha do serviço daqui?
- Você costuma achar os lugares barulhentos?
- Por que você quer trabalhar aqui?
- Quais são as dez palavras que seu cônjuge, parceiro ou amigo usaria para descrevê-lo?
- Qual foi a coisa mais corajosa que você já fez?
- Se você se juntasse a nós e depois de três a seis meses não estivesse mais aqui, por que seria?" (Faça a mesma pergunta cerca de cinco anos depois e veja como as duas respostas diferem.)
- Como você se preparou para esta entrevista?
- O que você gostava de fazer quando criança?
- Você se sentiu valorizado em seu último trabalho? Qual foi o principal motivo pelo qual você não se sentiu valorizado?

- Quem são os nossos concorrentes?
- Quais são as guias abertas no seu navegador agora?
- O que você conquistou de incomum para os seus colegas?
- Qual é a visão principal ou consensual com a qual você concorda plenamente?
- Sobre qual de suas crenças você é menos racional?" (Ou melhor ainda: "Que pontos de vista você sustenta religiosamente, quase que de forma irracional?)
- Sobre quais das suas crenças você está mais provavelmente errado?
- Como você acha que está indo esta entrevista?
- Quão bem-sucedido você deseja ser? (Uma variante é: Quão ambicioso você é?)
- O que você estaria disposto a negociar para alcançar seus objetivos de carreira? Ou O que você pensa sobre as compensações que podem ser necessárias para atingir suas metas de carreira?
- No contexto do local de trabalho, o que realmente significa o conceito de "pecado"? E como isso difere de um mero erro? Você pode ilustrar isso com a experiência de um de seus colegas de trabalho?
- Quando você experimentou um trauma no local de trabalho e por quê? Quanto de culpa você teve nessa interação?
- De que maneiras uma chamada de Zoom ou Skype pode ser mais informativa do que uma interação presencial?
- De que maneiras você não é WYSIWYG [o que você vê é o que você tem]?
- Essa pessoa é tão boa que você ficaria feliz em trabalhar para ela?
- Essa pessoa pode levá-lo aonde você precisa muito mais rápido do que qualquer pessoa razoável?
- Quando essa pessoa discorda de você, é provável que você esteja tão errado quanto ela?
- Como você se classificaria em uma escala de 1 a 10 em X? E por que essa classificação é o número certo para você?"
- Algo sobre preferências reveladas no passado das pessoas.

NOTAS

Capítulo 1: Por Que Talento Importa

1. Veja o ensaio autobiográfico Medium de Daniel: Introducing Pioneer, 10 de agosto de 2018, https://medium.com/pioneerdotapp/introducing-pioneer-e18769d2e4d0. Aliás, esta seção sobre Daniel foi escrita apenas por Tyler.
2. Acesse What Will You Do to Stay Weird? *Marginal Revolution* (blog), 24 de dezembro de 2019, https://marginalrevolution.com/marginalrevolution/2019/12/what-will-you-do-to-stay-weird.html#comments.
3. Veja Peter Cappelli. Your Approach to Hiring Is All Wrong, *Harvard Business Review*, maio-junho de 2019, e Sarah Todd, CEOs Everywhere Are Stressed About Talent Retention—and Ignoring Obvious Solutions for It, *Quartz*, 15 de janeiro de 2020.
4. Veja Eric Berger. *Liftoff: Elon Musk and the Desperate Early Days That Launched SpaceX* (Nova York: William Morrow, 2021), 20.
5. Enquanto escreviam este livro, os autores viram que rendimentos negativos ou quase negativos em títulos governamentais seguros são comuns em todo o mundo, cobrindo trilhões de dólares em ativos. O que isso significa operacionalmente? A demanda por empréstimos e capital não é tão forte a ponto de empurrar as taxas de juros para um território positivo, ou seja, o capital não é tão escasso. O que é escasso para uma empresa de sucesso é o talento.
6. Sobre esses pontos, consulte Chang-Tai Hsieh, Erik Hurst, Charles I. Jones e Peter J. Klenow. The Allocation of Talent and U.S. Economic Growth, *Econometrica* 87, nº 5 (setembro de 2019): 1439–1474.
7. Veja David Autor, Claudia Goldin e Lawrence F. Katz. Extending the Race Between Education and Technology, documento de trabalho 26705 do National Bureau of Economic Research, janeiro de 2020.
8. Veja Laura Pappano. The Master's as the New Bachelor's, *The New York Times*, 22 de julho de 2011; 37 Percent of May 2016 Employment in Occupations Typically Requiring Postsecondary Education, Bureau of Labor Statistics, 28 de junho de 2017, https://www.bls.gov/opub/ted/2017/37-percent-of-may-2016-employment-in-occupations-typically-requiring-postsecondary-education.htm.

9. Não abordaremos os novos programas de inteligência artificial para busca de talentos, como os usados por empresas como HireVue e Pymetrics. É muito cedo para alimentar todos os currículos, dados demográficos e fitas de entrevistas em uma caixa preta de IA e encontrar respostas úteis. Fala-se até em medir ondas cerebrais, outros dados biométricos em tempo real e perfis de mídia social, mas os autores estão céticos, pelo menos por enquanto. No momento, esses programas não eliminarão a necessidade de exercer o julgamento humano e, portanto, esse julgamento será o foco deste livro. Sobre a medição das ondas cerebrais e outras opções mais especulativas, veja Hilke Schellmann, How Job Interviews Will Transform in the Next Decade, *The Wall Street Journal*, 7 de janeiro de 2020.

Capítulo 2: Como Fazer Perguntas

1. Veja Mohammed Khwaja e Aleksandar Matic. Personality Is Revealed During Weekends: Towards Data Minimisation for Smartphone Based Personality Classification, documento de trabalho, 29 de julho de 2019, https://arxiv.org/abs/1907.11498.
2. Veja Brooke N. Macnamara e Megha Maitra. The Role of Deliberate Practice in Expert Performance: Revisiting Ericsson, Krampe & Tesch-Römer, Royal Society Open Science 6, nº 8 (21 de agosto de 2019): 190327, http://dx.doi.org/10.1098/rsos.190327.
3. Veja Tyler Cowen. Sam Altman on Loving Community, Hating Coworking, and the Hunt for Talent, *Conversations with Tyler* (podcast), 27 de fevereiro de 2019, https://medium.com/conversations-with-tyler/tyler-cowen-sam-altman-ai-tech-business-58f530417522.
4. Sobre as questões macro e organizacionais, um livro recente muito bom é *Working Backwards: Insights, Stories, and Secrets from Inside Amazon* (Nova York: St. Martin's Press, 2021) de Colin Bryar e Bill Carr.
5. Para um artigo típico antientrevista, veja Sarah Laskow. Want the Best Person for the Job? Don't Interview, The Boston Globe, 24 de novembro de 2013. Ou veja Jason Dana. The Utter Uselessness of Job Interviews, *The New York Times*, 8 de abril de 2017, um artigo mal intitulado que se refere principalmente a um único estudo específico. Em uma metanálise sobre o valor das entrevistas estruturadas, veja Allen I. Huffcutt e Winfred Arthur Jr. Hunter and Hunter (1984) Revisited: Interview Validity for Entry-Level Jobs, *Journal of Applied Psychology* 79, nº 2 (1994): 184–190. Veja também Therese Macan. The Employment Interview: A Review of Current Studies and Directions for Future Research, *Human Resource Management Review* 19 (2009): 201–218, para ter uma análise mais recente das mesmas questões.
6. Tyler Cowen e Michelle Dawson. What Does the Turing Test Really Mean? And How Many Human Beings (Including Turing) Could Pass?, publicado online em 2009, https://philpapers.org/rec/COWWDT.
7. As fontes aqui são conversas privadas, e também veja este tópico no Twitter iniciado por Auren Hoffman (@auren), question for those that hire people: What are the best (and most novel) strategies for evaluating people to hire?, Twitter, 23 de março de 2019, 11h56, https://twitter.com/auren/status/1109484159389425664. Para uma fonte sobre a importância das conquistas da infância, veja Ruchir Agarwal e Patrick Gaule. Invisible Geniuses: Could the Knowledge Frontier Advance Faster?, *American Economic Review*: Insights 2, nº 4 (2020): 409–424.
8. Peggy McKee. *How to Answer Interview Questions: 101 Tough Interview Questions*, publicação independente, 2017.
9. Jeff Haden. Fifteen Interview Questions to Completely Disarm Job Candidates (In a Really Good Way), Inc.com, 14 de fevereiro de 2018.
10. CS 9. Problem-Solving for the CS Technical Interview, ministrado no outono de 2017 por Cynthia Lee e Jerry Cain. Veja os slides sobre Teamwork and Behavior Questions: How to Prepare in Advance, https://web.stanford.edu/class/cs9/lectures/CS9Teamwork.pdf, acessado em 7 de junho de 2019, não está mais online, histórico completo da turma em https://web.stanford.edu/class/cs9/.
11. Tyler Cowen. What Is the Most Absurd Claim You Believe?, *Marginal Revolution* (blog), 21 de março de 2006, https://marginalrevolution.com/marginalrevolution/2006/03/what_is_the_mos.html;

acesse também Tyler Cowen. The Absurd Propositions You All Believe, *Marginal Revolution*, 22 de março de 2006, https://marginalrevolution.com/marginalrevolution/2006/03/the_absurd_prop.html.
12. Veja Nicholas Carson. 15 Google Interview Questions That Made Geniuses Feel Dumb, *Business Insider*, 13 de novembro de 2012.
13. Adam Bryant. In Head-Hunting, Big Data May Not Be Such a Big Deal, *The New York Times*, 20 de junho de 2013. Jeff Bezos também tentou essas perguntas nos primeiros dias da Amazon, embora mais tarde a empresa tenha abandonado a prática. Veja Colin Bryar e Bill Carr. *Working Backwards: Insights, Stories, and Secrets from Inside Amazon* (Nova York: St. Martin's Press, 2021), 32.
14. Veja Jessica Stillman. The 3 Questions Self-Made Billionaire Stripe Founder Patrick Collison Asks About Every Leadership Hire, Inc., 19 de novembro de 2019, https://www.inc.com/jessica-stillman/questions-to-ask-leadership-hires-from-stripes-patrick-collison.html.

Capítulo 3: Como Interagir com Pessoas Online

1. Sobre alguns desses pontos, veja as observações interessantes de Viv Groskop. Zoom In on Your Meeting Techniques, *Financial Times*, 7 de abril de 2020.
2. Veja Spencer Kornhaber. Celebrities Have Never Been Less Entertaining: Top Singers and Actors Are Live-Streaming from Quarantine, Appearing Equally Bored and Technologically Inept, *Atlantic*, 21 de março de 2020.
3. Para uma discussão interessante sobre ensino online, veja Jeanne Suk Gersen. Finding Real Life in Teaching Law Online, *The New Yorker*, 23 de abril de 2020.
4. Sobre celebridades, veja Gal Beckerman. What Do Famous People's Bookshelves Reveal?, *The New York Times*, 30 de abril de 2020. Sobre os parlamentares britânicos, veja Sebastian Payne. Zoom with a View: The Pitfalls of Dressing for 'Virtual Parliament', *Financial Times*, 29 de abril de 2020.
5. Sobre fadiga do Zoom, veja Julia Sklar. 'Zoom Fatigue' Is Taxing the Brain. Here's Why That Happens, *National Geographic*, 24 de abril de 2020; e também Kate Murphy. Why Zoom Is Terrible, *The New York Times*, 29 de abril de 2020.
6. Acesse o ensaio Communication in World 2.0 de Daniel, abril de 2020, https://dcgross.com/communication-in-world-20.
7. Sobre história da confissão, veja John Cornwell. *The Dark Box: A Secret History of Confession* (Nova York: Basic Books, 2015), especialmente p. xiii–xiv e 44–45.
8. Para uma pesquisa de pontos de vista sobre o sofá terapêutico, incluindo algumas observações céticas, veja Ahron Friedberg e Louis Linn. The Couch as Icon, *Psychoanalytic Review* 99, n° 1 (fevereiro de 2012): 35–62.
9. Alex Schultz. How to Go on a Digital First Date, *GQ*, 20 de março de 2020.
10. Sobre esse tópico, veja Fever When You Hold Me Tight: Under Covid-19 Casual Sex Is Out. Companionship Is In, *The Economist*, 9 de maio de 2020.
11. Lori Leibovich. Turning the Tables on Terry Gross, *Salon*, 22 de junho de 1998.
12. Veja Giovanni Russonello e Sarah Lyall. In Phone Surveys, People Are Happy to Talk (and Keep Talking), *The New York Times*, 18 de abril de 2020.
13. Sobre o fenômeno de se arrumar, veja Schultz. How to Go on a Digital First Date.
14. Sobre esse tópico, veja o artigo importante de Jim Hollan e Scott Stornetta. Beyond Being There, CHI '92: Proceedings of the SIGCHI *Conference on Human Factors in Computing Systems* (Nova York: ACM, 1992), p. 119–125.

Capítulo 4: Para Que Serve a Inteligência?

1. Philippe Aghion, Ufuk Akcigit, Ari Hyytinen e Otto Toivanen. The Social Origins of Inventors, artigo de discussão do Centre for Economic Performance 1522, dezembro de 2017.

2. Contar com dados da Finlândia pode tornar esses resultados menos relevantes em outros lugares. Por exemplo, na sociedade finlandesa relativamente igualitária, o ambiente talvez seja menos propenso a moldar os resultados e isso aumentará a influência do QI sobre os resultados de uma maneira que pode não se sustentar para os Estados Unidos, onde as variações no ambiente infantil são muito maiores e, portanto, podem ter maior poder explicativo.
3. Miriam Gensowski. Personality, IQ, and Lifetime Earnings, *Labour Economics* 51 (2018): p. 170–183.
4. Veja Erik Lindqvist e Roine Vestman. The Labor Market Returns to Cognitive and Noncognitive Ability: Evidence from the Swedish Enlistment, *American Economic Journal: Applied Economics* 3 (janeiro de 2011): p. 101–128.
5. Sagar Shah. The Life Story of Vladimir Akopian (2/2), Chessbase.com, 28 de novembro de 2019, https://en.chessbase.com/post/so-near-yet-so-far-the-life-story-of-vladimir-akopian-2-2. Sobre xadrez e inteligência, veja Alexander P. Burgoyne, Giovanni Sala, Fernand Gobet, Brooke N. Macnamara, Guillermo Campitelli e David Z. Hambrick. The Relationship Between Cognitive Ability and Chess Skill: A Comprehensive Metanalysis, *Intelligence*, 2016, p. 59, p. 72–83. Para uma perspectiva alternativa e ter evidências sobre a importância da memória visual de curto prazo, consulte Yu-Hsuan A. Chang e David M. Lane. It Takes More than Practice and Experience to Become a Chess Master: Evidence from a Child Prodigy and Adult Chess Players, *Journal of Expertise* 1, nº 1 (2018): p. 6–34.
6. Observe, a propósito, que estudos baseados em dados normalmente não cobrem o suficiente desses grandes realizadores para medir sua potência de forma sistemática. Sobre esse tópico, veja Harrison J. Kell e Jonathan Wai. Right-Tail Range Restriction: A Lurking Threat to Detecting Associations Between Traits and Skill Among Experts, *Journal of Expertise* 2, nº (2019): 224–242.
7. Veja Dunstan Prial. *The Producer: John Hammond and the Soul of American Music* (Nova York: Farrar, Straus, and Giroux, 2006); citação de Benson p. 255.
8. Garett Jones. *Hive Mind: How Your Nation's IQ Matters So Much More than Your Own* (Stanford, CA: Stanford University Press, 2016). Para uma metanálise sobre o valor da cooperação entre equipes talentosas, veja Dennis J. Devine e Jennifer L. Phillips. Do Smarter Teams Do Better: A Meta-Analysis of Cognitive Ability and Team Performance, *Small Group Research* 32, nº 5 (2001): 507–532. Veja também uma ideia em economia chamada Teoria de O-ring — por exemplo, Michael Kremer. The O-Ring Theory of Development, *Quarterly Journal of Economics* 108, nº 3 (agosto de 1993): 551–575.
9. É interessante explorar por que indivíduos com QI mais alto tendem a cooperar mais nesses jogos. Uma razão é que eles são mais propensos a abrir (alguns) jogos com um ato unilateral de cooperação — um ato de fé, você pode chamar, ou talvez ousadia —, talvez refletindo uma maior compreensão de como a cooperação pode ser benéfica. A segunda razão é que os indivíduos com QI mais alto têm maior consistência na implementação da estratégia. Isso torna mais fácil e rápido para eles entrarem e permanecerem em ciclos autossustentáveis de maior cooperação. E é isso que você provavelmente quer para sua organização, ou seja, pessoas que possam cooperar mais por causa de sua maior capacidade de pensamento estratégico. Dito isso, os indivíduos com QI mais alto não são cooperadores incondicionalmente maiores. Por exemplo, quando a cooperação não é de seu interesse, eles podem ser mais rápidos em desertar ou se comportar de outra maneira. Portanto, esse risco de oportunismo pode permanecer sempre presente, mesmo que sejam, em média, maiores cooperadores. Outra característica interessante da pesquisa é que indivíduos agradáveis, como seria definido pela teoria da personalidade em psicologia, não cooperam muito mais, não tanto quanto você possa pensar. Eles são mais propensos a cooperar nos estágios iniciais do jogo, como se pode esperar de suas naturezas agradáveis, e eles oferecem uma cooperação mais incondicional no início. Mas à medida que os jogos se desenrolam, esses indivíduos não correspondem ao desempenho cooperativo de indivíduos com QI mais alto.
10. Marc Andreessen. How to Hire the Best People You've Ever Worked With, 6 de junho de 2007, https://pmarchive.com/how_to_hire_the_best_people.html.

11. Veja Jeffrey S. Zax e Daniel I. Rees. IQ, Academic Performance, and Earnings, Review of Economics and Statistics 84, nº 4 (novembro de 2002): p. 600–616. Você encontrará resultados amplamente semelhantes em Jay L. Zagorsky. Do You Have to Be Smart to Be Rich? The Impact of IQ on Wealth, Income and Financial Distress, *Intelligence* 35 (2007): 489–501. Quando se trata de riqueza acumulada em vez de renda, seu estudo não consegue sequer encontrar uma correlação positiva geral entre riqueza e QI.
12. Veja John Cawley, James Heckman e Edward Vytlacil. Three Observations on Wages and Measured Cognitive Ability, *Labour Economics* 8 (2001): 419–442. Para uma visão geral sobre essa questão, veja Garett Jones e W. Joel Schneider. IQ in the Production Function: Evidence from Immigrant Earnings, *Economic Inquiry* 48, nº 3 (julho de 2010): 743–755, sendo esta obra coautoria de uma economista e psicóloga que atua na área. Para um tratamento mais popular do mesmo material, veja também James Pethokoukis. Is America Smart Enough? A Long-Read Q&A with Garett Jones on IQ and the 'Hive Mind', *American Enterprise Institute*, 12 de janeiro de 2016, http://www.aei.org/publication/is-america-smart-enough-a-qa-with-garett-jones-on-iq-and-the-hive-mind/.
13. Veja Dawson McLean, Mohsen Bouaissa, Bruno Rainville e Ludovic Auger. Non-Cognitive Skills: How Much Do They Matter for Earnings in Canada?, American Journal of Management 19, nº 4 (2019): p. 104–124, especialmente p. 115.
14. Veja Renée Adams, Matti Keloharju e Samuli Knüpfer. Are CEOs Born Leaders? Lessons from Traits of a Million Individuals, *Journal of Financial Economics* 30, nº 2 (novembro de 2018): p. 392–408.
15. Veja Ken Richardson e Sarah H. Norgate. Does IQ Really Predict Job Performance?, *Applied Developmental Science* 19, nº 3 (2015): p. 153–169. Quanto à inteligência e à complexidade das tarefas de trabalho, uma peça bem conhecida sobre esse tópico é Linda S. Gottfredson. Where and Why g Matters: Not a Mystery, *Human Performance* 15, nº 2 (2002): 25–46. Trabalhar com esta e outras peças, no entanto, leva à conclusão de que muitas das afirmações comumente repetidas nessa literatura não são verificadas. Uma pesquisa e interpretação útil de algumas peças importantes é Eliza Byington e Will Felps. Why Do IQ Scores Predict Job Performance? An Alternative, Sociological Examination, *Research in Organizational Behavior* 30 (2010): p. 175– 202.
16. The Top Attributes Employers Want to see on Resumes, National Association of Colleges and Employers, https://www.naceweb.org/about-us/press/2020/the-top-attributes-employers-want-to-Veja-on-resumes/, acessado em 2 de junho de 2020. Acesse https://www.naceweb.org/talent-acquisition/candidate-selection/key-attributes-employers-want-to-Veja-on-students-resumes/

Capítulo 5: Para Que Serve a Personalidade? Parte Um: Características Básicas

1. Timothy A. Judge, Chad A. Higgins, Carl J. Thoresen e Murray R. Barrick. The Big Five Personality Traits, General Mental Ability, and Career Success Across the Life Span, *Personnel Psychology* 52 (1999): p. 621–652; sobre como prever o sucesso na carreira, veja a página 641. Para um levantamento geral de toda essa literatura, veja Lex Borghans, Angela Lee Duckworth, James J. Heckman e Baster Weel. The Economics and Psychology of Personality Traits, *Journal of Human Resources* 43, nº 4 (2008): 972–1059.
2. Veja Ellen K. Nyhus e Empar Pons. The Effects of Personality on Earnings, *Journal of Economic Psychology* 26 (2005): 363–384.
3. Veja Gregory J. Feist e Frank X. Barron. Predicting Creativity from Early to Late Adulthood: Intellect, Potential, and Personality, *Journal of Research in Personality* 37 (2003): 62–88.
4. Veja Dawson McLean, Mohsen Bouaissa, Bruno Rainville e Ludovic Auger. Non-Cognitive Skills: How Much Do They Matter for Earnings in Canada?, *American Journal of Management* 19, nº 4 (2019): 104–124, esp. 116. Observe que este artigo ajusta a seleção para a ocupação como um fator mediador de traços de personalidade e salários resultantes.
5. Veja Christopher J. Soto. How Replicable Are Links Between Personality Traits and Consequential Life Outcomes? The Life Outcomes of Personality Replication Project, *Psychological Science* 30 (2019): 711–727. Sobre replicação experimental, veja Maria Cubel, Ana Nuevo-Chiquero, Santiago

Sanchez-Pages e Marian Vidal-Fernandez. Do Personality Traits Affect Productivity? Evidence from the Lab, Institute for the Study of Labor, documento de discussão IZA 8308, julho de 2014.

6. Murray R. Barrick, Gregory K. Patton e Shanna N. Haugland. Accuracy of Interviewer Judgments of Job Applicant Personality Traits, Personnel Psychology 53 (2000): 925–951; veja também Timothy G. Wingate. Liar at First Sight? Early Impressions and Interviewer Judgments, Attributions, and False Perceptions of Faking, tese de mestrado, Departamento de Psicologia, University of Calgary, agosto de 2017.

7. Veja Cornelius A. Rietveld, Eric A. W. Slob e A. Roy Thurik. A Decade of Research on the Genetics of Entrepreneurship: A Review and View Ahead, *Small Business Economics* 57 (2021): 1303–1317.

8. Veja Sam Altman. How to Invest in Start-Ups, postagem de blog, 13 de janeiro de 2020, https://blog.samaltman.com/how-to-invest-in-startups.

9. Tom Wolfe, *The Right Stuff* (Nova York: Picador, 2008), 23.

10. Veja Miriam Gensowski. Personality, IQ, and Lifetime Earnings, *Labour Economics* 51 (2018): 170–183.

11. Veja Allen Hu e Song Ma. Persuading Investors: A Video-Based Study, documento de trabalho 29048 do National Bureau of Economic Research, julho de 2021.

12. Veja Terhi Maczulskij e Jutta Viinkainen. Is Personality Related to Permanent Earnings? Evidence Using a Twin Design, *Journal of Economic Psychology* 64 (2018): 116–129.

13. Sobre a capacidade das medidas de personalidade da infância para prever ganhos subsequentes, veja Judge *et alii*. The Big Five Personality Traits. Outro documento relevante com resultados muito semelhantes é de Gerrit Mueller e Erik Plug. Estimating the Effect of Personality on Male and Female Earnings, *Industrial and Labor Relations Review* 60, nº 1 (outubro de 2006): 3–22.

14. Veja Everett S. Spain, Eric Lin e Lissa V. Young. Early Predictors of Successful Military Careers Among West Point Cadets, *Military Psychology* 32, nº 6 (2020): 389–407.

15. Deniz S. Ones, Stephen Dilchert, Chockalilngam Viswesvaran e Timothy A. Judge. In Support of Personality Assessment in Organizational Settings, *Personnel Psychology* 60 (2007): 995–1027, citação de 1006.

16. Veja Steven N. Kaplan e Morten Sorensen. Are CEOs Different? Characteristics of Top Managers, documento de trabalho de 2020, https://papers.ssrn.com/sol3/papers.cfm?abstract_id=2747691. Sobre GitHub vs. tenistas, veja Margaret L. Kern, Paul X. McCarthy, Deepanjan Chakrabarty e Marian-Andrei Rizoui. Social Media – Predicted Personality Traits and Values Can Help Match People to Their Ideal Jobs, *Proceedings of the National Academy of Sciences* 116, nº 52 (16 de dezembro de 2019): 26459–26464. Sobre ocupações de alta confiabilidade, veja Rhona Flin. Selecting the Right Stuff: Personality and High-Reliability Occupations, em *Personality Psychology in the Workplace*, editado por Brent W. Roberts e Robert Hogan, p. 253–275 (Washington, D.C.: American Psychological Association, 2001).

17. Veja Gregory J. Feist e Michael E. Gorman. The Psychology of Science: Review and Integration of a Nascent Discipline, *Review of General Psychology* 2, nº 1 (1998): p. 3–47.

18. Veja Michael Housman e Dylan Minor. Toxic Workers, documento de trabalho da Harvard Business School, p. 16–057, 2015.

19. Eugenio Proto, Aldo Rustichini e Andis Sofianos. Intelligence, Personality, and Gains from Cooperation in Repeated Interactions, *Journal of Political Economy* 127, nº 3 (2019): 1351–1390. Sobre a consciência que mais importa dos cinco fatores, veja Deniz S. Ones, Stephen Dilchert, Chockalilngam Viswesvaran e Timothy A. Judge. In Support of Personality Assessment in Organizational Settings, *Personnel Psychology* 60 (2007): 995–1027.

20. Veja Erik Lindqvist e Roine Vestman. The Labor Market Returns to Cognitive and Noncognitive Ability: Evidence from the Swedish Enlistment, *American Economic Journal: Applied Economics* 3 (janeiro de 2011): 101–128.

21. Veja 'Obsession Kept Me Going': Writer Vikram Seth on 25 Years of A Suitable Boy, *Hindustan Times*, 22 de outubro de 2018.

22. O resultado central: Para os homens, um aumento de um desvio-padrão no comportamento externalizante prevê um aumento estatisticamente significativo de 6,4% nos salários por hora. Para as mulheres, um aumento de um desvio-padrão no comportamento externalizante prevê um aumento marginalmente significativo de 4,7% nas horas trabalhadas por semana, mas não afeta significativamente os salários por hora. Veja Nicholas W. Papageorge, Victor Ronda e Yu Zheng. The Economic Value of Breaking Bad: Misbehavior, Schooling and the Labor Market, documento de trabalho 25602 do National Bureau of Economic Research, fevereiro de 2019, citação p. 22. Observe que esses resultados se mantêm mesmo após o controle dos traços de personalidade dos Cinco Fatores, embora tais controles reduzam o efeito do comportamento externalizante sobre os ganhos masculinos em cerca de 20%.

23. Uma distinção entre as empresas de capital de risco é o grau em que elas buscam talentos trabalhando na fronteira extrema. Enquanto Andreessen Horowitz financiará empresas e indivíduos especulativos, Sequoia e Moritz parecem mais focados em encontrar projetos com um caminho óbvio para a receita. Peter Thiel parece ter sido um ímã notável para a estranheza, ou seja, pessoas fazendo coisas novas e estranhas — mas mesmo assim prefere executores fortes fazendo projetos com grandes recompensas.

24. Veja James J. Heckman, Tomas Jagelka e Timothy D. Kautz. Some Contributions of Economics to the Study of Personality, documento de trabalho 26459 do National Bureau of Economic Research, agosto de 2019.

25. Veja Juan Barceló e Greg Sheen. Voluntary Adoption of Social Welfare-Enhancing Behavior: Mask-Wearing in Spain During the Covid-19 Outbreak, SocArXiv pré-impressão em https://osf.io/preprints/socarxiv/6m85q/, acessado em 5 de julho de 2020.

26. Sobre líderes e consciência, veja Leah Frazier e Adriane M. F. Saunders. Can a Leader Be Too Conscientious? A Linear vs. Curvilinear Comparison, artigo apresentado em 15th Annual River Cities Industrial and Organizational Psychology Conference, 2019, https://scholar.utc.edu/rcio/2019/sessions/18/. Veja Michael P. Wilmot e Deniz S. Ones. A Century of Research on Conscientiousness at Work, *Proceedings of the National Academy of Sciences* 116, nº 46 (2019): 23004–23010.

27. Robin Hanson. Stamina Succeeds, *Overcoming Bias* (blog), 10 de setembro de 2019, http://www.overcomingbias.com/2019/09/stamina-succeeds.html. De forma mais geral, veja Angela Duckworth. *Grit: The Power of Passion and Perseverance* (Nova York: Scribner, 2016). Um exemplo de estudo que enfatiza a importância do zelo contínuo é Brian Butterworth. Mathematical Expertise, em *The Cambridge Handbook of Expertise and Expert Performance*, editado por K. Anders Ericsson, Robert R. Hoffman, Aaron Kozbelt e A. Mark Williams, p. 616–633 (Cambridge: Cambridge University Press, 2018).

28. John Leen. My Dinners with Le Carré: What I Learned About Writing, Fame and Grace When I Spent Two Weeks Showing the Master Spy Novelist Around Miami, *Washington Post*, 30 de dezembro de 2020.

29. Sobre determinação e perseverança, veja Marcus Crede, Michael C. Tynan e Peter D. Harms. Much Ado About Grit: A Meta-Analytic Synthesis of the Grit Literatura, *Journal of Personality and Social Psychology* 113, nº 3 (2017): p. 492–511. De forma mais geral, sobre determinação e inteligência, veja Angela L. Duckworth, Abigail Quirk, Robert Gallop, Rick H. Hoyle, Dennis R. Kelly e Michael D. Matthews. Cognitive and Noncognitive Predictors of Success, *Proceedings of the National Academy of Sciences* 116, nº 47 (2019): 23499–23504.

Capítulo 6: Para Que Serve a Personalidade? Parte Dois: Alguns Conceitos Mais Exóticos

1. Para uma olhada em algumas questões relacionadas à China, veja Fanny M. Cheung, Kwok Leung, Jian-Xin Zhang, Hai-Fa Sun, Yi-Qun Gan, Wei-Zhen Song e Dong Zie. Indigenous Chinese Personality Constructs: Is the Five-Factor Model Complete?, *Journal of Cross-Cultural Psychology* 32, nº 4 (julho de 2001): 407–433.

2. Sobre a noção de conceitos úteis de personalidade evoluindo para palavras, veja a hipótese lexical anterior, defendida, por exemplo, em Michael C. Ashton e Kibeom Lee. A Defence of the Lexical Approach to the Study of Personality Structure, *European Journal of Personality* 19 (2005): 5–24.
3. Veja Sam Altman. How to Invest in Start-Ups, postagem do blog, 13 de janeiro de 2020, https://blog.samaltman.com/how-to-invest-in-startups.
4. Malcolm Gladwell, em seu *Outliers: The Story of Success* (Nova York: Little, Brown, 2008), enfatiza os retornos à prática, com base na pesquisa de Anders Ericsson e outros.
5. Sobre o conceito relacionado de resistência psicológica, veja Salvatore R. Maddi. The Story of Hardiness: Twenty Years of Theorizing, Research, and Practice, *Consulting Psychology Journal: Practice and Research* 54, nº 3 (2002): p. 175–185; e Kevin J. Eschleman, Nathan A. Bowling e Gene M. Alarcon. A Meta-Analytic Examination of Hardiness, *International Journal of Stress Management* 17, nº 4 (2010): p. 277–307. Sobre robustez nas forças armadas, veja Paul T. Bartone, Robert R. Roland, James J. Picano e Thomas J. Williams. Psychological Hardiness Predicts Success in US Army Special Forces Candidates, *International Journal of Selection and Assessment* 16, nº 1 (2008): p. 78–81.
6. Veja Arne Güllich *et alii*. Developmental Biographies of Olympic Super-Elite and Elite Athletes: A Multidisciplinary Pattern Recognition Analysis, *Journal of Expertise* 2, nº 1 (março de 2019): p. 23–46.
7. Veja Scott Simon. Let's Play Two! Remembering Chicago Cub Ernie Banks, National Public Radio, 24 de janeiro de 2015, https://www.npr.org/2015/01/24/379546360/lets-play-two-remembering-chicago-cub-ernie-banks.
8. Para ter dados sobre cientistas e data de publicação, veja Gregory J. Feist. The Development of Scientific Talent in Westinghouse Finalists and Members of the National Academy of Sciences, *Journal of Adult Development* 13, nº 1 (março de 2006): p. 23–35.
9. Para o estudo, veja Ben Weidmann e David J. Deming. Team Players: How Social Skills Improve Group Performance, documento de trabalho 27071 do National Bureau of Economic Research, maio de 2020.
10. Sobre o conceito relacionado de motivação para realização, encontrado na literatura de psicologia da personalidade, veja Leonora Risse, Lisa Farrell e Tim R. L. Fry. Personality and Pay: Do Gender Gaps in Confidence Explain Gender Gaps in Wages?, *Oxford Economic Papers* 70, nº 4 (2018): 919–949. Veja também Allan Wigfield, Jacquelynne S. Eccles, Ulrich Schiefele, Robert W. Roeser e Pamela Davis-Kean. Development of Achievement Motivation, em *Handbook of Childhood Psychology, vol. III, Social, Emotional, and Personality Development*, 6ª ed., editado por William Damon e Richard M. Lerner, 406–434 (Nova York: John Wiley, 2008).
11. Susan Barnes observou que Steve entrou em todas as negociações sabendo exatamente o que tinha que conseguir e qual era sua posição em relação ao outro lado. Brent Schlender, *Becoming Steve Jobs* (Nova York: Crown Publishing Group, 2015), p. 289.

Capítulo 7: Deficiência e Talento

1. Sobre o autismo de Greta como um fator por trás de seu sucesso, veja Steve Silberman. Greta Thunberg Became a Climate Activist Not in Spite of Her Autism, but Because of It, *Vox*, última atualização em 24 de setembro de 2019.
2. Masha Gessen. The Fifteen-Year-Old Climate Activist Who is Demanding a Different Kind of Politics, *The New Yorker*, 2 de outubro de 2018.
3. Sou grato a Michelle Dawson pelas discussões sobre esse ponto, embora ela não tenha nenhuma responsabilidade pelo conceito dos autores ou discussão sobre deficiências.
4. Veja Chloe Taylor. Billionaire Richard Branson: Dyslexia Helped Me to Become Successful, CNBC, 7 de outubro de 2019, https://www.cnbc.com/2019/10/07/billionaire-richard-branson-dyslexia-helped-me-to-become-successful.html.
5. O relatório é The Value of Dyslexia: Dyslexic Strengths and the Changing World of Work, *Ernst & Young Global Limited*, 2018.
6. Veja Darcey Steinke. My Stutter Made Me a Better Writer, *The New York Times*, 6 de junho de 2019.

7. Veja James Gallagher. Aphantasia: Ex-Pixar Chief Ed Catmull Says 'My Mind's Eye Is Blind', BBC News, 9 de abril de 2019. Para ter uma pesquisa recente mais ampla sobre afantasia, veja Adam Zeman et alii. Phantasia — The Psychological Significance of Lifelong Visual Imagery Vividness Extremes, *Cortex* 130 (2020): p. 426–440. Mais amplamente, veja Anna Clemens. When the Mind's Eye Is Blind, *Scientific American*, 1º de agosto de 2018.
8. Novamente, com o passar do tempo, a terminologia Asperger foi cada vez mais substituída por autismo, inclusive na versão mais recente do DSM, DSM-5. Os autores não estão comprometidos com nenhum ponto de vista específico sobre esse assunto e empregaram os termos de forma ampla o suficiente para que possam ser consistentes com os diversos usos da terminologia.
9. Veja Tony Atwood. *The Complete Guide to Asperger's Syndrome* (London: Jessica Kingsley, 2015), 27–28.
10. Sobre a possível inteligência social dos autistas, veja Anton Gollwitzer, Cameron Martel, James C. Mcpartland e John A. Bargh. Autism Spectrum Traits Predict Higher Social Psychological Skill, Proceedings da National Academy of Sciences 116, nº 39 (24 de setembro de 2019): 19245–19247.
11. Sobre Tyler e informações (e autismo), veja seu livro *The Age of the Infovore* (Nova York: Plume, 2010).
12. Para uma variedade de perspectivas sobre este tópico, veja o Simpósio de Ciências Comportamentais e do Cérebro sobre motivação social no autismo, liderado por Vikram K. Jaswal e Nameera Akhtar. Being Versus Appearing Socially Uninterested: Challenging Assumptions About Social Motivation in Autism, *Behavioral and Brain Sciences* 42 (2019): e82.
13. Veja Ellen Rosen. Using Technology to Close the Autism Job Gap, *The New York Times*, 24 de outubro de 2019; sobre Microsoft, veja Maitane Sardon. How Microsoft Tapped the Autism Community for Talent, *The Wall Street Journal*, 26 de outubro de 2019.
14. Veja David Friedman. Cold Houses in Warm Climates and Vice Versa: A Paradox of Rational Heating, *Journal of Political Economy* 95, nº 5 (1987): p. 1089–1097. Você encontrará uma versão online na página inicial de Friedman aqui: http://www.daviddfriedman.com/Academic/Cold_Houses/Cold_Houses.html. Fora da economia, uma fonte a ser consultada é Willem E. Frankenhuis, Ethan S. Young e Bruce J. Ellis. The Hidden Talents Approach: Theoretical and Methodological Challenges, *Trends in Cognitive Sciences* 24, nº 7 (março de 2020): p. 569–581.
15. Veja Michael Cavna. Dav Pilkey Credits His ADHD for His Massive Success. Now He Wants Kids to Find Their Own 'Superpower', *The Washington Post*, 11 de outubro de 2019.
16. Para ter um levantamento dessas literaturas, veja Cowen. *The Age of the Infovore*; mais recente, veja Rachel Nuwer. Finding Strengths in Autism, *Spectrum*, 12 de maio de 2021. Veja também Simon Baron-Cohen. Autism: The Empathizing-Sympathizing (E-S) Theory, *Annals of the New York Academy of Sciences* 1156 (2009): p. 68–80; Francesca Happe e Pedro Vital. What Aspects of Autism Predispose to Talent?, *Philosophical Transactions of the Royal Society of London B: Biological Sciences* 364, nº 1522 (2009): p. 1369–1375; Laurent Mottron, Michelle Dawson, Isabelle Soulières, Benedicte Hubert e Jake Burack. Enhanced Perceptual Functioning in Autism: An Update, and Eight Principles of Autistic Perception, *Journal of Autism and Developmental Disorders* 36, nº 1 (janeiro de 2006): 27–43; e Liron Rozenkrantz, Anila M. D'Mello e John D. E. Gabrieli. Enhanced Rationality in Autism Spectrum Disorder, *Trends in Cognitive Sciences* 25, nº 8 (1º de agosto de 2021): p. 685–P696. Para os resultados dos testes Raven, veja Michelle Dawson, Isabelle Soulieres, Morton Ann Gernsbacher e Laurent Mottron. The Level and Nature of Autistic Intelligence, *Psychological Science* 18, nº 8 (2007): 657–662. Sobre o risco genético para autismo e inteligência, Scott Alexander. Autism and Intelligence: Much More than You Wanted to Know, SlateStarCodex, 13 de novembro de 2019, https://slatestarcodex.com/2019/11/13/autism-and-intelligence-much-more-than-you-wanted-to-know/. Mais especificamente sobre esse tópico, veja S. P. Hagenaars et alii. Shared Genetic Aetiology Between Cognitive Functions and Physical and Mental Health in UK Biobank (N =112 151) and 24 GWAS Consortia, *Molecular Psychiatry* 21 (2016): p. 1624–1632.
17. Sobre autismo e mutações de novo, veja Scott Myers et alii. Insufficient Evidence for 'Autism-Specific' Genes, *American Journal of Human Genetics* 106, nº 5 (7 de maio de 2020): p. 587–595.

18. Quanto a Vernon sobre seu próprio autismo, veja, por exemplo, sua autobiografia, Vernon L. Smith. A *Life of Experimental Economics, vol. 1, Forty Years of Discovery* (Nova York: Palgrave Macmillan, 2018).
19. Temple Grandin. Why Visual Thinking Is a Different Approach to Problem Solving, *Forbes*, 9 de outubro de 2019.
20. Veja Jeff Bell. Ten-Year-Old Has Pi Memorized to 200 Digits, Speaks 4 Languages, *Times Colonist*, 1º de dezembro de 2019.
21. Sobre alguns desses déficits, veja Mark A. Bellgrove, Alasdair Vance e John L. Bradshaw. Local-Global Processing in Early-Onset Schizophrenia: Evidence for an Impairment in Shifting the Spatial Scale of Attention, *Brain and Cognition* 51, nº 1 (2003): p. 48–65, Peter Brugger. Testing vs. Believing Hypotheses: Magical Ideation in the Judgment of Contingencies, *Cognitive Neuropsychiatry* 2, nº 4 (1997): p. 251–272; Birgit Mathes *et alii*. Early Processing Deficits in Object Working Memory in First-Episode Schizophreniform Psychosis and Established Schizophrenia, *Psychological Medicine* 35 (2005): 1053–1062; e Diego Pizzagalli *et alii*. Brain Electric Correlates of Strong Belief in Paranormal Phenomena: Intracerebral EEG Source and Regional Omega Complexity Analyses, *Psychiatry Research: Neuroimaging Section* 100, nº 3 (2000): p. 139–154. Sobre a questão de como os indivíduos bipolares diferem, veja M. F. Green. Cognitive Impairment and Functional Outcome in Schizophrenia and Bipolar Disorder, *Journal of Clinical Psychiatry* 67, supl. 9 (31 de dezembro de 2005): p. 3–8.
22. Para examinar uma extensa literatura, veja Sara Weinstein e Roger E. Graves. Are Creativity and Schizotypy Products of a Right Hemisphere Bias?, *Brain and Cognition* 49 (2002): 138–151, citações p. 138. Veja também Selcuk Acar e Sedat Sen. A Multilevel Meta-Analysis of the Relationship Between Creativity and Schizotypy, *Psychology of Aesthetics, Creativity, and the Arts* 7, nº 3 (2013): p. 214–228; Andreas Fink *et alii*. Creativity and Schizotypy from the Neuroscience Perspective, *Cognitive, Affective, and Behavioral Neuroscience* 14, nº 1 (março de 2014): p. 378–387; Mark Batey e Adrian Furnham. The Relationship Between Measures of Creativity and Schizotypy, *Personality and Individual Differences* 45 (2008): p .816–821; e Daniel Nettle. Schizotypy and Mental Health Amongst Poets, Visual Artists, and Mathematicians, *Journal of Research in Personality* 40, nº 6 (dezembro de 2006): p. 876–890. Sobre parentes, veja Diana I. Simeonova, Kiki D. Chang, Connie Strong e Terence A. Ketter. Creativity in Familial Bipolar Disorder, *Journal of Psychiatric Research* 39 (2005): p. 623–631. Sobre as pontuações de risco poligênico que predizem a criatividade, veja Robert A. Power *et alii*. Polygenic Risk Scores for Schizophrenia and Bipolar Disorder Predict Creativity, *Nature Neuroscience* 18, nº 7 (julho 2015): p. 953–956. Sobre genética da esquizofrenia e educação, veja Perline A. Demange *et alii*. Investigating the Genetic Architecture of Non-Cognitive Skills Using GWAS-by-Subtraction, *bioRxiv*, 15 de janeiro de 2020.
23. As letras citadas são da música de Kanye West, Yikes, de seu álbum de 2018 Ye. <AU: em revisão legal.>
24. Sobre o episódio de Kanye, acesse Wessel de Cock. Kanye West's Bipolar Disorder as a 'Superpower' and the Role of Celebrities in the Rethinking of Mental Disorders, http://rethinkingdisability.net/kanye-wests-bipolar-disorder-as-a-superpower-and-the-role-of-celebrities-in-the-rethinking-of-mental-disorders/, acessado em 7 de julho de 2020.
25. Para examinar essas características da esquizofrenia e da esquizotipia, veja Bernard Crespi e Christopher Badcock. Psychosis and Autism as Diametrical Disorders of the Social Brain, *Behavioral and Brain Sciences* 31, nº 3 (2008): p. 241–260; em particular, a literatura relevante mais amplamente é citada nas páginas 253–254.
26. Sobre como os esquizofrênicos podem ter exagerado na teoria da mente, veja Ahmad Aku-Abel. Impaired Theory of Mind in Schizophrenia, *Pragmatics and Cognition* 7, nº 2 (janeiro de 1999): 247–282. Para uma visão mais geral da esquizofrenia e da teoria da mente, veja Mirjam Spring *et alii*. Theory of Mind in Schizophrenia: Metanalysis, British Journal of Psychiatry 191 (2007): p. 5–13.

Capítulo 8: Por Que Mulheres Talentosas e Minorias Ainda São Subestimadas

1. Do perfil de Clementine Jacoby, *Forbes*, acesse https://www.forbes.com/profile/clementine-jacoby/?sh=3b852e72a654, e também a página inicial da Recidiviz: https:// www.recidiviz.org/team/cjacoby.
2. Perfil de Clementine Jacoby, *Forbes*.
3. Veja Gerrit Mueller e Erik Plug. Estimating the Effect of Personality on Male and Female Earnings, *Industrial and Labor Relations Review* 60, nº 1 (outubro de 2006): p. 3–22.
4. Veja Tim Kaiser e Marco Del Giudice. Global Sex Differences in Personality: Replication with an Open Online Dataset, *Journal of Personality* 88, nº 3 (junho de 2020): 415–429. Veja também Marco Del Giudice. Measuring Sex Differences and Similarities, in Gender and Sexuality Development: Contemporary Theory and Research, editado por D. P. VanderLaan e W. I. Wong (Nova York: Springer, no prelo). Sobre a variação de amabilidade e extroversão, veja Richard A. Lippa. Sex Differences in Personality Traits and Gender-Related Occupational Preferences Across 53 Nations: Testing Evolutionary and Social-Environmental Theories, *Archives of Sexual Behavior* 39, nº 3 (2010): p. 619–636. Para uma pesquisa útil dessas literaturas, consulte Scott Barry Kaufman. Taking Sex Differences in Personality Seriously, *Scientific American*, 12 de dezembro de 2019.
5. Veja Ellen K. Nyhus e Empar Pons. The Effects of Personality on Earnings, *Journal of Economic Psychology* 26 (2005): p. 363–384. Sobre estabilidade emocional e extroversão, veja SunYoun Lee e Fumio Ohtake. The Effect of Personality Traits and Behavioral Characteristics on Schooling, Earnings and Career Promotion, *Journal of Behavioral Economics and Finance* 5 (2012): 231–238. Veja também Miriam Gensowski. Personality, IQ, and lifetime earnings, *Labour Economics* 51 (2018): p. 170–183. Sobre os dados canadenses, veja Dawson McLean, Mohsen Bouaissa, Bruno Rainville e Ludovic Auger. Non-Cognitive Skills: How Much Do They Matter for Earnings in Canada?, *American Journal of Management* 19, nº 4 (2019): p. 104– 124, especialmente página 116.
6. Veja Melissa Osborne Groves. How Important Is Your Personality? Labor Market Returns to Personality for Women in the US and UK, *Journal of Economic Psychology* 26 (2005): p. 827–841. Veja também sua dissertação, The Power of Personality: Labor Market Rewards and the Transmission of Earnings, University of Massachusetts, Amherst, 2000.
7. Veja Groves. The Power of Personality, 44–45.
8. Veja Martin Abel. Do Workers Discriminate Against Female Bosses?, Institute for the Study of Labor, documento de trabalho 12611 IZA, setembro de 2019, https://www.iza.org/publications/dp/12611/do-workers-discriminate-against-female-bosses.
9. Veja David Robson. The Reason Why Women's Voices Are Deeper Today, BBC Worklife, 12 de junho de 2018. Sobre o tom vocal, um estudo é de Cecilia Pemberton, Paul Mc-Cormack e Alison Russell. Have Women's Voices Lowered Across Time? A Cross Sectional Study of Australian Women's Voices, *Journal of Voice* 12, nº 2 (1998): p. 208–213. Sobre o uso masculino da voz para projetar domínio, veja David Andrew Puts, Carolyn R. Hodges, Rodrigo A. Cárdenas e Steven J. C. Gaulin. Men's Voices as Dominance Signals: Vocal Fundamental and Formant Frequencies Influence Dominance Attributions Among Men, *Evolution and Human Behavior* 28, nº 5 (setembro de 2007): p. 340–344.
10. Sobre essas diferenças, veja Rachel Croson e Uri Gneezy. Gender Differences in Preferences, *Journal of Economic Literature* 47, nº 2 (junho de 2009): 448–474; Thomas Buser, Muriel Niederle e Hessel Oosterbeek. Gender Competitiveness and Career Choices, *Quarterly Journal of Economics* 129, nº 3 (agosto de 2014): p. 1409–1447; e Muriel Niederle e Lise Vesterlund. Do Women Shy Away from Competition? Do Men Compete Too Much?, *Quarterly Journal of Economics* 122, nº 3 (agosto de 2007): p. 1067–1101, entre muitos outros artigos. A propósito, esses mesmos estudos de pesquisa não avaliam se são diferenças biológicas inatas ou provocadas pela socialização de gênero. De qualquer forma, do seu ponto de vista como

caçador de talentos, essa não é a questão principal. Em vez disso, a questão é como você pode usar essas informações para fazer contratações melhores, encontrar e mobilizar mulheres mais talentosas.

11. Veja Christine L. Exley e Judd B. Kessler. The Gender Gap in Self-Promotion, documento de trabalho, 2019, https://www.hbs.edu/faculty/Pages/item.aspx?num=57092.
12. Veja Julian Kolev, Yuly Fuentes-Medel e Fiona Murray. Is Blinded Review Enough? How Gendered Outcomes Arise Even Under Anonymous Evaluation, documento de trabalho 25759 do National Bureau of Economic Research, abril de 2019.
13. Veja Sarah Cattan. Psychological Traits and the Gender Wage Gap, documento de trabalho do Institute for Fiscal Studies, 2013; Francine D. Blau e Lawrence M. Kahn. The Gender Wage Gap: Extent, Trends, and Explanations, National Bureau of Economic Research documento de trabalho 21913, janeiro de 2016. Para um estudo complementar significativo, consulte Leonora Risse, Lisa Farrell e Tim R. L. Fry. Personality and Pay: Do Gender Gaps in Confidence Explain Gender Gaps in Wages?, *Oxford Economic Papers* 70, nº 4 (2018): p. 919–949; veja também Adina D. Sterling *et alii*. The Confidence Gap Predicts the Gender Pay Gap Among STEM Graduates, *Proceedings of the National Academy of Sciences* 117, nº 48 (1º de dezembro de 2020): p. 30303–30308. Para evidências sobre a lacuna de confiança e como os estereótipos podem contribuir para isso, veja Pedro Bordalo, Katherine Coffman, Nicola Gennaioli e Andrei Shleifer. Beliefs About Gender, *American Economic Review* 109, nº 3 (março de 2019): p. 739–773, https://scholar.harvard.edu/files/shleifer/files/beliefsaboutgender2.2019.pdf.
14. Veja Angela Cools, Raquel Fernandez e Eleonora Patacchini. Girls, Boys, and High Achievers, documento de trabalho 25763 do National Bureau of Economic Research, abril de 2019. Para evidências de que a falta de confiança ajuda a explicar por que os meninos pedem mais agressivamente por reclassificação na escola, veja Cher Hsuehhsiang Li e Basit Zafar. Ask and You Shall Receive? Gender Differences in Regrades in College, National Bureau of Economic Research documento de trabalho 26703, janeiro de 2020.
15. Para uma evidência de que as mulheres podem ser as comerciantes mais racionais, veja Catherine C. Eckel e Sascha C. Füllbrunn. Thar SHE Blows? Gender, Competition, and Bubbles in Experimental Asset Markets, *American Economic Review* 105, nº 2 (2015): p. 906–920. Sobre a falta de confiança na economia, veja Heather Sarsons e Guo Xu, Confidence Men? Evidence on Confidence and Gender Among Top Economists, *AEA Papers and Proceedings* 111 (2021): p. 65–68.
16. Para o estudo do torneio, veja Joyce He, Sonia Kang e Nicola Lacetera. Leaning In or Not Leaning Out? Opt-Out Choice Framing Attenuates Gender Differences in the Decision to Compete, National Bureau of Economic Research documento de trabalho 26484, novembro de 2019.
17. Jennifer Hunt, Jean-Philippe Garant, Hannah Herman e David J. Munroe. Why Don't Women Patent?, documento de trabalho 17888 do National Bureau of Economic Research, março de 2012.
18. Veja Sabrina T. Howell e Ramana Nanda. Networking Frictions in Venture Capital, and the Gender Gap in Entrepreneurship, documento de trabalho 26449 do National Bureau of Economic Research, novembro de 2019.
19. Para uma série de relatos informais, veja Susan Chira. Why Women Aren't C.E.O.s, According to Women Who Almost Were, *The Nova York Times*, 21 de julho de 2017.
20. Veja Allen Hu e Song Ma. Persuading Investors: A Video-Based Study, National Bureau of Economic Research documento de trabalho 29048, julho de 2021.
21. Raffi Khatchadourian. N. K. Jemisin's Dream Worlds, *The New Yorker*, 27 de janeiro de 2020.
22. Veja Frank Bruni. Sister Wendy, Cloistered, *The New York Times*, 30 de setembro de 1997 e também sua página na Wikipedia, https://en.wikipedia.org/wiki/Wendy_Beckett.
23. Curiosamente, nesse artigo, atratividade e inteligência não estão correlacionadas. Também é interessante ver o que as pessoas julgam ser inteligente. Por exemplo, os homens julgados como

inteligentes têm, em média, rostos um tanto alongados, com maior distância entre os olhos, nariz maior, cantos da boca levemente elevados e um queixo mais marcado e menos arredondado. No entanto, esses mesmos traços, quando medidos diretamente, não preveem a inteligência. Portanto, parece que há um conjunto estereotipado incorreto de julgamentos de inteligência em camadas sobre algumas intuições parcialmente corretas. O artigo é de Karel Kleisner, Veronika Chvátalová e Jaroslav Flegr. Perceived Intelligence is Associated with Measured Intelligence in Men but Not Women, *PLoS ONE* 9, nº 3 (2014): e81237.
24. Veja Xingjie Wei e David Stillwell. How Smart Does Your Profile Image Look? Intelligence Estimation from Social Network Profile Images, 11 de dezembro de 2016, https://arxiv.org/abs/1606.09264.

Capítulo 9: A Busca por Talentos na Beleza, nos Esportes e nos Jogos, ou Como Fazer os Olheiros Trabalharem Para Você

1. Veja Alexei Barrionuevo. Off Runway, Brazilian Beauty Goes Beyond Blond, *The New York Times*, 8 de junho de 2010.
2. Veja Gisele Bündchen. *Lessons: My Path to a Meaningful Life* (Nova York: Penguin Random House, 2018), 2. Sobre a ausência de escola de modelos na formação das principais supermodelos, veja Ian Halperin. *Bad and Beautiful: Inside the Dazzling and Deadly World of Supermodels* (Nova York: Citadel Press, 2001), p. 161. Sobre Brinkley, veja Alexa Tietjen. Christie Brinkley on Aging, Healthy Living and How a Sick Puppy Started Her Career, WWD, 21 de junho de 2017, https://wwd.com/eye/people /christie-brinkley-ageism-and-healthy-living-10922910/. Sobre Claudia Schiffer, veja Michael Gross. *Model: The Ugly Business of Beautiful Women* (Nova York: William Morrow, 1995), 475. Talvez o mais útil seja Erica Gonzales, Chelsey Sanchez e Isabel Greenberg. How 40 of Your Favorite Models Got Discovered, *Harper's Bazaar*, 14 de agosto de 2019, que trata sobre Kate Moss e também várias outras histórias de descoberta espontânea. Para a história da descoberta de Janice Dickinson, veja Janice Dickinson. *No Lifeguard on Duty: The Accidental Life of the World's First Supermodel* (Nova York: HarperCollins, 2002), especialmente p. 63. Sobre Behati Prinsloo, veja Britt Aboutaleb. Life with Behati Prinsloo, Fashionista, 8 de abril de 2014; sobre Naomi Campbell, veja Naomi Campbell: 'At an Early Age, I Understood What It Meant to Be Black. You Had to Be Twice as Good', *The Guardian*, 19 de março de 2016.
3. Sobre a variedade de olheiros, veja Gross, *Model*, 475. Sobre encontrar, recrutar e manter modelos, veja Ashley Mears. *Pricing Beauty: The Making of a Fashion Model* (Berkeley: University of California Press, 2011), especialmente páginas 77–78.
4. Veja Olga Khazan. The Midwest, Home of the Supermodel: What a Scout's Success in the Heartland Says About the Modeling Industry, *Atlantic*, 13 de agosto de 2015.
5. Dalya Alberge. Opera's Newest Star Taught Herself to Sing by Copying Divas on DVDs, *The Guardian*, 31 de agosto de 2019. Veja também Kim Cloete. A New Opera Star Emerges from the 'Vocal Breadbasket' of South Africa, *The World*, 21 de outubro de 2016.
6. Veja Ben Golliver. Like Father, Like Son: Bronny James, LeBron's kid, Is the Biggest Draw in High School Hoops, *The New York Times*, 6 de dezembro de 2019.
7. Tyler Conroy. *Taylor Swift: This Is Our Song* (Nova York: Simon and Schuster, 2016), citação da página 43.
8. Veja Ben Casnocha. Venture Capital Scout Programs: FAQs, postagem de blog, 29 de outubro de 2019, https://casnocha.com/2019/10/venture-capital-programs.html. Acesse também Elad Gil, Founder Investors & Scout Programs, postagem de blog, 1º de abril de 2019, http:// blog.eladgil.com/2019/04/founder-investors-scout-programs.html.
9. Veja Cade Massey e Richard H. Thaler. The Loser's Curse: Decision Making and Market Ef,ciency in the National Football League Draft, *Management Science* 59, nº 7 (julho de 2013):

1479-1495. Há também uma maneira concreta de mostrar que as primeiras escolhas muitas vezes são erros. No sexto ano de jogo da NFL, há um mercado aberto em negociar esses jogadores, e esse mercado pode ser usado como uma estimativa de valor eventual. Acontece que as escolhas de seleção muito altas, quando são negociadas, não trazem tanto valor quanto seu status de seleção inicial alto pode indicar. Massey e Thaler escrevem: O valor excedente das escolhas durante a primeira rodada na verdade aumenta durante a maior parte da rodada: o jogador selecionado com a escolha final na primeira rodada, em média, produz mais excedente para sua equipe do que a primeira escolha! (1480).

10. Veja Ben Lindbergh e Travis Sawchik. *The MVP Machine: How Baseball's New Nonconformists Are Using Data to Build Better Players* (Nova York: Basic Books, 2019), especialmente página 191.
11. Sobre Heidi Klum, veja Rainer Zitelmann. *Dare to be Different and Grow Rich* (London: LID Publishing, 2020), p. 196.
12. Sobre o valor da comunicação dos olheiros, veja Christopher J. Phillips. *Scouting and Scoring: How We Know What We Know About Baseball* (Princeton, NJ: Princeton University Press, 2019), p. 138-139.
13. Lindbergh e Sawchik. *The MVP Machine*, p. 171-172.
14. Tudo sobre Tony Kulesa. Tyler Cowen Is the Best Curator of Talent in the World, from his Substack, https://kulesa.substack.com/p/tyler-cowen-is-the-best-curator-of, 31 de agosto de 2021.
15. Veja Aretha Franklin e David Ritz. *Aretha: From These Roots* (Nova York: Villard, 1999), e também David Ritz. *Respect: The Life of Aretha Franklin* (Nova York: Back Bay Books, 2015).
16. Esta discussão baseia-se em parte em alguns tweets de Erik Torenberg da Village Global (@eriktorenberg), por exemplo, .@rabois has been talking about getting a monopoly on talent for the last decade(s). What's the most clever approach you've seen or considered in this vein?, 24 de fevereiro de 2019, 16h22, https://twitter.com/eriktorenberg/status/1099781696860282885.

Capítulo 10: Como Convencer Talentos a se Juntarem à Sua Causa

1. Veja George Eliot. *Daniel Deronda* (Nova York: Penguin Books, 1995 [1876]), V:430. Veja também o post de Michal Nielsen no Facebook sobre o que ele chama de filantropia volitiva: https://www.facebook.com/permalink.php?story_fbid=224735391342335&id=100014176268390.
2. Veja Audie Cornish. Rare National Buzz Tipped Obama's Decision to Run, All Things Considered, National Public Radio, 19 de novembro de 2007, https://www.npr.org/templates/story/story.php?storyId=16364560.
3. Sobre esse processo de como o mentorado passa a ver um futuro diferente e mais ambicioso, veja, por exemplo, Cathy Freeman. The Crystallizing Experience: A Study in Musical Precocity, **Gifted Child Quarterly** 43, nº 2 (primavera de 1999): p. 75-85, e Patricia A. Cameron, Carol J. Mills e Thomas E. Heinzen. The Social Context and Developmental Pattern of Crystallizing Experiences Among Academically Talented Youth, *Roeper Review* 17, nº 3 (fevereiro de 1995): p. 197-200.
4. Veja, por exemplo, Seth Gershenson, Cassandra M. D. Hart, Joshua Hyman, Constance Lindsay e Nicholas W. Papageorge. The Long-Run Impacts of Same-Race Teachers, documento de trabalho 25254 do National Bureau of Economic Research, novembro de 2018.
5. Veja Abhijit Banerjee, Esther Duflo *et alii*. A Multifaceted Program Causes Lasting Progress for the Very Poor: Evidence from Six Countries, Science 348, nº 6236 (15 de maio de 2015). A citação é do podcast Conversations with Tyler, episódio de Abhijit Banerjee, lançado em 30 de dezembro de 2019, https://medium.com/@merca-tus/abhijit-banerjee-tyler-cowen-economics-markets-ceda4b520b62?.
6. Daniel Gross. Introducing Pioneer, 10 de agosto de 2018, https://medium.com/pioneerdotapp/introducing-pioneer-e18769d2e4d0.

ÍNDICE

Símbolos
#MeToo 198, 216

A
abertura à experiência 69, 73, 75, 105–107, 110, 113, 117, 130, 136, 175, 186, 235
abordagens culturais 246
aderência 141
afantasia 162–164
agência de caça-talentos 216
agressividade 121, 188
ajuste cultural 252
ajuste mental 67
alocação de tempo 25
amabilidade 105–107, 114–115, 146, 186, 190, 202
Amazon Mechanical Turk 192
ambição 14, 53–54, 133, 134, 145, 243, 245, 251
aprendizado 4, 25, 125, 126, 145, 164, 182, 220, 250
arco narrativo 31
Aretha Franklin 91
Asperger 155, 157, 171
aspirações 193, 240–242, 246, 253
assédio 32, 77, 185, 197, 223
  sexual 119, 198–199
autismo 157, 165, 167
  traços autistas 171
autistas
  José Valdes Rodriguez 172
  Temple Grandin 172
autoaperfeiçoamento 134
autobiografias 211
autoconfiança 193
autodesenvolvimento 2
avaliação centralizada de talentos 223

B
Balaji Srinivasan 136
Barack Obama 206, 212, 240
barreiras culturais 195
bipolaridade 173–176
Bob Dylan 91, 125
busca pela excelência 210, 239, 242, 247

C
caça-talentos 94, 199, 216, 220, 223
capacidade cognitiva 97
capital de risco 17
capitalistas de risco 235
carisma 9, 14, 67, 81, 82, 117, 231
cautela 122, 174, 223
centelha criativa 9
cinco fatores 105, 109, 112, 129–131, 187, 202
coaching 248–249
códigos culturais 39
cognição 34
  cognição autista 166
competitividade 34, 46, 195
comportamento
  externalizante 121
  raivoso 206
  real 25
computação quântica 24
confessionário 72
confiabilidade 117
confiança 25, 30, 47, 53, 56, 61, 74, 77, 175, 191, 194–197, 224, 230, 240, 248
  baixa confiança feminina 193
  diferenças homens x mulheres 191
  lacunas de confiança 194, 197
configurações não profissionais 41
confissão pública 73
conscienciosidade 87, 105–107, 109, 110, 113–115, 119, 122, 126, 167, 230
constância 135
contato
  online 69
  online, vantagens 61
  visual 73
contrarianismo 48
contratação 95
  de especialistas 26
convenções sociais 166
conversão 240
cooperação 122
coronavírus 123, 133, 136
correspondência de padrão 149
Covid-19 7, 60, 126, 261, 265
credencialismo 8, 13–14
criptomoedas 136–138
crítica feminista 191
cultura do cancelamento 73

D

dados informais 230
decisões econômicas 131
deficiências 155
    da comunicação 64
    físicas 158
    três mecanismo das deficiências 159
    visual 163
desagradabilidade 146
desempenho 16, 18, 25, 47, 71, 85, 88, 89, 92, 97, 108, 115–116, 119–121, 124–125, 137, 168, 171, 189, 192–194, 195, 220, 222, 225, 231, 249, 262
desenvolvimento precoce 141
desigualdades
    de renda 218
    raciais 204
desordenação 139
desvio-padrão 87–88, 97, 109, 114–116, 119, 187, 265
determinação 14, 19, 85, 124, 126, 265
diferenças de gênero 191
discrepâncias 122
discriminação 11
dislexia 159–160, 169
disposição 124–126
disruptivo 154
distúrbio de processamento auditivo 172

E

economia georgista 38
efeito Groucho Marx 152
elevação de aspiração 241
Elon Musk 7, 17, 103, 123, 157, 259
Emergent Ventures 4, 60, 180, 225, 233, 235, 238, 253
empregos de nível superior 23
empresa disfuncional 93
entorpecimento 32
entrevistas
    estruturadas 26
    não estruturadas 27
    online 60, 234
    presenciais 79
esquizofrenia 173–177, 268–269
esquizofrênico 175
esquizotipia 173–176
estabilidade emocional 117, 187
estagnação tecnológica 38
estereótipos 21, 176, 189, 201, 270
estilos de comunicação 192
estratégia integrada 238
estruturas 16, 147–149, 242
    conceituais 147
estudiosos de Rhodes 224
evasão de demanda 145–146
eventos 252
excesso de confiança 224
experiência comunicativa 72
externalidade 187
extroversão 105–106, 114, 117, 136, 186

F

falibilistas 20
falsidade 31, 67, 73
falta de confiança 197
feedback 34, 106, 134, 190, 201
    positivo 143–144
    visual 63
felicidade 138
fluência linguística 36
força de Dworsky 127
fundador 3, 11, 14, 25, 39, 42, 53, 68, 106, 112, 144, 147, 160, 188, 222, 226

G

gagueira 161
gamificação 46, 235
gatekeepers 225
gatilhos mentais 36
generatividade 136
GitHub 117
globalização 12
Greta Thunberg 155–156
grupos minoritários 81

H

habilidades
    de conversação 57
    de entrevista 28
    não cognitivas 119
    visuoespaciais 84
hábitos 2, 31, 38, 88, 134, 223, 250
    de prática 25
    de trabalho 91
    intelectuais 23
hierarquia 8, 71, 143–144, 151, 153
hiperlexia 166–168, 170
hipótese da garota legal 188
humor autodepreciativo 62

I

IA 79
imigração 24, 204
influência peculiar 240
informações colaterais 69
inibição social 54

injustiças 183
insights 6, 15
instintos sociais 165
inteligência 6, 15, 20, 32, 36, 49, 83, 95
    individual 94
    social 166
    subvalorizada 91
interações
    online 65
    presenciais 60
intervenção 249
inventor 85
irmã Wendy 200

J

jogos online 230
John le Carré 126
John Lennon 67, 121
julgamento
    crítico 202
    ético 120
justiça social 156

K

Kanye West 174, 268

L

lacuna
    cultural 205
    de gênero 196
liderança 84, 160
língua estrangeira 209
linguagem corporal 72
lockdown 67, 70, 74
lookismo 177

M

maldição do vencedor 99
marcador de talento 99
matrizes conceituais 132
mediocridade parcial 153
mente desordenada 139
meta 51
microexpressões 80
Microsoft 96, 117, 167
modelos
    descoberta 216
modo de conversação 30
morlockismo 131, 135
motivação 91
mudanças climáticas 156
mulheres
    agressivas 192
    ambiciosas 198
    inteligentes 201

N

nerds 11, 167
networking 4, 134, 231, 233–234
neuroticismo 105, 109, 116, 124, 186, 190, 230
nível educacional 12
N. K. Jemisin 199

O

Oculus 78
olheiros 215
    método 229
oportunidade potencial 188

P

pacote completo 89, 92
pandemia 7, 60, 68, 76, 123, 127, 133, 136
pecados de comissão e omissão 13
pensador distraído 139
perfeccionistas pessimistas 137
personalidade 34, 102, 112
    preditiva 105

psicologia 129
perspectiva dialética 21
Peter Thiel 17, 38, 47, 53, 90, 157
Pioneer 3, 34, 60, 68, 127, 226, 235, 238, 246
ponto de entrada 130
pontos fortes 160
posição social 157
potencial científico 108
preconceito 81, 182
preferência demonstrada 81
presença
    online 234
    social 63
pressão social 157
previsão de talento 110
problemas de autoestima 216
produtividade 94, 187
profissionais de alto desempenho 231
prosódia 36
psicologia da personalidade 110, 167
psicoterapia 73

Q

QI 20, 92–93, 93–94, 96–97, 114–117, 171, 201, 229, 262

R

realidade virtual 78
realizações futuras 243
Recidiviz 180
reconceitualização 15
redes
    sociais 73
    sociais informais 236
    virtuais 233, 237

redirecionamento de esforços 161
referências 56
    do candidato 57
relações de status 65
reputação 157, 234
resposta ensaiada 48
retornos compostos 132

S

sacrifício girardiano 38
saúde mental 174
seguidores 230
seleção de talentos 210
senso de agência 187
serendipidade 70
sinais sociais 72
sincronicidade 63
síndrome de Savant 170
situações sociais 166
sobrevivente 32
startups 2, 13, 25, 34, 93–94, 112, 143, 222, 243
Statcast 229
STEM 246
Steve Jobs 146, 266
sucesso, modelo multiplicativo 88
superação insegura 137
supermodelos 215
superpoderes 169

T

talento
    artístico 16
    autodidata 220
    avaliador 20
    busca 18
    individual 16
    invisível 208
    negro 207

peculiar 27
Taylor Swift 221
TDAH 163
teletrabalho 176
tênis feminino 184
teoria da personalidade 131, 186, 262
teste
    de QI 201
    de Raven 84, 171
    de Turing 36
tom de voz 190
toxicidade 119
trabalhador tóxico 119
tradição, fator 130
transmissão de talentos 221
trauma 32

V

Vale do Silício 5, 93, 104, 149
valência emocional 31
vantagens cognitivas 169
variação transversal 20
variáveis de personalidade 108
velocidade de resposta 25
vida doméstica x vida profissional 70
viés 182
    de voz 190
violência no local de trabalho 119
virtudes ocultas 99
Vuvu Mpofu 219

W

World of Warcraft 220, 229–230

X

xadrez 24, 71, 88, 140, 142, 150, 227–230, 262

Y

Y Combinator 3, 25, 112, 203, 226, 237
Yelp 17
YouTube 17, 220, 238, 247

Z

Zoom 60–61, 63, 65, 68–74, 77, 80

Projetos corporativos e edições personalizadas
dentro da sua estratégia de negócio. Já pensou nisso?

Coordenação de Eventos
Viviane Paiva
viviane@altabooks.com.br

Assistente Comercial
Fillipe Amorim
vendas.corporativas@altabooks.com.br

A Alta Books tem criado experiências incríveis no meio corporativo. Com a crescente implementação da educação corporativa nas empresas, o livro entra como uma importante fonte de conhecimento. Com atendimento personalizado, conseguimos identificar as principais necessidades, e criar uma seleção de livros que podem ser utilizados de diversas maneiras, como por exemplo, para fortalecer relacionamento com suas equipes/ seus clientes. Você já utilizou o livro para alguma ação estratégica na sua empresa?

Entre em contato com nosso time para entender melhor as possibilidades de personalização e incentivo ao desenvolvimento pessoal e profissional.

PUBLIQUE SEU LIVRO

Publique seu livro com a Alta Books. Para mais informações envie um e-mail para: autoria@altabooks.com.br

/altabooks /alta-books /altabooks /altabooks

CONHEÇA OUTROS LIVROS DA **ALTA BOOKS**

Todas as imagens são meramente ilustrativas.

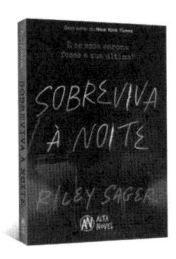

Este livro foi impresso nas oficinas gráficas da Editora Vozes Ltda.,
Rua Frei Luís, 100 – Petrópolis, RJ.